추천도서

한자급수자격검정시험대비서

대한검정회

漢字 준5급

- 이 한권으로 準5級 합격보장 !!
- 심화학습문제 8회 수록 !!
- 실전대비문제 19회, 기출문제 1회 수록!!

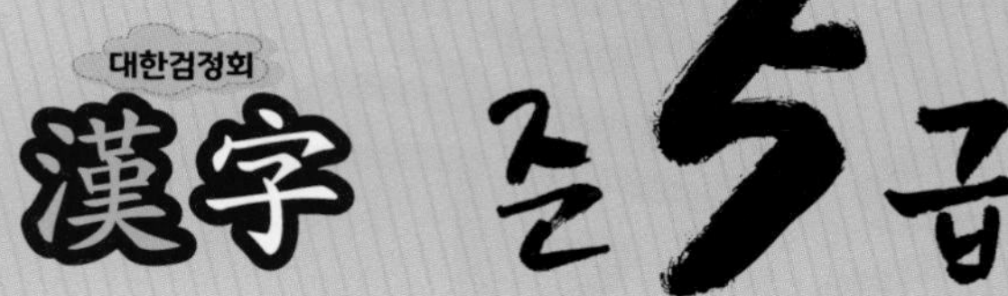

| 편　집 | 한출판 편집부
| 디자인·삽화 | 윤지민

| 개정 7쇄 발행 | 2024년 10월 20일
| 발행인 | 서순길
| 발행처 | 한출판
| 등　록 | 05-01-0218
| 전　화 | 02-762-4950

ISBN : 978-89-88976-58-6

전국한문실력경시예선대회를 겸한

한자급수자격검정 한자 · 한문전문지도사 시험시행공고

* 공인민간자격(제2021-3호) 한자급수자격검정 : 준2급, 2급, 준1급, 1급, 사범
* 공인민간자격(제2021-2호) 아동지도사급
* 공인민간자격(제2021-1호) 지도사2급, 지도사1급, 훈장2급, 훈장1급, 훈장특급
* 등록민간자격(제2008-0255호): 한자급수자격검정 8급, 7급, 6급, 준5급, 5급, 준4급, 4급, 준3급, 3급, 대사범

(사)대한민국한자교육연구회 대한검정회 KTA 대한검정회

✲ 종목별 시행일정

시행일	자격검정 종목 및 등급			접수기간
	종 목	시행등급		
2월 넷째주 (토)	한자급수자격검정	전 15개 등급	8급~대사범	12월 넷째주 월요일~3주간
	한자 · 한문전문지도사	전 6개 등급	아동지도사~훈장특급	
5월 넷째주 (토)	한자급수자격검정	전 15개 등급	8급~대사범	3월 넷째주 월요일~3주간
	한자 · 한문전문지도사	부분 3개 등급	아동지도사~지도사1급	
8월 넷째주 (토)	한자급수자격검정	전 15개 등급	8급~대사범	6월 넷째주 월요일~3주간
	한자 · 한문전문지도사	전 6개 등급	아동지도사~훈장특급	
11월 넷째주 (토)	한자급수자격검정	전 15개 등급	8급~대사범	9월 넷째주 월요일~3주간
	한자 · 한문전문지도사	부분 3개 등급	아동지도사~지도사1급	

✲ 접 수 방 법

- 방문접수: 응시원서 1부 작성(본 회 소정양식 O.C.R카드), 칼라사진 1매(3*4cm)
- 인터넷접수: www.hanja.ne.kr
- 모바일접수: m.hanja.ne.kr (한글주소:대한검정회)

※ 단, 인터넷 및 모바일접수는 온라인 수수료 1,000원이 추가됨.

✲ 시험준비물

- 수험표, 신분증, 수정테이프, 검정색 볼펜, 실내화

✲ 합 격 기 준

- 한자급수자격검정 : 100점 만점 중 70점 이상
- 한자·한문전문지도사 : 100점 만점 중 60점 이상

* 자격증 교부방법 : 방문접수자는 접수처에서 교부, 인터넷접수자는 우체국 발송
* 환불규정 : 본회 홈페이지(www.hanja.ne.kr)접속 → 우측상단 자료실 참조
* 유의사항 : 전 종목 전체급수의 시험 입실시간은 오후 1시 40분까지입니다. 이후에는 입실할 수 없습니다.
※ 연필이나 빨간색 펜은 절대 사용 불가, 초등학교 고사장 실내화 필수 지참

한자를 알면 세상이 보인다!

이 책의 특징

이 책은 社團法人 大韓民國漢字教育研究會(사단법인 대한민국한자교육연구회)에서 주최하고, 大韓檢定會(대한검정회)가 시행하는 漢字級數資格檢定試驗(한자급수자격검정시험)을 준비하는 응시자를 위한 문제집이다.

1 최신 출제경향을 정밀 분석하여 실전시험에 가깝도록 문제 은행 방식으로 편성하였다.

2 각 급수별로 선정된 한자는 표제 훈음과 장·단음, 부수, 총획, 육서, 간체자 등을 수록함으로써 수험생의 자습서 역할을 할 수 있도록 하였다. 단, 준5급 시험에는 장·단음, 육서, 간체자는 출제 되지 않는다.

3 해당 급수 선정 한자 쓰기본과 한자의 훈음쓰기, 훈음에 맞는 한자쓰기, 한자어의 독음쓰기, 낱말에 맞는 한자쓰기를 실어 수험 준비생이 자습할 수 있도록 하였다.

4 반의자, 유의자, 이음동자, 반의어, 유의어, 사자성어 등을 핵심 정리하여 학습의 효과를 높이는 역할을 할 수 있도록 하였다.

5 심화학습문제 8회, 실전대비문제 19회, 기출문제 1회분을 실어 출제경향을 알 수 있도록 하였다.

6 연습용 답안지를 첨부하여 실전에 대비하게 하였다.

※더욱 깊이 있게 공부하고 싶거나 경시대회를 준비하고자 하면 해당급수의 길잡이『장원급제 I』를 함께 공부하시기 바랍니다.

編·輯·部

한자를 알면 세상이 보인다!

한자자격 준5급 출제기준

대영역	중영역	주 요 내 용	출제문항수 객관식	출제문항수 주관식	출제문항수 계
한 자	한 자 익 히 기	· 한자의 훈음 알기 · 한자의 짜임을 통한 형·음·의 알기 · 훈음에 맞는 한자 알기	20		20
	한 자 의 활 용	· 한자의 다양한 훈음 알기 · 부수와 획수 적용하기 · 자전(옥편) 활용하기 · 유의자와 반의자의 한자 알기 · 한자어에 적용하기	5		5
한자어	한 자 어 익 히 기	· 한자어의 독음 알기 · 한자어의 뜻 알기 · 낱말을 한자로 변환하기 · 한자어의 짜임 알기	10		10
	한 자 어 의 활 용	· 문장 속의 한자어 독음 알기 · 문장 속의 낱말을 한자로 변환하기 · 반의어와 유의어 알기 · 고사성어의 속뜻 알기	13		13
	가치관 형성하기	· 선인의 삶과 지혜를 이해하고 가치관 형성하기 · 전통문화를 이해하고 발전시키기	2		2
계		※1문항 2점 배점, 70점 이상 합격	50		50

등급구분

등급별 선정한자 자수표

등급별	선정한자수	출제범위	응시지역	등급별	선정한자수	출제범위
8급	30字	교육부 선정 상용한자	전국지부별 지정고사장	준2급	1,500字	교육부 선정 상용한자 및 중·고등학교 한문교과
7급	50字					
6급	70字			2급	2,000字	
준5급	100字			준1급	2,500字	본회 선정 대학 기본한자 대법원 선정 인명한자 명심보감 등.
5급	250字					
준4급	400字			1급	3,500字	
4급	600字			준사범	5,000字	
준3급	800字					
3급	1,000字			사범	5,000字	사서·고문진보·사략 등 국역전문 한자

※선정 한자수는 하위등급 한자가 포함된 것임.

목차

HAN 준5급 한자(100字) 표제훈음

참고 ※선정한자 표제훈음보다 자세한 것은 자전이나 교재『장원급제 I』를 참고하시오.

: : 장음, (:) : 장 · 단음 공용한자 例) ❻ 6급, ⑤ 준5급을 표시함.

한자	표제훈음	장단음	부수	총획	육서	간체자
❼江	강 강		水,	6,	형성	
⑤車	수레 거 수레 차		車,	7,	상형,	车
⑤巾	수건 건		巾,	3,	상형	
❻犬	개 견		犬,	4,	상형	
⑤古	예 고	:	口,	5,	회의	
⑤工	장인 공		工,	3,	상형	
❽九	아홉 구		乙,	2,	지사	
❼口	입 구	(:)	口,	3,	상형	
⑤今	이제 금		人,	4,	회의	
❽金	쇠 금 성 김		金,	8,	형성	
❻己	몸 기		己,	3,	상형	
❽南	남녘 남		十,	9,	형성	

준5급 한자(100字) 표제훈음

참고 * ※선정한자 표제훈음보다 자세한 것은 자전이나 교재『장원급제 I』를 참고하시오.
ː : 장음, (ː) : 장 · 단음 공용한자 例) ❻ 6급, ⑤ 준5급을 표시함.

한자	표제훈음	장단음	부수	총획	육서	간체자
❽ 男	사내 남		田,	7,	회의	
❼ 内	안 내 여관(女官) 나	ː	入,	4,	회의	
❽ 女	여자 녀		女,	3,	상형	
❼ 年	해 년		干,	6,	형성	
❼ 大	큰 대	(ː)	大,	3,	상형	
⑤ 同	한가지 동		口,	6,	회의	
❽ 東	동녘 동		木,	8,	회의,	东
⑤ 力	힘 력		力,	2,	상형	
❽ 六	여섯 륙 여섯 뉴		八,	4,	지사	
❻ 林	수풀 림		木,	8,	회의	
⑤ 立	설 립		立,	5,	회의	

준5급 한자(100字) 표제훈음

참고 * ※선정한자 표제훈음보다 자세한 것은 자전이나 교재『장원급제 I』를 참고하시오.
ː : 장음, (ː) : 장 · 단음 공용한자 例) ❻ 6급, ⑤ 준5급을 표시함.

한자	표제훈음	장·단음	부수	총획	육서	간체자
❻馬	말 마	ː	馬,	10,	상형,	马
⑤末	끝 말		木,	5,	지사	
❻名	이름 명		口,	6,	회의	
❽母	어머니 모	ː	毋,	5,	상형	
❽木	나무 목 모과 모		木,	4,	상형	
❼目	눈 목		目,	5,	상형	
⑤文	글월 문		文,	4,	상형	
❽門	문 문		門,	8,	상형,	门
⑤方	모 방		方,	4,	상형	
❻百	일백 백		白,	6,	형성	
❽白	흰 백		白,	5,	지사	

준5급 한자(100字) 표제훈음

참고 ※선정한자 표제훈음보다 자세한 것은 자전이나 교재『장원급제 I』를 참고하시오.
ː : 장음, (ː) : 장 · 단음 공용한자 例) ❻ 6급, ⑤ 준5급을 표시함.

한자	표제훈음	장단음	부수	총획	육서	간체자
⑤本	근본 본		木,	5,	지사	
⑤夫	지아비 부		大,	4,	회의	
❽父	아버지 부 남자미칭 보		父,	4,	회의	
⑤不	아니 불 아니 부		一,	4,	상형	
❽北	북녘 북 달아날 배		匕,	5,	회의	
⑤士	선비 사	ː	士,	3,	상형	
❽四	넉 사	ː	口,	5,	지사	
❼山	메(뫼) 산		山,	3,	상형	
❽三	석 삼		一,	3,	지사	
❼上	위 상	ː	一,	3,	지사	
❻生	날 생		生,	5,	상형	

준5급 한자(100字) 표제훈음

참고 ※선정한자 표제훈음보다 자세한 것은 자전이나 교재『장원급제 I』를 참고하시오.
ː : 장음, (ː) : 장 · 단음 공용한자　　例) ❻ 6급, ⑤ 준5급을 표시함.

한자	표제훈음	장단음	부수	총획	육서	간체자
❽西	서녘 서		襾,	6,	상형	
❻石	돌 석		石,	5,	상형	
⑤夕	저녁 석		夕,	3,	지사	
❻先	먼저 선		儿,	6,	회의	
❻姓	성씨 성	ː	女,	8,	회·형	
⑤世	세상 세	ː	一,	5,	지사	
⑤少	적을 소	ː	小,	4,	형성	
❼小	작을 소	ː	小,	3,	회·지	
❽水	물 수		水,	4,	상형	
❼手	손 수	(ː)	手,	4,	상형	
⑤食	먹을 식 밥 사		食,	9,	회의	

HAN 준5급 한자(100字) 표제훈음

참고 ※선정한자 표제훈음보다 자세한 것은 자전이나 교재『장원급제 I』를 참고하시오.
ː : 장음, (ː) : 장 · 단음 공용한자 例) ❻ 6급, ⑤ 준5급을 표시함.

한자	표제훈음	장·단음	부수	총획	육서	간체자
❻心	마음 심		心,	4,	상형	
❽十	열 십 열 시		十,	2,	지사	
⑤央	가운데 앙		大,	5,	회의	
❻羊	양 양		羊,	6,	상형	
❻魚	물고기 어		魚,	11,	상형,	鱼
❽五	다섯 오	ː	二,	4,	지사	
❻玉	구슬 옥		玉,	5,	상형	
⑤王	임금 왕		玉,	4,	지사	
❼外	바깥 외	ː	夕,	5,	회의	
❻牛	소 우		牛,	4,	상형	
❼右	오른 우	ː	口,	5,	회의	

준5급 한자(100字) 표제훈음

참고 * ※선정한자 표제훈음보다 자세한 것은 자전이나 교재『장원급제 I』를 참고하시오.
: : 장음, (:) : 장 · 단음 공용한자 例) ❻ 6급, ⑤ 준5급을 표시함.

한자	표제훈음	장단음	부수	총획	육서	간체자
❽月	달 월		月,	4,	상형	
⑤位	자리 위		人,	7,	회의	
⑤衣	옷 의		衣,	6,	상형	
❻耳	귀 이	:	耳,	6,	상형	
❽二	두 이	:	二,	2,	지사	
❽人	사람 인		人,	2,	상형	
❽日	날 일		日,	4,	상형	
❽一	한 일		一,	1,	지사	
❼入	들 입		入,	2,	상형	
⑤字	글자 자		子,	6,	회·형	
⑤自	스스로 자		自,	6,	상형	

HAN 준5급 한자(100字) 표제훈음

참고 * ※선정한자 표제훈음보다 자세한 것은 자전이나 교재『장원급제 I』를 참고하시오.
ː : 장음, (ː) : 장 · 단음 공용한자 例) ❻ 6급, ⑤ 준5급을 표시함.

한자	표제훈음	장단음	부수	총획	육서	간체자
❽子	아들 자		子,	3,	상형	
⑤正	바를 정	(ː)	止,	5,	회의	
❽弟	아우 제	ː	弓,	7,	회의	
❼足	발 족		足,	7,	상형	
❼左	왼 좌	ː	工,	5,	회의	
⑤主	주인 주		丶,	5,	상형	
❼中	가운데 중		丨,	4,	지사	
❻地	땅 지		土,	6,	형성	
❻川	내 천		巛,	3,	상형	
❻千	일천 천		十,	3,	지사	
❻天	하늘 천		大,	4,	회의	

준5급 한자(100字) 표제훈음

참고 ※선정한자 표제훈음보다 자세한 것은 자전이나 교재『장원급제 I』를 참고하시오.
ː : 장음, (ː) : 장 · 단음 공용한자 例) ❻ 6급, ⑤ 준5급을 표시함.

한자	표제훈음	장단음	부수	총획	육서	간체자
❼青	푸를 청		青,	8,	형성,	青
⑤寸	마디 촌	ː	寸,	3,	지사	
❼出	날 출		凵,	5,	회의	
❽七	일곱 칠		一,	2,	지사	
❽土	흙 토		土,	3,	상형	
❽八	여덟 팔 여덟 파		八,	2,	지사	
❼下	아래 하	ː	一,	3,	지사	
⑤向	향할 향	ː	口,	6,	상형	
❽兄	맏 형		儿,	5,	회의	
❽火	불 화	(ː)	火,	4,	상형	
⑤休	쉴 휴		人,	6,	회의	

▶ 다음 한자를 정자로 쓰고 아래 한자어의 독음(讀音)을 쓰시오.

車	車	車						

수레거(차) 車, 7획 | 車内( ), 馬車( ), 下車( ), 人力車( )

巾	巾	巾						

수건 건 巾, 3획 | 手巾( )

犬	犬	犬						

개 견 犬, 4획 | 犬馬( ), 名犬( )

古	古	古						

예 고 口, 5획 | 古今( ), 古木( ), 古文( ), 上古( )

工	工	工						

장인 공 工, 3획 | 工夫( ), 木工( ), 人工( ), 手工( )

[☞ 글씨는 뒷표지 안쪽 기본 점획표를 익혀 정자로 바르게 씁시다.] ※획수는 총 획수를 나타냄

▶ 다음 한자를 정자로 쓰고 아래 한자어의 독음(讀音)을 쓰시오.

今	今	今						

이제 금 人, 4획 | 今年( ), 今日( ), 古今( ), 東西古今( )

己	己	己						

몸 기 己, 3획 | 自己( )

同	同	同						

한가지동 口, 6획 | 同門( ), 同心( ), 同一( ), 同姓同本( )

力	力	力						

힘 력 力, 2획 | 力士( ), 入力( ) 主力( ), 力不足( )

林	林	林						

수풀 림 木, 8획 | 山林( ), 林木( )

[☞ 글씨는 뒷표지 안쪽 기본 점획표를 익혀 정자로 바르게 씁시다.] ※획수는 총 획수를 나타냄

▶ 다음 한자를 정자로 쓰고 아래 한자어의 독음(讀音)을 쓰시오.

立	立	立						

설 립 立, 5획 自立( ), 中立( ), 立地( )

馬	馬	馬						

말 마 馬, 10획 馬車( ), 名馬( ), 木馬( ), 出馬( )

末	末	末						

끝 말 木, 5획 本末( ), 末年( ) 末日( ), 年末( )

名	名	名						

이름 명 口, 6획 姓名( ), 名目( ), 名文( ), 名士( )

文	文	文						

글월 문 文, 4획 文字( ), 文人( ), 古文( ), 千字文( )

[☞ 글씨는 뒷표지 안쪽 기본 점획표를 익혀 정자로 바르게 씁시다.] ※획수는 총 획수를 나타냄

▶ 다음 한자를 정자로 쓰고 아래 한자어의 독음(讀音)을 쓰시오.

方	方	方						

모 방 方, 4획 | 方位( ), 方今( ), 方向( ), 四方八方( )

百	百	百						

일백 백 白, 6획 | 百方( ), 百姓( ), 百金( ), 百世( )

本	本	本						

근본 본 木, 5획 | 本心( ), 本名( ), 本位( ), 本人( )

不	不	不						

아니불(부) 一, 4획 | 不世出( ), 不同( ), 不正( ), 不足( )

夫	夫	夫						

지아비부 大, 4획 | 工夫( ), 夫人( ), 人夫( ), 士大夫( )

[☞ 글씨는 뒷표지 안쪽 기본 점획표를 익혀 정자로 바르게 씁시다.]

※획수는 총 획수를 나타냄

▶ 다음 한자를 정자로 쓰고 아래 한자어의 독음(讀音)을 쓰시오.

士	士	士						

선비 사　士, 3획 ┊ 力士(　　　　), 名士(　　　　), 文士(　　　　), 士大夫(　　　　)

生	生	生						

날 생　生, 5획 ┊ 先生(　　　　), 生食(　　　　), 一生(　　　　), 生年月日(　　　　)

石	石	石						

돌 석　石, 5획 ┊ 玉石(　　　　), 石山(　　　　), 立石(　　　　), 金石文(　　　　)

夕	夕	夕						

저녁 석　夕, 3획 ┊ 七夕(　　　　)

先	先	先						

먼저 선　儿, 6획 ┊ 先生(　　　　), 先金(　　　　), 先人(　　　　), 先天(　　　　)

[☞ 글씨는 뒷표지 안쪽 기본 점획표를 익혀 정자로 바르게 씁시다.]　※획수는 총 획수를 나타냄

준5급 쓰기본

漢字를 알면 世上이 보인다!!

▶ 다음 한자를 정자로 쓰고 아래 한자어의 독음(讀音)을 쓰시오.

姓	姓	姓						

성씨 성 女, 8획 | 姓名(　　　　), 百姓(　　　　), 同姓同本(　　　　)

世	世	世						

세상 세 一, 5획 | 世上(　　　　), 世人(　　　　), 出世(　　　　), 不世出(　　　　)

少	少	少						

적을 소 小, 4획 | 少年(　　　　), 少女(　　　　), 年少(　　　　), 青少年(　　　　)

食	食	食						

먹을 식 食, 9획 | 衣食(　　　　), 食口(　　　　), 食水(　　　　), 主食(　　　　)

心	心	心						

마음 심 心, 4획 | 本心(　　　　), 心中(　　　　), 心地(　　　　), 中心(　　　　)

[☞ 글씨는 뒷표지 안쪽 기본 점획표를 익혀 정자로 바르게 씁시다.]　　※획수는 총 획수를 나타냄

▶ 다음 한자를 정자로 쓰고 아래 한자어의 독음(讀音)을 쓰시오.

央	央	央						

가운데앙 大, 5획 ┆ 中央(　　　　)

羊	羊	羊						

양 양 羊, 6획 ┆ 白羊(　　　　), 山羊(　　　　), 羊馬石(　　　　)

魚	魚	魚						

물고기어 魚, 11획 ┆ 大魚(　　　　), 北魚(　　　　), 人魚(　　　　), 青魚(　　　　)

玉	玉	玉						

구슬 옥 玉, 5획 ┆ 玉石(　　　　), 白玉(　　　　), 玉食(　　　　), 玉衣(　　　　)

王	王	王						

임금 왕 玉, 4획 ┆ 王子(　　　　), 王位(　　　　), 女王(　　　　), 王世子(　　　　)

[☞ 글씨는 뒷표지 안쪽 기본 점획표를 익혀 정자로 바르게 씁시다.]　※획수는 총 획수를 나타냄

▶ 다음 한자를 정자로 쓰고 아래 한자어의 독음(讀音)을 쓰시오.

牛	牛	牛						

소 우 牛, 4획 | 牛車( ), 牛足( ), 牛耳( ), 牛馬車( )

位	位	位						

자리 위 人, 7획 | 方位( ), 同位( ), 本位( ), 水位( )

衣	衣	衣						

옷 의 衣, 6획 | 衣食( ), 白衣( ), 上衣( ), 玉衣玉食( )

耳	耳	耳						

귀 이 耳, 6획 | 耳目( ), 石耳( ), 牛耳( ), 內耳( )

字	字	字						

글자 자 子, 6획 | 文字( ), 正字( ), 大文字( ), 上八字( )

[☞ 글씨는 뒷표지 안쪽 기본 점획표를 익혀 정자로 바르게 씁시다.] ※획수는 총 획수를 나타냄

▶ 다음 한자를 정자로 쓰고 아래 한자어의 독음(讀音)을 쓰시오.

自	自	自						

스스로자 自, 6획 | 自己( ), 自力( ), 自白( ), 自足( )

正	正	正						

바를 정 止, 5획 | 不正( ), 正門( ), 正月( ), 子正( )

主	主	主						

주인 주 丶, 5획 | 主人( ), 主力( ), 主食( ), 地主( )

地	地	地						

땅 지 土, 6획 | 天地( ), 地方( ), 地名( ), 外地( )

川	川	川						

내 천 巛, 3획 | 山川( ), 山川魚( )

[☞ 글씨는 뒷표지 안쪽 기본 점획표를 익혀 정자로 바르게 씁시다.] ※획수는 총 획수를 나타냄

▶ 다음 한자를 정자로 쓰고 아래 한자어의 독음(讀音)을 쓰시오.

千	千	千						

일천 천 十, 3획 | 千古( ), 千年( ), 千字文( ), 千金( )

天	天	天						

하늘 천 大, 4획 | 天地( ), 天心( ), 先天( ), 三日天下( )

寸	寸	寸						

마디 촌 寸, 3획 | 三寸( ), 四寸( ), 八寸( ), 九寸( )

向	向	向						

향할 향 口, 6획 | 方向( ), 向上( ), 上向( ), 下向( )

休	休	休						

쉴 휴 人, 6획 | 休日( ), 年休( ), 休火山( )

[☞ 글씨는 뒷표지 안쪽 기본 점획표를 익혀 정자로 바르게 씁시다.]

※획수는 총 획수를 나타냄

◈ 다음 한자의 훈음(뜻과 소리)을 쓰시오.(7~15쪽을 참고 하시오)

※한글을 정자로 바르게 쓰시오.

본보기	中	가운데 중

한자	훈음	한자	훈음
車		林	
巾		立	
犬		馬	
古		末	
工		名	
今		文	
己		方	
同		百	
力		本	

◈ 다음 한자의 훈음(뜻과 소리)을 쓰시오.(7~15쪽을 참고 하시오)
※한글을 정자로 바르게 쓰시오.

본보기	中	가운데 중

한자	훈음	한자	훈음
夫		少	
不		食	
士		心	
生		央	
石		羊	
夕		魚	
先		玉	
姓		王	
世		牛	

◈ 다음 한자의 훈음(뜻과 소리)을 쓰시오.(7~15쪽을 참고 하시오)
※한글을 정자로 바르게 쓰시오.

본보기	中	가운데 중

位	
衣	
耳	
字	
自	
正	
主	
地	
川	

千	
天	
寸	
向	
休	

◈ 다음 훈음(뜻과 소리)에 맞는 한자를 쓰시오. (7~15쪽을 참고 하시오)

※한자를 정자로 바르게 쓰시오.

본보기	(가운데 중)	中

수레 차(거)		수풀 림	
수건 건		설 립	
개 견		말 마	
예 고		끝 말	
장인 공		이름 명	
이제 금		글월 문	
몸 기		모 방	
한가지 동		일백 백	
힘 력		근본 본	

◈ 다음 훈음(뜻과 소리)에 맞는 한자를 쓰시오. (7~15쪽을 참고 하시오)

※한자를 정자로 바르게 쓰시오.

본보기	(가운데 중)	中

훈음	한자	훈음	한자
지아비 부		적을 소	
아니 불		먹을 식	
선비 사		마음 심	
날 생		가운데 앙	
돌 석		양 양	
저녁 석		물고기 어	
먼저 선		구슬 옥	
성씨 성		임금 왕	
세상 세		소 우	

◈ 다음 훈음(뜻과 소리)에 맞는 한자를 쓰시오. (7~15쪽을 참고 하시오)

※한자를 정자로 바르게 쓰시오.

본보기	(가운데 중)	中

훈음	한자
자리 위	
옷 의	
귀 이	
글자 자	
스스로 자	
바를 정	
주인 주	
땅 지	
내 천	

훈음	한자
일천 천	
하늘 천	
마디 촌	
향할 향	
쉴 휴	

한자어(漢字語)에 알맞은 독음(讀音)쓰기

◆다음 漢字語의 讀音을 쓰고 그 낱말의 뜻을 읽혀 봅시다.

본보기	火木	화목	땔나무

ㄱ

漢字語	讀音	뜻
江山		강과 산, 나라의 영토
車馬		수레와 말
犬馬		개와 말, 자신에 관한 것을 낮추어 이르는 말
古今		예와 지금
古木		오래 묵은 나무
古文		옛글, 고체의 산문
工力		물건을 만드는데 드는 힘, 공부하여 쌓은 실력
工夫		학문과 기술을 닦는 일
金玉		금과 옥, 귀중한 것의 비유
今年		올 해
今方		이제 곧
今日		오늘

ㄴ

漢字語	讀音	뜻
男女		남자와 여자

男同生	남자 동생
男子	사나이
南大門	숭례문의 별칭
南方	남쪽, 남쪽 지방
南山	남쪽에 있는 산
南下	남쪽을 향하여 내려오는 것
南向	남쪽으로 향하는 것
内心	속마음
内外	안과 밖
内衣	속옷
内向	안쪽으로 향하는 것

ㄷ

大門	큰 문, 집의 정문
大小	사물의 큼과 작음
大食	많이 먹음
大魚	큰 물고기
大王	왕의 존칭
大地	넓은 대자연의 큰 땅

東門	동쪽에 있는 문
東方	동쪽
東西	동쪽과 서쪽
東西古今	동양이나 서양, 옛날이나 지금을 통틀어 일컫는 말
東向	동쪽을 향하는 것
同名	같은 이름
同門	한 학교나 한 스승에게 같이 배운 사람
同本	같은 본관
同心	같은 마음
同位	같은 위치, 같은 등급
同人	같은 사람, 뜻을 같이 하는 사람

ㅁ

馬力	동력이나 일률을 나타내는 단위
馬上	말의 등 위 , 말을 타고 있음
馬車	말이 끄는 수레
末年	인생의 마지막 무렵, 늘그막
名工	기술이 뛰어난 장색, 명장
名馬	이름난 말

名目	표면상의 이유,사물의 이름
名文	잘 된 문장, 유명한 글
名門	훌륭한 가문
名士	널리 이름난 사람
名山	이름난 산
名山大川	경치좋고 이름난 산천
名手	뛰어난 솜씨를 가진 사람
名人	이름이 난 사람
母女	어머니와 딸

母子	어머니와 아들
木工	나무를 재료로 여러 가지 물건을 만드는 일
木馬	나무로 만든 말
木手	나무를 다루는 일로 업을 삼는 사람
目下	바로 지금, 당장의 형편 아래
文人	문학에 종사하는 사람
文字	말의 음과 뜻을 볼수 있도록 나타낸 기호
門中	동성 동본의 가까운 집안
門生	문하에서 배우는 제자

門下		문하생, 문인, 제자

ㅂ

方位		동서남북 네 방향을 기본으로 하여 나타내는 어느쪽의 위치
方正		언행이 바르고 정당함
方向		어느 방위를 향한 쪽, 어느 현상이 일정한 목표를 향하여 나아가는 쪽
白金		은백색의 금속 원소
白馬		털빛이 흰 말
白日下		뚜렷하여 세상이 다 알게 됨
白玉		흰 빛깔의 옥, 흰 구슬
白衣		흰 옷
白人		백색 인종에 속하는 사람
百金		많은 돈, 만금
百年		오랜 세월, 한 평생
百方		여러 가지 방법, 여러 방면
百姓		국민의 예스러운 말
百世		오랜 세대, 백대
百人		백사람, 성질이 다른 많은 사람
百出		여러 가지로 많이 나옴

本名	본 이름
本文	문서중의 주장되는 글
本心	꾸밈이나 거짓이 없는 참 마음
本位	판단이나 행동에서 중심이 되는 기준, 본래의 자리
本人	이야기하는 사람의 자칭
本土	자기가 사는 그 고장
父女	아버지와 딸
父母	아버지와 어머니
父子	아버지와 아들

夫人	남의 아내의 높임말
不正	바르지 못함, 옳지 못함
不足	모자람, 넉넉하지 못함
不立文字	깨달음은 마음으로 전하므로 언어나 문자를 세워 말하지 않음
不世出	좀처럼 세상에 나타나지 아니할 만큼 뛰어남
北方	북쪽, 북녘, 북쪽 지방
北門	북쪽으로 낸 문
北上	북쪽을 향하여 올라 감
北魚	마른 명태, 건명태

北向	북쪽을 향하는 일

ㅅ

士大夫	벼슬, 문벌이 높은 집안의 사람
士林	유림, 유교의 도를 닦는 선비들
四方	네 방위. 여러 곳
山林	산과 숲. 산에 있는 숲
山門	산 어귀, 절, 절의 바깥 문
山羊	염소, 영양
山中	산 속
山水	산과 물, 산에서 흐르는 물
山川	산과 내
三三五五	삼사인 또는 오륙인이 떼를 지어 다니거나 무슨 일을 하는 모양
三日天下	삼일동안 세상을 다스림
上古	오랜 옛날
上同	위에 적힌 사실과 같음
上手	재주가 많음. 높은 솜씨
上位	높은 지위나 위치
上衣	상체에 입는 옷, 저고리, 웃옷

上中下	등급의 위와 가운데와 아래
生年月日	출생한 해와 달과 날
生水	샘에서 나오는 맑은 물
生食	익히지 않고 날로 먹음
生日	태어난 날, 해마다 그 달의그날
西大門	서울 돈의문의 통칭
西方	서쪽, 서녘, 서쪽 지방
石工	석수
石手	돌을 다루어 물건을 만드는 사람

石耳	석이버섯, 깊은산 바위에 남
先金	먼저 돈을 치름
先山	조상의 무덤이 있는 곳
先生	교육에 종사하는 사람
先手	남보다 앞질러 공격함
先天	타고난 성질이나 체질
姓名	성과 이름
世上	모든 사람이 살고 있는 사회, 세속, 세간, 천하
小門	작은 문

小食	음식을 조금 밖에 못먹음
少女	완전히 성숙하지 않은 계집아이
少年	완전히 성숙하지 않은 사내아이
手工	손으로 하는 공예
手足	손과 발
手中	손 안
手下	손 아래
水力	물의 힘
水文	수면에 일어나는 파문
水門	수량을 조절하는 문
水心	수면의 중심, 강이나 호수의 한가운데
水位	강, 바다, 저수지 등의 물의 높이
心中	마음 속
心地	마음의 본 바탕, 심전
十中八九	열 가운데 여덟이나 아홉이 됨

ㅇ

女心	여자의 마음
女人	여성인 사람

年內	올해 안
年末	한 해의 마지막 때
力不足	힘이나 기량 등이 모자람
玉石	옥돌, 좋은 것과 나쁜 것
玉水	썩 맑은 샘물
玉手	임금의 손, 아름답고 고운 손
玉衣玉食	좋은 옷과 맛있는 음식
王位	임금의 자리
王子	임금의 아들
外力	외부로부터 작용하는 힘
外食	자기 집 아닌 밖에서 식사함
外地	자기 고장 밖의 남의 땅
外出	집밖으로 잠시 나가는 것
牛馬	소와 말
牛馬車	소나 말이 끄는 수레
牛耳	소의 귀, 우두머리 또는 수령
月內	한달 안
月末	그 달의 끝

月出	달이 떠오르는 것
衣食	의복과 음식
耳目	귀와 눈, 남들의 주의
二心	두 마음, 배반하는 마음, 변하기 쉬운 마음
人工	사람의 힘으로 만들어 냄
人口	일정한 지역 안에 사는 사람의 수효
人力	사람의 힘, 인간의 노동력
人馬	사람과 말
人名	사람의 이름

人文	인류의 문명이나 문물
人夫	품삯을 받고 일하는 사람
人生	사람이 세상에서 살아가는 동안
人心	사람의 마음, 남의 딱한 처지를 헤아려주고 도와 주는 마음
人魚	상반신은 인체, 하반신은 물고기와 같다는 상상의 동물
一同	단체, 모임 등에 든 사람의 모두
一名	본 이름외에 따로 부르는 이름
一目	한쪽 눈, 한번 보는 것
一方	한편, 한쪽의 뜻, 한 방향으로

一生	살아있는 동안
一向	언제나 한결같이
日月	해와 달
日字	날짜
日出	해가 돋음
入口	들어가는 문
入金	돈이 들어오거나 들어온 그 돈
入力	컴퓨터에서 문자나 숫자를 기억시키는 일
入門	학문에 처음으로 들어감
入山	산에 들어가는 것
入手	자기 손에 넣음
入出	수입과 지출
立地	어떤 지점에 자리를 잡음

ㅈ

自己	그 사람 자신
自力	제 스스로의 힘
自立	스스로 서는 것
自白	스스로 자기의 허물이나 죄를 고백하는 것

自生	저절로 생겨나는 일
自手	자기 혼자 노력이나 힘, 자기 손
自足	스스로 넉넉함을 느끼는 것
自主	남의 보호나 간섭을 받지 않고 스스로 자기 일을 처리하는 것
子女	아들과 딸
子正	자시의 한 가운데, 밤 12시
正大	의지나 언동이 바르고 당당함
正立	바로 서는 것, 바로 세우는 것
正門	건물의 정문에 있는 문
正手	속임수나 암수가 아닌 정당한 수
正心工夫	마음을 바로 가다듬어 배우고 익히는데 힘씀
正字	자체를 바르고 곧바로 쓴 글자, 약자나 속자가 아닌 본래의 글자
正正方方	조리가 발라서 조금도 어지럽지 않음
正中	한 가운데
弟子	학문 따위의 가르침을 받는 사람, 문인
左右	왼쪽과 오른쪽
主力	주장되는 힘
主食	생활의 주가 되는 음식

主人	한 집안의 어른, 소유자
中古車	어느정도 사용하여 약간 낡은 자동차
中年	마흔 안팎의 나이
中立	어느쪽에도 치우치지 않고 공정함
中小	규모, 수준 등이 중간치인 것과 그 이하인 것
中心	사물의 한 가운데, 중요하고기본이 되는 부분
中央	사방의 한 가운데, 중심이 되는 중요한 곳
中位	중간 정도의 위치와 지위
中天	하늘의 한 가운데

地力	토지의 생산력
地名	땅 이름
地文	지상의 온갖 모양. 희곡에서 등장인물의 동작, 심리, 표정, 말투 등을 서술한 글
地方	수도 이외의 지역
地上	땅의 위
地位	개인의 사회적 신분에 따른 위치나 자리. 사물의 위치, 자리, 처지
地下	대지의 밑, 땅속

ㅊ

千古	아주 먼 옛날

千金		많은 돈이나 비싼 값
千年		백년의 열곱절, 오랜 세월
天馬		하늘을 달리는 말
天文		천체에서 일어나는 모든 현상
天生		타고난 본 바탕, 하늘로부터 타고남
天心		하늘의 뜻, 하늘 한 가운데
天地人		하늘, 땅, 사람을 아울러 한 말
天下		하늘 아래의 온 세상
川魚		냇물에 사는 물고기
青年		청춘기에 있는 젊은 사람
青山		풀, 나무가 무성한 푸른 산
青少年		청년과 소년
青衣		푸른 빛깔의 옷
青天		푸른 하늘
青天白日		맑게 갠 하늘의 해
出口		나가는 어귀
出金		돈을 내어 쓰는 것
出力		컴퓨터가 입력 데이터를 처리하여 처리결과를 내는일

出馬	선거등에 입후보하는 것
出生	세상에 태어나는 것
出世	사회적으로 높은 지위에 오르거나 유명하게 되는 것, 세상에 나옴
出入	나가고 들어옴
出入口	출입하는 어귀
出土	땅속에서 물건을 파냄
七夕	음력 7월 초 7일밤

ㅌ

土工	흙으로 하는 공사, 또는 그 인부
土木	토목공사의 준말
土人	그 지방에 대대로 사는 미개인
土地	땅, 흙. 경지, 주택등으로 이용할 수 있는 지면

ㅍ

八方	여덟 방위, 모든 방향 또는 방면
八不出	몹시 어리석은 사람

ㅎ

下山	산에서 내려가거나 내려 옴
下手	낮은 솜씨, 아랫수

한자	독음	뜻
下位		낮은 위치
下向		아래로 향하는 것, 쇠퇴하여 가는 것, 물가가 떨어지는 것
向方		향하는 곳
向上		기능, 지위, 생활수준 등이 높아 지는 것
兄夫		언니의 남편
兄弟		형과 아우
火口		불을 내뿜는 아가리, 분화구
火力		불의 힘
火木		땔나무
火山		땅 속의 마그마가 땅 밖으로 터져나와 이루어진 산
火食		불에 익힌 음식을 먹음
火車		기차, 화공에 쓰던 병거
休日		일을 하지 않고 쉬는 날
休火山		옛날에는 분화하였으나 현재는 분화를 멈춘 화산

낱말에 알맞은 한자(漢字)쓰기

◈ 다음 낱말의 뜻에 알맞은 한자를 쓰시오.

본보기	火木	화목	땔나무

ㄱ

낱말	한자	뜻
강산		강과 산, 나라의 영토
거마		수레와 말
견마		개와 말, 자신에 관한 것을 낮추어 이르는 말.
고금		예와 지금
고목		오래 묵은 나무
고문		옛글, 고체의 산문
공력		물건을 만드는데 드는 힘, 공부하여 쌓은 실력
공부		학문과 기술을 닦는 일
금옥		금과 옥, 귀중한 것의 비유
금년		올 해
금방		이제 곧
금일		오늘

ㄴ

낱말	한자	뜻
남녀		남자와 여자

남동생	남자 동생
남자	사나이
남대문	숭례문의 별칭
남방	남쪽, 남쪽 지방
남산	남쪽에 있는 산
남하	남쪽을 향하여 내려오는 것
남향	남쪽으로 향하는 것
내심	속마음
내외	안과 밖
내의	속옷
내향	안쪽으로 향하는 것

ㄷ

대문	큰 문, 집의 정문
대소	사물의 큼과 작음
대식	많이 먹음
대어	큰 물고기
대왕	왕의 존칭
대지	넓은 대자연의 큰 땅

동문	동쪽에 있는 문
동방	동쪽
동서	동쪽과 서쪽
동서고금	동양이나 서양, 옛날이나 지금을 통틀어 일컫는 말
동향	동쪽을 향하는 것
동명	같은 이름
동문	한 학교나 한 스승에게 같이 배운 사람
동본	같은 본관
동심	같은 마음
동위	같은 위치, 같은 등급
동인	같은 사람, 뜻을 같이 하는 사람

ㅁ

마력	동력이나 일률을 나타내는 단위
마상	말의 등 위 , 말을 타고 있음
마차	말이 끄는 수레
말년	인생의 마지막 무렵, 늘그막
명공	기술이 뛰어난 장색, 명장
명마	이름난 말

명목		표면상의 이유,사물의 이름
명문		잘 된 문장, 유명한 글
명문		훌륭한 가문
명사		널리 이름난 사람
명산		이름난 산
명산대천		경치좋고 이름난 산천
명수		뛰어난 솜씨를 가진 사람
명인		이름이 난 사람
모녀		어머니와 딸
모자		어머니와 아들
목공		나무를 재료로 여러 가지 물건을 만드는 일
목마		나무로 만든 말
문생		문하에서 배우는 제자
목수		나무를 다루는 일로 업을 삼는 사람
목하		바로 지금, 당장의 형편 아래
문인		문학에 종사하는 사람
문자		말의 음과 뜻을 볼수 있도록 나타낸 기호
문중		동성 동본의 가까운 집안

문하	문하생, 문인, 제자

ㅂ

방위	동서남북 네 방향을 기본으로 하여 나타내는 어느쪽의 위치
방정	언행이 바르고 정당함
방향	어느 방위를 향한 쪽, 어느 현상이 일정한 목표를 향하여 나아가는쪽
백금	은백색의 금속 원소
백마	털빛이 흰 말
백일하	뚜렷하여 세상이 다 알게됨
백옥	흰 빛깔의 옥, 흰 구슬
백의	흰 옷
백인	백색 인종에 속하는 사람
백금	많은 돈, 만금
백년	오랜 세월, 한 평생
백방	여러 가지 방법, 여러 방면
백성	국민의 예스러운 말
백세	오랜 세대, 백대
백인	백사람, 성질이 다른 많은 사람
백출	여러 가지로 많이 나옴

본명		본 이름
본문		문서중의 주장되는 글
본심		꾸밈이나 거짓이 없는 참 마음
본위		판단이나 행동에서 중심이 되는 기준, 본래의 자리
본인		이야기하는 사람의 자칭
본토		자기가 사는 그 고장
부녀		아버지와 딸
부모		아버지와 어머니
부자		아버지와 아들
부인		남의 아내의 높임말
부정		바르지 못함, 옳지 못함
부족		모자람, 넉넉하지 못함
불립문자		깨달음은 마음으로 전하므로 언어나 문자를 세워 말하지 않음
불세출		좀처럼 세상에 나타나지 아니할 만큼 뛰어남
북방		북쪽, 북녘, 북쪽 지방
북문		북쪽으로 낸 문
북상		북쪽을 향하여 올라 감
북어		마른 명태, 건명태

북향	북쪽을 향하는 일

ㅅ

사대부	벼슬, 문벌이 높은 집안의 사람
사림	유림, 유교의 도를 닦는 선비들
사방	네 방위. 여러 곳
산림	산과 숲. 산에 있는 숲
산문	산 어귀, 절, 절의 바깥 문
산양	염소, 영양
산중	산 속
산수	산과 물, 산에서 흐르는 물
산천	산과 내
삼삼오오	삼사인 또는 오륙인이 떼를 지어 다니거나 무슨 일을 하는 모양
삼일천하	삼일동안 세상을 다스림
상고	오랜 옛날
상동	위에 적힌 사실과 같음
상수	재주가 많음. 높은 솜씨
상위	높은 지위나 위치
상의	상체에 입는 옷, 저고리, 웃옷

상중하	등급의 위와 가운데와 아래
생수	샘에서 나오는 맑은 물
생식	익히지 않고 날로 먹음
생일	태어난 날, 해마다 그 달의그날
서대문	서울 돈의문의 통칭
서방	서쪽, 서녘, 서쪽 지방
석공	석수
석수	돌을 다루어 물건을 만드는 사람
석이	석이버섯, 깊은산 바위에 남
선금	먼저 돈을 치름
선산	조상의 무덤이 있는 곳
선생	교육에 종사하는 사람
선수	남보다 앞질러 공격함
선천	타고난 성질이나 체질
성명	성과 이름
세상	모든 사람이 살고 있는 사회, 세속, 세간, 천하
소문	작은 문
소식	음식을 조금 밖에 못먹음

소녀	완전히 성숙하지 않은 계집아이
소년	완전히 성숙하지 않은 사내아이
수공	손으로 하는 공예
수족	손과 발
수중	손 안
수하	손 아래
수력	물의 힘
수문	수면에 일어나는 파문
수문	수량을 조절하는 문
수심	수면의 중심, 강이나 호수의 한가운데
수위	강, 바다, 저수지 등의 물의 높이
심중	마음 속
심지	마음의 본 바탕, 심전
십중팔구	열 가운데 여덟이나 아홉이 됨

ㅇ

여심	여자의 마음
여인	여성인 사람
연내	올해 안

연말		한 해의 마지막 때
역부족		힘이나 기량 등이 모자람
옥석		옥돌, 좋은 것과 나쁜 것
옥수		썩 맑은 샘물
옥수		임금의 손, 아름답고 고운 손
옥의옥식		좋은 옷과 맛있는 음식
왕위		임금의 자리
왕자		임금의 아들
외력		외부로부터 작용하는 힘
외식		자기 집 아닌 밖에서 식사함
외지		자기 고장 밖의 남의 땅
외출		집밖으로 잠시 나가는 것
우마		소와 말
우마차		소나 말이 끄는 수레
우이		소의 귀, 우두머리 또는 수령
월내		한달 안
월말		그 달의 끝
월출		달이 떠오르는 것

의식	의복과 음식
이목	귀와 눈, 남들의 주의
이심	두 마음, 배반하는 마음, 변하기 쉬운 마음
인공	사람의 힘으로 만들어 냄
인구	일정한 지역 안에 사는 사람의 수효
인력	사람의 힘, 인간의 노동력
인마	사람과 말
인명	사람의 이름
인문	인류의 문명이나 문물

인부	품삯을 받고 일하는 사람
인생	사람이 세상에서 살아가는 동안
인심	사람의 마음, 남의 딱한 처지를 헤아려주고 도와 주는 마음
인어	상반신은 인체, 하반신은 물고기와같다는 상상의 동물
일동	단체, 모임 등에 든 사람의 모두
일명	본 이름외에 따로 부르는 이름
일목	한쪽 눈, 한번 보는 것
일방	한편, 한쪽의 뜻, 한 방향으로
일생	살아있는 동안

일향	언제나 한결같이
일월	해와 달
일자	날짜
일출	해가 돋음
입구	들어가는 문
입금	돈이 들어오거나 들어온 그 돈
입력	컴퓨터에서 문자나숫자를 기억시키는 일
입문	학문에 처음으로 들어감
입산	산에 들어가는 것
입수	자기 손에 넣음
입출	수입과 지출
입지	어떤 지점에 자리를 잡음

ㅈ

자기	그 사람 자신
자력	제 스스로의 힘
자립	스스로 서는 것
자백	스스로 자기의 허물이나 죄를 고백하는 것
자생	저절로 생겨나는 일

자수	자기 혼자 노력이나 힘, 자기 손
자족	스스로 넉넉함을 느끼는 것
자주	남의 보호나 간섭을 받지 않고 스스로 자기 일을 처리하는 것
자녀	아들과 딸
자정	자시의 한 가운데, 밤 12시
정대	의지나 언동이 바르고 당당함
정립	바로 서는 것, 바로 세우는 것
정문	건물의 정문에 있는 문
정수	속임수나 암수가 아닌 정당한 수
정심공부	마음을 바로 가다듬어 배우고 익히는데 힘씀
정자	자체를 바르고 곧바로 쓴 글자, 약자나 속자가 아닌 본래의 글자
정정방방	조리가 발라서 조금도 어지럽지 않음
정중	한 가운데
제자	학문 따위의 가르침을 받는 사람, 문인
좌우	왼쪽과 오른쪽
주력	주장되는 힘
주식	생활의 주가 되는 음식
주인	한 집안의 어른, 소유자

중고차	어느정도 사용하여 약간 낡은 자동차
중년	마흔 안팎의 나이
중립	어느쪽에도 치우치지 않고 공정함
중소	규모, 수준 등이 중간치인 것과 그 이하인 것
중심	사물의 한 가운데, 중요하고기본이 되는 부분
중앙	사방의 한 가운데, 중심이 되는 중요한 곳
중위	중간 정도의 위치와 지위
중천	하늘의 한 가운데
지력	토지의 생산력
지명	땅 이름
지문	지상의 온갖 모양. 희곡에서 등장인물의 동작, 심리, 표정, 말투 등을 서술한 글
지방	수도 이외의 지역
지상	땅의 위
지위	개인의 사회적 신분에 따른 위치나 자리. 사물의 위치, 자리, 처지
지하	대지의 밑, 땅속

ㅊ

천고	아주 먼 옛날
천금	많은 돈이나 비싼 값

천년	백년의 열곱절, 오랜 세월
천마	하늘을 달리는 말
천문	천체에서 일어나는 모든 현상
천생	타고난 본 바탕, 하늘로부터 타고남
천심	하늘의 뜻, 하늘 한 가운데
천지인	하늘, 땅, 사람을 아울러 한 말
천하	하늘 아래의 온 세상
천어	냇물에 사는 물고기
청년	청춘기에 있는 젊은 사람

청산	풀, 나무가 무성한 푸른 산
청소년	청년과 소년
청의	푸른 빛깔의 옷
청천	푸른 하늘
청천백일	맑게 갠 하늘의 해
출구	나가는 어귀
출금	돈을 내어 쓰는 것
출력	컴퓨터가 입력 데이터를 처리하여 처리결과를 내는일
출마	선거등에 입후보하는 것

출생	세상에 태어나는 것
출세	사회적으로 높은 지위에 오르거나 유명하게 되는 것, 세상에 나옴
출입	나가고 들어옴
출입구	출입하는 어귀
출토	땅속에서 물건을 파냄
칠석	음력 7월 초 7일밤

ㅌ

토공	흙으로 하는 공사, 또는 그 인부
토목	토목공사의 준말
토인	그 지방에 대대로 사는 미개인
토지	땅, 흙. 경지, 주택등으로 이용할 수 있는 지면

ㅍ

팔방	여덟 방위, 모든 방향 또는 방면
팔불출	몹시 어리석은 사람

ㅎ

하산	산에서 내려가거나 내려 옴
하수	낮은 솜씨, 아랫수
하위	낮은 위치

하향	아래로 향하는 것, 쇠퇴하여 가는 것, 물가가 떨어지는 것
향방	향하는 곳
향상	기능, 지위, 생활수준 등이 높아 지는 것
형부	언니의 남편
형제	형과 아우
화구	불을 내뿜는 아가리, 분화구
화력	불의 힘
화목	땔나무
화산	땅 속의 마그마가 땅 밖으로 터져나와 이루어진 산
화식	불에 익힌 음식을 먹음
화차	기차, 화공에 쓰던 병거
휴일	일을 하지 않고 쉬는 날
휴화산	옛날에는 분화하였으나 현재는 분화를 멈춘 화산

준5급 (핵심정리)

반의자(反義字)

本↔末 | 山↔川 | 玉↔石 | 天↔地

유의자(類義字)

江=川 | 同=一 | 文=字 | 中=央 | 土=地

이음동자(異音同字)

車 ①수레거 : 車馬(거마), 人力車 (인력거)
②수레차 : 馬車(마차), 自動*車(자동차)

不 ①아니불 : 不食(불식), 不立(불립)
②아니부 : 不正(부정), 不足(부족)
ㄷ,ㅈ 앞에서는 "부"로 읽음

內 ①안내 : 內室*(내실), 內外(내외)
②여관(女官)나 : 內人(나인)

食 ①먹을식 : 食堂*(식당), 食事*(식사)
②밥사 : 蔬*食(소사)

※動(움직일 동-준4급), 室(집 실-5급), 堂(집 당-준4급), 事(일 사-5급), 蔬(나물 소-2급)

반의어(反義語)

男子(남자) ↔ 女子(여자)
內心(내심) ↔ 外心(외심)
內地(내지) ↔ 外地(외지)
上位(상위) ↔ 下位(하위)
上衣(상의) ↔ 下衣(하의)
年上(연상) ↔ 年下(연하)
入力(입력) ↔ 出力(출력)
兄夫(형부) ↔ 弟夫(제부)
火食(화식) ↔ 生食(생식)

유의어(類義語)

文人(문인) = 門下生(문하생)
石工(석공) = 石手(석수)
正門(정문) = 本門(본문)
正字(정자) = 本字(본자)
地主(지주) = 土主(토주)

四字成語(사자성어) 익히기

東西古今 (동서고금)	동양과 서양, 옛날과 지금이란 뜻으로, 인간 사회의 모든 시대 모든 곳.
同姓同本 (동성동본)	성과 본관이 같음.
名山大川 (명산대천)	경치가 좋고 이름난 산천
不立文字 (불립문자)	깨달음은 마음으로 전하므로 언어나 문자를 세워 말하지 않음.
四方八方 (사방팔방)	모든 방면. 여러 방면.
三日天下 (삼일천하)	사흘 동안 천하를 얻는다는 뜻으로, 아주 짧은 기간 정권을 잡았다가 무너짐을 비유하는 말.

四字成語(사자성어) 익히기

生年月日 (생년월일)	출생한 해와 달과 날.
玉衣玉食 (옥의옥식)	좋은 옷과 맛있는 음식.
正心工夫 (정심공부)	마음을 바로 가다듬어 배우고 익히는데 힘씀.
正正方方 (정정방방)	조리가 발라서 조금도 어지럽지 않음.
青天白日 (청천백일)	푸른 하늘에 빛나는 해. 환하게 밝은 대낮. 밝은 세상. 마음에 꺼림칙한 것이 없음.
七月七夕 (칠월칠석)	음력 칠월 초이렛날의 밤을 명일로 이르는 말. 이날 밤에 견우와 직녀가 1년만에 오작교에서 만난다는 전설이 있음.

대한민국한자급수자격검정시험 준5급

1회 심화학습문제

시험시간 : 40분

점수:

※다음 한자어의 독음이 바른 것을 고르시오.

보기	上下 (②) ①월화 ②상하 ③지하 ④하수

1. 不正 (　　) ①불화 ②불정 ③부정 ④정부

2. 牛馬 (　　) ①우마 ②오마 ③오전 ④오후

3. 男子 (　　) ①남녀 ②남자 ③여자 ④자녀

4. 兄弟 (　　) ①제형 ②형부 ③제자 ④형제

※다음 밑줄 친 낱말을 한자로 바르게 쓴 것을 고르시오.

보기	한자를 알면 세상이 보인다.(①) ①世上 ②世界 ③漢字 ④漢文

5. 열심히 공부하는 학생이 되자. (　　)
①工力 ②夫人 ③工夫 ④王父

6. 추워서 내의를 두벌이나 입었다. (　　)
①內衣 ②內外 ③八方 ④衣食

7. 자기 일은 스스로 하자. (　　)
①自力 ②己自 ③自白 ④自己

8. 오랜만에 어머니와 함께 외출했다.
(　　)
①外食 ②出入 ③外出 ④工夫

9. 그의 행동은 세간의 이목을 집중시켰다.
(　　)
①二目 ②耳目 ③二耳 ④目日

※다음 한자의 훈음이 바른 것을 고르시오.

보기	上 (④) ①사람인 ②아래하 ③흙토 ④위상

10. 車 (　　)
①수레거 ②수건건 ③동녘동 ④달 월

11. 年 (　　)
①해 년 ②큰 대 ③작을소 ④불 화

※다음 훈음에 맞는 한자를 고르시오.

보기	위상 (③) ①人 ②下 ③上 ④土

12. 수풀 림 (　　) ①木 ②林 ③本 ④牛

13. 물고기어 (　　) ①馬 ②青 ③羊 ④魚

※다음 물음에 알맞은 답을 고르시오.

14. 다음 중 "車"의 독음이 다른 하나는? (　　)

①馬車　②下車　③水車　④人力車

15. 다음 "不正"의 독음이 바른 것은? (　　)

①부정　②불정　③부지　④불지

16. 서로 비슷한 뜻을 가진 한자의 연결이 아닌 것은? (　　)

①自=己　②江=川　③子=女　④同=一

17. 다음 "나무와 돌"을 뜻하는 한자어는? (　　)

①木手　②木工　③木馬　④木石

18. 여자가 자식을 낳아 한 조상으로부터 태어난 사람을 다른 사람과 구별하기 위하여 쓴 것으로 "성씨"를 나타내는 한자는? (　　)

①生　②女　③姓　④子

19.우리나라의 전통 음식이 아닌 것은? (　　)

①떡국　②송편　③피자　④오곡밥

20. 한자를 바르게 쓰기 위한 필순으로 바르지 못한 것은? (　　)

①위에서 아래로 쓴다.

②왼쪽에서 오른쪽으로 쓴다.

③반드시 가로획보다 세로획을 먼저 쓴다.

④좌우 대칭인 경우 가운데를 먼저 쓴다.

※다음 한자의 훈음을 쓰시오.

보기	上 (위 상)

21. 夕 (　　)

22. 立 (　　)

23. 向 (　　)

24. 入 (　　)

25. 八 (　　)

26. 三 (　　)

27. 母 (　　)

28. 犬 (　　)

※다음 한자어의 독음을 쓰시오.

보기	上下 (상하)

29. 同位 (　　) 30. 六月 (　　)

31. 四方 (　　) 32. 生水 (　　)

33. 天地人 (　　)

34. 東西南北 (　　)

※다음 밑줄 친 한자어의 독음을 쓰시오.

보기	위와 아래를 上下라 한다. (상하)

35. 삼촌은 환경사업으로 出世하였다.
( )

36. 행복은 千金을 주고서도 살 수 없는 것이다.
( )

37. 火力이 강해서 소방수도 쉽게 접근하지 못하고 있다. ( )

38. 西山 너머로 해가 지고 있다. ( )

※다음 훈음에 맞는 한자를 쓰시오.

보기	위 상(上)

39. 가운데앙 ( )

40. 마음 심 ( )

41. 먼저 선 ( )

42. 쉴 휴 ( )

43. 마디 촌 ( )

44. 수건 건 ( )

※다음 낱말의 뜻에 알맞은 한자어를 쓰시오.

보기	상하 : 위와 아래 (上下)

45. 연내 : 올해 안 ( )

46. 명마 : 이름난 말 ( )

47. 토지 : 땅이나 흙 ( )

48. 청소년 : 미성년의 젊은이 ( )

※다음 한자와 뜻이 반대되는 한자를 쓰시오.

보기	上 ↔ (下)

49. 本 ↔ ( )

※다음 빈 칸에 알맞은 한자를 쓰시오.

보기	위와 아래를 (上) (下)라고 한다.

50. 삼일동안 세상을 다스린다는 뜻으로 권세의 허무함을 나타내는 말을 三 日 ( )( ) 라 한다.

대한민국한자급수자격검정시험 준5급

2회 심화학습문제

시험시간 : 40분

점수:

※다음 한자어의 독음이 바른 것을 고르시오.

보기	上下 (②) ①월화 ②상하 ③지하 ④하수

1. 七夕 (　　　) ①칠석 ②칠월 ③칠일 ④망석

2. 三寸 (　　　) ①이촌 ②삼촌 ③촌수 ④사촌

3. 文字 (　　　) ①문서 ②한자 ③문자 ④한문

4. 手足 (　　　) ①수구 ②목수 ③수화 ④수족

※다음 밑줄 친 낱말을 한자로 바르게 쓴 것을 고르시오.

보기	한자를 알면 세상이 보인다.(①) ①世上 ②世界 ③漢字 ④漢文

5. 정문을 통해 당당하게 걸어갔다. (　　　)

①正文 ②士門 ③正門 ④本門

6. 우리 형제는 사이가 아주 좋다. (　　　)

①兄夫 ②弟兄 ③四兄 ④兄弟

7. 착한 어린이는 부모님 말씀을 잘 듣는다.

(　　　)

①父子 ②父母 ③母父 ④母女

8. 그는 상위권 진입을 위해 최선을 다하였다.

(　　　)

①上位 ②下位 ③位上 ④上立

9. 도로를 건널 때는 좌우를 잘 살핍니다.

(　　　)

①左右 ②右左 ③口左 ④右口

※다음 한자의 훈음이 바른 것을 고르시오.

보기	上 (④) ①사람인 ②아래하 ③흙토 ④위상

10. 江 (　　　)

①물 수 ②불 화 ③작을소 ④강 강

11. 六 (　　　)

①바를정 ②여섯륙 ③들 입 ④사람인

※다음 훈음에 맞는 한자를 고르시오.

보기	위상 (③) ①人 ②下 ③上 ④土

12. 수건건 (　　　) ①巾 ②千 ③下 ④末

13. 넉 사 (　　　) ①向 ②四 ③西 ④目

※다음 물음에 알맞은 답을 고르시오.

14. 다음 중 "金"자의 독음이 <u>다른</u> 하나는? (　　　)

①金土 ②金九 ③一金 ④白金

15. 『<u>十月</u>의 만산은 홍엽으로 물들었다』에서 "十月"의 독음으로 바른 것은? (　　　)

①시월 ②수월 ③십월 ④구월

16. 다음 중 밑줄 친 "力"자의 음이 <u>다른</u> 하나는? (　　　)

①自<u>力</u> ②水<u>力</u> ③馬<u>力</u> ④<u>力</u>士

17. 다음 중 서로 반대되는 뜻을 가진 한자의 연결이 <u>아닌</u> 것은? (　　　)

①大↔小 ②火↔水 ③中↔央 ④南↔北

18. 큰 뱀이 꿈틀거리듯 땅의 굴곡된 형상으로 "땅"을 뜻하는 한자는? (　　　)

①生 ②地 ③羊 ④白

19. 우리나라의 민속놀이 중 정월(1월)에 하는 놀이가 <u>아닌</u> 것은? (　　　)

①고싸움놀이 ②윷놀이

③카드놀이 ④팽이치기

20. 한자는 글자마다 고유한 3가지 요소를 갖고 있다. 이를 한자의 3요소라 한다. 한자의 3요소가 <u>아닌</u> 것은? (　　　)

①모양 ②소리 ③냄새 ④뜻

※다음 한자의 훈음을 쓰시오.

보기	上 (위 상)

21. 羊 (　　　　　　)

22. 口 (　　　　　　)

23. 本 (　　　　　　)

24. 休 (　　　　　　)

25. 川 (　　　　　　)

26. 水 (　　　　　　)

27. 古 (　　　　　　)

28. 百 (　　　　　　)

※다음 한자어의 독음을 쓰시오.

보기	上下 (상하)

29. 東西 (　　　　) 30. 山林 (　　　　)

31. 先生 (　　　　) 32. 自主 (　　　　)

33. 不世出 (　　　　　　)

34. 王世子 (　　　　　　)

※다음 밑줄 친 한자어의 독음을 쓰시오.

보기	위와 아래를 上下라 한다. (상하)

35. 형은 대학 입학전형에서 下向지원하였다. (　　　)

36. 아버지께서는 밤낚시에서 大魚를 낚으셨다. (　　　)

37. 중학교 과정까지는 九年이 걸린다. (　　　)

38. 한자급수자격시험 접수는 今日로 마감되었다. (　　　)

※다음 훈음에 맞는 한자를 쓰시오.

보기	위 상(上)

39. 설 립 (　　　)

40. 몸 기 (　　　)

41. 지아비부 (　　　)

42. 임금 왕 (　　　)

43. 귀 이 (　　　)

44. 이름 명 (　　　)

※다음 낱말의 뜻에 알맞은 한자어를 쓰시오.

보기	상하 : 위와 아래 (上下)

45. 목하 : 바로 이때, 지금 (　　　)

46. 소식 : 음식을 적게 먹음 (　　　)

47. 출토 : 땅속에서 나옴 (　　　)

48. 성명 : 성과 이름 (　　　)

※다음 한자와 뜻이 반대되는 한자를 쓰시오.

보기	上 ↔ (下)

49. 男 ↔ (　　　)

※다음 빈 칸에 알맞은 한자를 쓰시오.

보기	위와 아래를 (上) (下)라고 한다.

50. 열 가운데 여덟, 아홉을 나타내는 말로 확실한 것을 말할 때, 十 (　　　) 八 (　　　) 라 한다.

대한민국한자급수자격검정시험 준5급

3회 심화학습문제

시험시간 : 40분

점수:

※다음 한자어의 독음이 바른 것을 고르시오.

보기	上下 (②) ①월화 ②상하 ③지하 ④하수

1. 出口 ( ) ①출구 ②입구 ③초구 ④출발

2. 手中 ( ) ①모중 ②수구 ③수중 ④모구

3. 六位 ( ) ①유기 ②유익 ③유립 ④육위

4. 八方 ( ) ①사방 ②팔방 ③입방 ④사통

※다음 밑줄 친 낱말을 한자로 바르게 쓴 것을 고르시오.

보기	한자를 알면 세상이 보인다.(①) ①世上 ②世界 ③漢字 ④漢文

5. 휴일에는 모든 관공서가 일을 하지 않는다. ( )

①休日 ②木日 ③休目 ④休一

6. 백년만에 큰 비가 내렸다. ( )

①白年 ②百年 ③白日 ④百午

7. 왕자에게 왕위를 물려주었다. ( )

①玉位 ②王立 ③玉立 ④王位

8. 내 짝은 참 착한 소녀 가장이다. ( )

①八女 ②小女 ③少女 ④女子

9. 환경은 이제 국내외로 주요 과제가 됐다. ( )

①四內 ②內外 ③外內 ④內人

※다음 한자의 훈음이 바른 것을 고르시오.

보기	上 (④) ①사람인 ②아래하 ③흙토 ④위상

10. 九 ( )

①힘 력 ②일곱칠 ③여덟팔 ④아홉구

11. 石 ( )

①오른우 ②왼 좌 ③돌 석 ④예 고

※다음 훈음에 맞는 한자를 고르시오.

보기	위상 (③) ①人 ②下 ③上 ④土

12. 눈 목 (　　　) ①月 ②目 ③日 ④耳

13. 근본 본 (　　　) ①本 ②木 ③末 ④夫

※다음 물음에 알맞은 답을 고르시오.

14. 다음 중 밑줄 친 "内"자의 독음이 다른 하나는? (　　　)

①内人 ②内外 ③年内 ④内子

15. 『六月은 호국 정신을 기리는 달이다』에서 "六月"의 독음이 바른 것은? (　　　)

①매월 ②륙월 ③육월 ④유월

16. 다음 중 한자의 부수가 다른 하나는? (　　　)

①夫 ②天 ③本 ④央

17. 다음 중 밑줄 친 "年"자의 음이 다른 하나는? (　　　)

①青年 ②年金 ③年下 ④年中

18. 사람의 코를 본뜬 글자로 코를 가리키며 "자기"를 나타내는 한자는? (　　　)

①生 ②正 ③出 ④自

19. 유익한 친구를 사귀는 기준으로 옳지 않은 것은? (　　　)

① 말재주만 있는 사람을 친구로 삼는다.

② 정직한 사람을 친구로 삼는다.

③ 진실한 사람을 친구로 삼는다.

④ 견문이 넓은 사람을 친구로 삼는다.

20. 옥편이나 자전에서 한자를 찾는 방법이 아닌 것은? (　　　)

① 부수색인을 이용한다.

② 필순색인을 이용한다.

③ 자음색인을 이용한다.

④ 총획색인을 이용한다.

※다음 한자의 훈음을 쓰시오.

보기	上 (위 상)

21. 水 (　　　　　)

22. 玉 (　　　　　)

23. 四 (　　　　　)

24. 小 (　　　　　)

25. 車 (　　　　　)

26. 千 (　　　　　)

27. 世 (　　　　　)

28. 名 (　　　　　)

※다음 한자어의 독음을 쓰시오.

보기	上下 (상하)

29. 入力 (　　　　) 30. 七夕 (　　　　)

31. 不正 (　　　　) 32. 男子 (　　　　)

33. 土地 (　　　　) 34. 三寸 (　　　　)

35. 金石文 (　　　　)

36. 山川魚 (　　　　)

※다음 낱말의 뜻에 알맞은 한자어를 쓰시오.

보기	상하 : 위와 아래 (上下)

37. 공부 : 학문을 배움 (　　　　)

38. 남산 : 남쪽에 있는 산 (　　　　)

39. 생식 : 음식을 날로 먹음 (　　　　)

40. 백금 : 은백색의 귀금속 원소 (　　　　)

※다음 훈음에 맞는 한자를 쓰시오.

보기	아래 하(下)

41. 향할 향 (　　　　)

42. 강 강 (　　　　)

43. 주인 주 (　　　　)

44. 다섯 오 (　　　　)

45. 발 족 (　　　　)

46. 달 월 (　　　　)

47. 나무 목 (　　　　)

48. 가운데앙 (　　　　)

※다음 한자와 뜻이 반대되는 한자를 쓰시오.

보기	上 ↔ (下)

49. 兄 ↔ (　　　　)

※다음 빈 칸에 알맞은 한자를 쓰시오.

보기	위와 아래를 (上) (下)라고 한다.

50. 맑게 갠 대낮이나 맑게 갠 하늘의 해를 나타내는 말을 (　　　　) 天 (　　　　) 日이라 한다.

대한민국한자급수자격검정시험 준5급

4회 심화학습문제

시험시간 : 40분

점수:

※다음 한자어의 독음이 바른 것을 고르시오.

보기	上下 (②) ①월화 ②상하 ③지하 ④하수

1. 水力 ( ) ①수입 ②목수 ③화력 ④수력

2. 本土 ( ) ①목사 ②목토 ③본토 ④본사

3. 馬車 ( ) ①화차 ②마차 ③마부 ④마력

4. 姓名 ( ) ①성명 ②성씨 ③이름 ④명성

※다음 밑줄 친 낱말을 한자로 바르게 쓴 것을 고르시오.

보기	한자를 알면 세상이 보인다.(①) ①世上 ②世界 ③漢字 ④漢文

5. 꽃피는 삼월이지만 아직도 쌀쌀하다. ( )

①一月 ②三月 ③二月 ④三日

6. 아나운서의 뉴스에 이목이 집중되었다. ( )

①耳目 ②目耳 ③耳木 ④二目

7. 나는 사촌 누나를 제일 좋아한다. ( )

①三寸 ②士寸 ③西寸 ④四寸

8. 제자는 스승의 언행을 본받아야 한다. ( )

①弟字 ②子弟 ③弟子 ④兄弟

9. 그는 선천적으로 노래를 잘 부른다. ( )

①山天 ②先天 ③先千 ④先生

10. 한복의 상의를 저고리라 한다. ( )

①上衣 ②上二 ③水衣 ④上位

※다음 한자의 훈음이 바른 것을 고르시오.

보기	上 (④) ①사람인 ②아래하 ③흙토 ④위상

11. 末 ( )

①나무목 ②지아비부 ③끝 말 ④흙 토

12. 川 ( )

①내 천 ②날 출 ③두 이 ④강 강

※다음 훈음에 맞는 한자를 고르시오.

보기	위상 (③) ①人 ②下 ③上 ④土

13. 이제금 (　　) ①夕 ②金 ③母 ④今

14. 안 내 (　　) ①四 ②内 ③西 ④同

15. 글자자 (　　) ①自 ②本 ③字 ④牛

※다음 물음에 알맞은 답을 고르시오.

16. 다음 중 서로 반대되는 뜻을 가진 한자의 연결이 아닌 것은? (　　)

①父↔母 ②東↔西 ③子↔女 ④江↔川

17. 다음 중 "세상에 다시 없을 만큼 뛰어남"을 뜻하는 한자어는? (　　)

①木世出 ②不世出 ③不世子 ④不出馬

18. 사람이 나무 그늘 밑에 있는 모양에서 "쉰다"는 뜻을 나타내는 한자는? (　　)

①休 ②位 ③自 ④木

19. 우리나라 월별 세시풍속의 연결이 잘못된 것은? (　　)

①정월 – 설날, 대보름 ②오월 – 단오

③팔월 – 한식 ④십일월 – 동지

20. 수많은 한자의 형태를 분석하여 서로 공통되는 부분을 글자 집단으로 모아놓은 글자, 또는 옥편이나 자전에서 한자를 찾아보기 쉽게 배열해 놓은 글자를 무엇이라 합니까?

(　　)

①부수 ②필순 ③훈음 ④총획

※다음 한자의 훈음을 쓰시오.

보기	上 (위 상)

21. 立 (　　)

22. 百 (　　)

23. 父 (　　)

24. 足 (　　)

25. 火 (　　)

26. 心 (　　)

27. 方 (　　)

28. 己 (　　)

※다음 한자어의 독음을 쓰시오.

보기	上下 (상하)

29. 大王 (　　) 30. 五六 (　　)

31. 南北 (　　) 32. 主人 (　　)

33. 外食 (　　　　) 34. 生日 (　　　　)

35. 玉衣玉食 (　　　　)

36. 七月七夕 (　　　　)

※다음 밑줄 친 한자어의 독음을 쓰시오.

보기	위와 아래를 上下라 한다. (상하)

37. 정문 中央에 시계탑이 있다. (　　　　)

38. 靑山은 예나 지금이나 변함없이 푸르다. (　　　　)

※다음 훈음에 맞는 한자를 쓰시오.

보기	위　상(上)

39. 수풀　림 (　　　　)

40. 문　　문 (　　　　)

41. 개　　견 (　　　　)

42. 사내　남 (　　　　)

43. 작을　소 (　　　　)

44. 향할　향 (　　　　)

45. 해　　년 (　　　　)

46. 아홉　구 (　　　　)

※다음 한자와 뜻이 반대되는 한자를 쓰시오.

보기	上 ↔ (下)

47. 右 ↔ (　　　　)

※다음 낱말의 뜻에 알맞은 한자어를 쓰시오.

보기	상하 : 위와 아래 (上下)

48. 동위 : 같은 위치 (　　　　)

49. 북어 : 마른 명태 (　　　　)

※다음 빈 칸에 알맞은 한자를 쓰시오.

보기	위와 아래를 (上) (下)라고 한다.

50. 형제는 수족과 같아서 떼어버릴 수 없는 관계임을 나타내는 한자성어는?

兄 弟 (　　　　) (　　　　)

대한민국한자급수자격검정시험 준5급

5회 심화학습문제

시험시간 : 40분

점수:

※다음 한자어의 독음이 바른 것을 고르시오.

보기	上下 (②) ①월화 ②상하 ③지하 ④하수

1. 年末 (　　　) ①년말 ②연말 ③연목 ④년초

2. 百姓 (　　　) ①백성 ②백생 ③백금 ④국민

3. 火車 (　　　) ①화거 ②수거 ③화차 ④수차

4. 先手 (　　　) ①세수 ②선모 ③세모 ④선수

※다음 밑줄 친 낱말을 한자로 바르게 쓴 것을 고르시오.

보기	한자를 알면 세상이 보인다.(①) ①世上 ②世界 ③漢字 ④漢文

5. 벌써 해가 중천에 떴다. (　　　)

①口天 ②山川 ③中大 ④中天

6. 나이팅게일은 백의의 천사다. (　　　)

①百玉 ②白玉 ③百衣 ④白衣

7. 출입구에 관계자외 출입금지라 써 있다.

(　　　)

①出入口 ②出八口 ③八出口 ④出入九

8. 하루 빨리 남북이 통일되었으면 좋겠다.

(　　　)

①南東 ②南北 ③北南 ④北西

9. 나는 자랑스런 우리나라의 주인이다.

(　　　)

①木人 ②玉人 ③主人 ④主上

※다음 한자의 훈음이 바른 것을 고르시오.

보기	上 (④) ①사람인 ②아래하 ③흙토 ④위상

10. 右 (　　　)

①오른우 ②왼 좌 ③돌 석 ④좌향좌

11. 小 (　　　)

①물 수 ②작을소 ③적을소 ④들 입

※다음 훈음에 맞는 한자를 고르시오.

보기	위상 (③) ①人 ②下 ③上 ④土

12. 글월문 (　　　) ①木 ②大 ③文 ④末

13. 눈 목 (　　　) ①月 ②日 ③目 ④自

※다음 물음에 알맞은 답을 고르시오.

가) 지구의 地下에는 많은 광물이 저장되어 있습니다.
나) 犬馬는 사람과 가장 가까운 동물입니다.
다) 학생들은 이목을 집중하여 수업에 임하고 있습니다.
라) 소년은 늙기 쉽고, 학문은 이루기 어렵도다.

※(가)~(라)의 밑줄 친 부분에 맞는 독음과 한자어를 보기에서 골라 번호를 쓰시오. (14~17)

보기	①지상 ②耳目 ③견마 ④少年 ⑤지하 ⑥소녀 ⑦耳日 ⑧小年

14. (가) (　　　) 15. (나) (　　　)

16. (다) (　　　) 17. (라) (　　　)

18. 위의 밑줄 친 (나)의 뜻풀이로 맞는 것은? (　　　)

①고양이와 개 ②개와 닭
③개와 말 ④말과 돼지

19. 다음 중 서로 뜻이 상대(반대)되는 한자어가 아닌 것은? (　　　)

①大小 ②南北 ③内外 ④文字

20. 우리의 세시풍속 중 설날과 관계가 없는 것은? (　　　)

①설빔 ②성묘 ③송편 ④세배와 덕담

21. 천지 사이에 사람이 서서 규칙에 맞는 일을 하고 있으므로 "기술자, 만드는 일"을 나타내는 한자는? (　　　)

①今 ②工 ③車 ④主

22. 다음 낱말 중 유의어(뜻이 비슷한 낱말)가 아닌 것은? (　　　)

①正字 = 本字 ②地主 = 土主
③車内 = 車中 ④女子 = 男子

※다음 한자의 훈음을 쓰시오.

보기	上 (위 상)

23. 八 (　　　　　)

24. 六 (　　　　　)

25. 十 (　　　　　)

26. 左 (　　　　　)

27. 玉 (　　　　　)

28. 五 (　　　　　　)

29. 向 (　　　　　　)

30. 弟 (　　　　　　)

※다음 한자어의 독음을 쓰시오.

보기	上下 (상하)

31. 七夕 (　　　　) 32. 不足 (　　　　)

33. 立心 (　　　　) 34. 石水 (　　　　)

35. 南大門 (　　　　　　)

36. 四天王 (　　　　　　)

※다음 밑줄 친 한자어의 독음을 쓰시오.

보기	위와 아래를 上下라 한다. (상하)

37. 오빠는 힘이 강하여 力士라고 부른다.
(　　　　)

38. 四寸언니는 한문실력경시대회에서 장원을 하였다. (　　　　)

※다음 훈음에 맞는 한자를 쓰시오.

보기	위 상(上)

39. 양 양(　　　　　　)

40. 이제 금(　　　　　　)

41. 수건 건(　　　　　　)

42. 한가지동(　　　　　　)

43. 예 고(　　　　　　)

44. 내 천(　　　　　　)

※다음 낱말의 뜻에 알맞은 한자어를 쓰시오.

보기	상하 : 위와 아래 (上下)

45. 형부 : 언니의 남편 (　　　　)

46. 동방 : 동쪽, 동부지역 (　　　　)

47. 왕위 : 임금의 자리 (　　　　)

48. 천하 : 온 세상 (　　　　)

※다음 한자와 뜻이 반대되는 한자를 쓰시오.

보기	上 ↔ (下)

49. 父 ↔ (　　　　　　)

※다음 빈 칸에 알맞은 한자를 쓰시오.

보기	위와 아래를 (上) (下)라고 한다.

50. 서넛 또는 대여섯 사람씩 여기저기 무리지어 다니거나 무슨 일을 하는 모양을 나타내는 사자성어는? 三 (　　　　) 五 (　　　　)

대한민국한자급수자격검정시험 준5급

6회 심화학습문제

시험시간 : 40분

점수:

※다음 한자어의 독음이 바른 것을 고르시오.

보기	上下 (②) ①월화 ②상하 ③지하 ④하수

1. 東門 (　　　) ①대문 ②동문 ③서문 ④정문

2. 金石 (　　　) ①금석 ②김석 ③금우 ④김장

3. 地主 (　　　) ①지역 ②지옥 ③지주 ④지하

4. 百世 (　　　) ①천세 ②처세 ③세상 ④백세

※다음 밑줄 친 낱말을 한자로 바르게 쓴 것을 고르시오.

보기	한자를 알면 세상이 보인다.(①) ①世上 ②世界 ③漢字 ④漢文

5. 재주가 많은 사람을 팔방미인이라고 한다. (　　　)

①入方 ②四方 ③八方 ④方位

6. 소년소녀 가장을 돕는 사람들이 많다. (　　　)

①少年少女 ②小女少年

③少年小女 ④少女少年

7. 저녁이 되어서야 하산을 했다. (　　　)

①入山 ②天山 ③下江 ④下山

8. 나는 한자 공부가 제일 재미있다. (　　　)

①夫工 ②工父 ③工夫 ④木工

9. 우리는 새벽마다 생수를 떠온다. (　　　)

①石手 ②生手 ③生水 ④石水

※다음 한자의 훈음이 바른 것을 고르시오.

보기	上 (④) ①사람인 ②아래하 ③흙토 ④위상

10. 立 (　　　)

①설 립 ②세울건 ③설 잎 ④귀 이

11. 力 (　　　)

①힘 력 ②아홉구 ③다섯오 ④옷 의

※다음 훈음에 맞는 한자를 고르시오.

보기	위상 (③) ①人 ②下 ③上 ④土

12. 이제금 (　　　) ①金 ②今 ③己 ④八

13. 마디촌 (　　　) ①十 ②中 ③寸 ④水

※다음 한자어의 뜻으로 알맞은 것을 고르시오.

보기	上下 (②) ①위와 뒤 ②위와 아래 ③앞과 뒤 ④앞과 아래

14. 月末 (　　　)

①그 달에 받는 급여　②달밤에 타는 말놀이

③그 달의 끝 무렵　④밤에 달구경 놀이

15. 白人 (　　　)

①많은 사람　②자기 자신

③깨끗한 사람　④백색 인종에 딸린 사람

※다음 물음에 알맞은 답을 고르시오.

16. 다음은 이음동자(하나의 한자에 여러 가지 뜻과 음을 가짐)의 한자입니다. 그 훈음이 바르게 연결되지 않은 것은? (　　　)

①自-모양자　②車-수레거

③北-달아날배　④金-성씨김

17. 다음 지도상에서 제주도의 위치를 맞게 표현한 한자는? (　　　)

北 西 東 南

①北東　②東南

③南西　④東北

18. 조정에서 신하가 임금의 앞에 좌우로 죽 벌여서 있는데, 그 자리를 나타내는 한자는? (　　　)

①立　②休　③位　④足

19. 1948년 7월17일에 대한민국 헌법을 공포한 사실을 기념하기 위한 국경일은? (　　　)

①광복절 ②개천절 ③제헌절 ④삼일절

20. 우리의 세시풍속 중 추석과 관계가 없는 것은? (　　　)

①송편　②씨름　③성묘　④떡국

※다음 한자의 훈음을 쓰시오.

보기	上 (위 상)

21. 犬 (　　　　　　)

22. 年 (　　　　　　)

23. 食 (　　　　　　)

24. 方 (　　　　　　)

25. 士 (　　　　　　)

26. 正 (　　　　　　)

27. 本 (　　　　　　)

28. 古 (　　　　　　)

※다음 한자어의 독음을 쓰시오.

보기	上下 (상하)

29. 火木 ( ) 30. 先天 ( )

31. 日出 ( ) 32. 左右 ( )

33. 三六 ( ) 34. 一金 ( )

※다음 밑줄 친 한자어의 독음을 쓰시오.

보기	위와 아래를 上下라 한다. (상하)

35. 마을 入口에 장승이 서 있다. ( )

36. 한글은 우리나라 고유의 文字이다. ( )

37. 아버지는 허리에 手巾을 차고 일하신다. ( )

38. 그녀의 心中을 헤아리기 어렵다. ( )

※다음 훈음에 맞는 한자를 쓰시오.

보기	위 상(上)

39. 서녘 서 ( )

40. 옷 의 ( )

41. 저녁 석 ( )

42. 일곱 칠 ( )

43. 다섯 오 ( )

44. 성씨 성 ( )

※다음 낱말의 뜻에 알맞은 한자어를 쓰시오.

보기	상하 : 위와 아래 (上下)

45. 청년 : 젊은 사람, 젊은이 ( )

46. 사방 : 동서남북 네 방향 ( )

47. 본토 : 그 나라의 국토 ( )

48. 산천어 : 연어과의 민물고기 ( )

※다음 한자와 뜻이 반대되는 한자를 쓰시오.

보기	上 ↔ (下)

49. 江 ↔ ( )

※다음 빈 칸에 알맞은 한자를 쓰시오.

보기	위와 아래를 (上) (下)라고 한다.

50. 개천절은 ( ) 月 ( ) 日이다.

7회

대한민국한자급수자격검정시험 준5급

심화학습문제

시험시간 : 40분

점수:

※다음 한자어의 독음이 바른 것을 고르시오.

보기	上下 (②) ①월화 ②상하 ③지하 ④하수

1. 中天 (　　　) ①상천 ②중천 ③중대 ④구천

2. 今世 (　　　) ①세금 ②방금 ③인사 ④금세

3. 白金 (　　　) ①천금 ②백금 ③자백 ④백김

4. 父兄 (　　　) ①부형 ②형부 ③자형 ④부자

5. 入口 (　　　) ①입구 ②팔구 ③출구 ④입출

※다음 밑줄 친 낱말을 한자로 바르게 쓴 것을 고르시오.

보기	한자를 알면 세상이 보인다.(①) ①世上 ②世界 ③漢字 ④漢文

6. 부실하게 토목 공사를 하였다. (　　　)

①土工 ②木手 ③土木 ④木工

7. 댐에 담긴 물은 우리의 식수로 사용된다. (　　　)

①食口 ②食水 ③生水 ④生食

8. 전교학생회장을 월내에 선출하기로 했다. (　　　)

①月末 ②日內 ③月四 ④月內

9. 우리 삼촌은 명문대학을 졸업했다. (　　　)

①名門 ②名文 ③名立 ④自立

10. 선생님의 얼굴에 미소가 만연했다. (　　　)

①先手 ②手先 ③先生 ④弟子

※다음 한자의 훈음이 바른 것을 고르시오.

보기	上 (④) ①사람인 ②아래하 ③흙토 ④위상

11. 四 (　　　)

①이름명 ②넉 사 ③안 내 ④눈 목

12. 耳 (　　　)

①귀 이 ②날 일 ③달 월 ④흰 백

13. 魚 (　　　)

①말 마 ②물고기어 ③쇠 금 ④양 양

※다음 훈음에 맞는 한자를 고르시오.

보기	위상 (③) ①人 ②下 ③上 ④土

14. 돌 석 (   ) ①名 ②口 ③右 ④石

15. 내 천 (   ) ①天 ②山 ③出 ④川

16. 끝 말 (   ) ①木 ②末 ③本 ④夫

※다음 물음에 알맞은 답을 고르시오.

17. 다음 중 반의어(서로 상대 또는 반대가 되는 낱말)가 아닌 것은? (   )
①石工 ↔ 石手 ②火食 ↔ 生食
③兄夫 ↔ 弟夫 ④下手 ↔ 上手

18. 태양이 동쪽에서 떠올라 나무 사이에 보이는 형상을 나타내는 한자는? (   )
①本 ②東 ③末 ④青

19. 다음 중 서로 반대되는 뜻을 가진 한자의 연결이 아닌 것은? (   )
①本↔末 ②男↔女 ③南↔北 ④中↔央

20. 형제간에 필요한 덕목은? (   )
①효도 ②우애 ③충성 ④봉사

21. 다음 중 밑줄 친 "不"자의 독음이 다른 것은? (   )
①不食 ②不足 ③不立 ④不出

22. 다음 중 서로 비슷한 뜻을 가진 한자의 연결이 아닌 것은? (   )
①白=百 ②江=川 ③同=一 ④文=字

※다음 한자어의 독음을 쓰시오.

보기	上下 (상하)

23. 火車 (   ) 24. 東北 (   )

25. 同人 (   ) 26. 休日 (   )

27. 士大夫 (   )

28. 水口門 (   )

※다음 한자의 훈음을 쓰시오.

보기	上 (위 상)

29. 母 (   )

30. 立 (   )

31. 士 (   )

32. 位 (   )

33. 八 (   )

34. 西 (   )

※다음 밑줄 친 한자어의 독음을 쓰시오.

보기	위와 아래를 上下라 한다. (상하)

35. 나부터 山林 보호에 앞장서야겠다. (　　　)

36. 本文의 내용을 잘 이해해야 한다. (　　　)

37. 그 사람은 나보다 두 살 年上이다. (　　　)

38. 학생은 공부하는데 主力을 다해야 한다. (　　　)

※다음 한자와 뜻이 반대되는 한자를 쓰시오.

보기	上 ↔ (下)

39. 大 ↔ (　　　)

※다음 훈음에 맞는 한자를 쓰시오.

보기	위　상(上)

40. 바를 정 (　　　)

41. 일천 천 (　　　)

42. 수건 건 (　　　)

43. 옷　의 (　　　)

44. 푸를 청 (　　　)

45. 바깥 외 (　　　)

※다음 낱말의 뜻에 알맞은 한자어를 쓰시오.

보기	상하 : 위와 아래 (上下)

46. 여왕 : 여자 임금 (　　　)

47. 우족 : 오른쪽 발 (　　　)

48. 수공 : 손으로 하는 공예 (　　　)

49. 마부 : 마차꾼 (　　　)

※다음 빈 칸에 알맞은 한자를 쓰시오.

보기	위와 아래를 (上) (下)라고 한다.

50. 음력 칠월 초 칠일밤으로 견우와 직녀가 만나는 날은 七 月 (　　　)(　　　) 이다.

대한민국한자급수자격검정시험 준5급

8회 심화학습문제

시험시간 : 40분

점수:

※다음 한자어의 독음이 바른 것을 고르시오.

보기	上下 (②) ①월화 ②상하 ③지하 ④하수

1. 小人 (　　) ①소인 ②심인 ③소입 ④대인

2. 大門 (　　) ①사문 ②대문 ③동문 ④목문

3. 木石 (　　) ①수석 ②화석 ③목석 ④토석

4. 左右 (　　) ①좌향 ②우좌 ③우향 ④좌우

5. 女心 (　　) ①수심 ②여심 ③모심 ④녀심

※다음 밑줄 친 낱말을 한자로 바르게 쓴 것을 고르시오.

보기	한자를 알면 세상이 보인다.(①) ①世上 ②世界 ③漢字 ④漢文

6. 십년이면 강산도 변한다. (　　)
①三十 ②十年 ③千年 ④三年

7. 태풍이 북상하고 있다. (　　)
①北上 ②北向 ③年上 ④北下

8. 우리집은 남향을 하고 있어 늘 따뜻하다. (　　)
①南方 ②南日 ③南同 ④南向

9. 그 물건은 내 수중에 있다. (　　)
①小中 ②手口 ③手中 ④心中

10. 진희의 형부는 공무원이다. (　　)
①兄夫 ②夫兄 ③兄父 ④父兄

※다음 한자의 훈음이 바른 것을 고르시오.

보기	上 (④) ①사람인 ②아래하 ③흙토 ④위상

11. 江 (　　)
①뫼 산 ②강 강 ③물 수 ④개 견

12. 南 (　　)
①사내남 ②남녘남 ③서녘서 ④북녘북

13. 休 (　　)
①설 립 ②쉴 휴 ③나무목 ④수풀림

※다음 훈음에 맞는 한자를 고르시오.

보기	위상 (③) ①人 ②下 ③上 ④土

14. 글월문 (　　　) ①門 ②字 ③文 ④母

15. 석 삼 (　　　) ①二 ②三 ③川 ④四

16. 주인주 (　　　) ①日 ②玉 ③王 ④主

※다음 물음에 알맞은 답을 고르시오.

17. '한문을 처음 배우는 사람을 위하여 교과서로 쓰이던 책'을 한자어로 맞게 쓴 것은? (　　　)

①千字文 ②天子文
③千字門 ④天子門

18. 여러 사람의 의견을 한 곳에 모았으니 그 생각이 같아서 "한가지"임을 뜻하는 한자는? (　　　)

①右 ②兄 ③同 ④名

19. 다음 중 박물관에 갔을 때의 태도로 바르지 <u>않은</u> 것은? (　　　)

①진열된 물건을 소중하게 여긴다.
②진열된 물건에 담겨진 정신을 배운다.
③진열된 물건에 대해 중요한 것을 기록한다.
④진열된 물건을 마구 만지고 들여다본다.

20. 사람을 만났을 때 인사예절로 바르지 <u>않은</u> 것은? (　　　)

①밝은 표정으로 바라보며 인사한다.
②무뚝뚝하게 아무 말 없이 인사한다.
③정성어린 마음으로 인사한다.
④상황에 맞는 인사용어를 쓴다.

21. 다음 중 "中"자와 비슷한 뜻의 한자는? (　　　)

①央 ②向 ③自 ④左

22. 다음 중 "天"자와 반대되는 뜻의 한자는? (　　　)

①大 ②東 ③地 ④年

※다음 한자어의 독음을 쓰시오.

보기	上下 (상하)

23. 七夕 (　　　) 24. 天地 (　　　)

25. 九月 (　　　) 26. 自力 (　　　)

27. 門下生 (　　　)

28. 同夫人 (　　　)

※다음 한자의 훈음을 쓰시오.

보기	上 (위 상)

29. 少 (　　　)

30. 目 (   )

31. 林 (   )

32. 今 (   )

33. 日 (   )

34. 玉 (   )

※다음 밑줄 친 한자어의 독음을 쓰시오.

보기	위와 아래를 上下라 한다. (상하)

35. 우리 할아버지는 오래전부터 生食을 하신다.
(   )

36. 어제 모든 돈을 은행에 入金해 버렸다.
(   )

37. 할머니께서 內衣를 한 벌 사 주셨다.
(   )

38. 홍수로 인해 댐 水位가 많이 높아졌다.
(   )

※다음 한자와 뜻이 반대되는 한자를 쓰시오.

39. 本 ↔ (   )

※다음 훈음에 맞는 한자를 쓰시오.

보기	위 상(上)

40. 흙 토 (   )

41. 먼저 선 (   )

42. 성씨 성 (   )

43. 흰 백 (   )

44. 선비 사 (   )

45. 말 마 (   )

※다음 낱말의 뜻에 알맞은 한자어를 쓰시오.

보기	상하 : 위와 아래 (上下)

46. 천고 : 아주 먼 옛날 (   )

47. 사촌 : 아버지의 친형제의 아들 딸
(   )

48. 공부 : 학문이나 기술을 배우거나 닦음
(   )

49. 이목 : 귀와 눈. 다른 사람의 주의·주목
(   )

※다음 빈 칸에 알맞은 한자를 쓰시오.

보기	위와 아래를 (上) (下)라고 한다.

50. 땅 속의 토사나 암석 따위의 사이를 채우고 있는 물을 (   )(   )水 라 한다.

部首 214字와 部首訓音 一覽表

1획

一 한 일
丨 뚫을 곤
丶 별똥,점 주[점]
丿 삐침 별[삐침]
乙 새 을(乚)
[새을방]
亅 갈고리 궐

2획

二 두 이
亠 머리부분 두
[돼지해(亥)머리]
人 사람 인(亻)
[사람인변]
儿 ①어진사람인
②걷는사람인
入 들 입
八 여덟 팔
冂 멀 경
冖 덮을 멱{冪}
[민갓머리]
冫 얼음 빙{氷,冰}
[이수변]
几 안석,책상궤
凵 입벌릴 감
[위튼입구몸]
刀 칼 도(刂)
[칼도방]
力 힘 력
勹 쌀 포{包}
匕 비수 비
匚 상자 방
[옆튼입구몸]
匸 감출 혜
[튼에운담]
十 열 십
卜 점 복
卩 병부 절(㔾)
厂 ①굴바위 엄
②언덕 한
[민엄호]
厶 사사 사
[마늘모]
又 또 우

3획

口 입 구
囗 에울 위
[큰입구몸]
土 흙 토
士 선비 사
夂 뒤져올 치
夊 천천히걸을쇠
夕 저녁 석
大 큰 대
女 여자 녀
子 아들 자
宀 집 면
[갓머리]
寸 마디 촌
小 작을 소
尢 절름발이 왕(尣,兀)
尸 주검 시{屍}
屮 싹날 철
[왼손좌(屮)]
山 메,뫼 산
川 내 천{巛}
[개미허리]
工 장인 공
己 몸 기
巾 수건 건
干 방패 간
幺 작을 요
广 집 엄
[엄호]
廴 길게걸을 인
[민책받침]
廾 들,손맞잡을공
[스물입발]
弋 주살 익
弓 활 궁
彐 돼지머리 계(彑,ヨ)
[튼가로왈]
彡 터럭 삼
[삐친석삼]
彳 자축거릴 척
[두인변]

4획

心 마음 심(忄,⺗)
[심방변, 마음심발]
戈 창 과
户 지게문 호
手 손 수(扌)
[손수변, 재방변]
支 지탱할 지
攴 칠 복(攵)
[등글월문]
文 글월 문
斗 말 두
斤 도끼,무게근
方 모 방
无 없을 무(旡)
[이미기(旣)방]
日 날,해 일
曰 가로 왈
月 달 월
木 나무 목
欠 하품 흠
止 그칠 지
歹 앙상한뼈 알(歺)
[죽을사(死)변]
殳 몽둥이 수
[갖은등글월문]
毋 말 무
比 견줄 비
毛 털 모
氏 성씨, 각씨 시
气 기운 기{氣}
水 물 수(氵,氺)
[삼수변, 물수발]
火 불 화(灬)
[연화발]
爪 손톱 조(爫)
父 아비 부
爻 점괘 효
爿 조각 장
[장수장(將)변]
片 조각 편
牙 어금니 아
牛 소 우(牜)
犬 개 견(犭)
[개사슴록변]

5획

玄 검을 현
玉 구슬 옥(王)
瓜 오이 과
瓦 기와 와
甘 달 감
生 날 생
用 쓸 용
田 밭 전
疋 ①발 소
②필 필
疒 병들 녁
[병질엄]
癶 걸음 발
[필발(發)머리]
白 흰 백
皮 가죽 피
皿 그릇 명

部首 214字와 部首訓音 一覽表

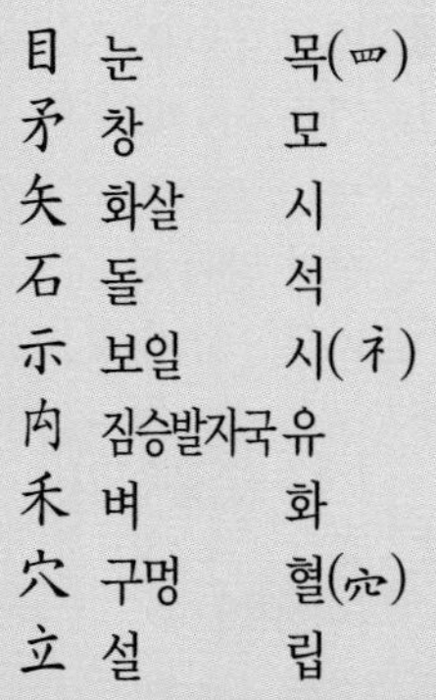

目 눈 목(罒)
矛 창 모
矢 화살 시
石 돌 석
示 보일 시(礻)
禸 짐승발자국 유
禾 벼 화
穴 구멍 혈(穴)
立 설 립

6획

竹 대 죽(⺮)
[대죽머리]
米 쌀 미
糸 실 사{絲}
缶 장군 부
网 그물망(罒, 罓){網}
羊 양 양(⺶)
羽 깃 우
老 늙을 로(耂)
[늙을로엄]
而 말이을 이
耒 쟁기,가래뢰
耳 귀 이
聿 붓,오직 율
肉 고기 육(月)
[육달월]
臣 신하 신
自 스스로 자
至 이를 지
臼 절구 구(臼)
舌 혀 설
舛 어그러질 천
舟 배 주
艮 머무를,그칠간
色 빛 색
艸 풀 초(⺿,艹)
[초(草)두,풀초머리]

虍 범 호{虎}
[범호엄]
虫 벌레 충{蟲},훼
血 피 혈
行 다닐 행
衣 옷 의(衤)
襾 덮을 아(覀)

7획

見 볼 견
角 뿔 각
言 말씀 언
谷 골 곡
豆 콩,제기 두
豕 돼지 시
豸 ①벌레 치
②해태 태
[갖은돼지시변]
貝 조개 패
赤 붉을 적
走 달릴 주
足 발 족(⻊)
身 몸 신
車 수레 거(차)
辛 매울 신
辰 별 진
날 신
辵 쉬엄쉬엄갈 착(辶)
[책받침]
邑 고을 읍(⻏)
[우부방]
酉 닭,술병 유
釆 분별할 변
里 마을 리

8획

金 쇠 금
長 긴,어른 장(镸)

門 문 문
阜 언덕 부(⻖)
[좌부변]
隶 미칠 이
隹 새 추
雨 비 우
靑 푸를 청
非 아닐 비

9획

面 얼굴 면
革 가죽 혁
韋 다룸가죽 위
韭 부추 구
音 소리 음
頁 머리 혈
風 바람 풍
飛 날 비
食 밥 식(飠,飣)
首 머리 수
香 향기 향

10획

馬 말 마
骨 뼈 골
高 높을 고
髟 머리털늘어질 표
[터럭발(髮)머리]
鬥 싸울 투{鬭}
鬯 술,활집 창
鬲 ①오지병 격
②솥 력
鬼 귀신 귀

11획

魚 물고기 어
鳥 새 조

鹵 소금밭 로
鹿 사슴 록
麥 보리 맥
麻 삼 마

12획

黃 누를 황
黍 기장 서
黑 검을 흑
黹 바느질할 치

13획

黽 ①맹꽁이 맹<黾>
②힘쓸 민
鼎 솥 정
鼓 북 고
鼠 쥐 서

14획

鼻 코 비
齊 가지런할 제

15획

齒 이 치

16획

龍 용 룡<竜>
龜 ①거북 귀<亀>
②나라이름구
③터질 균

17획

龠 피리 약

※( ) 부수 변형자
※[ ] 부수 명칭
※{ } 본자
※< > 약자

대한민국한자급수자격검정시험 준5급

1회 실전대비문제

시험시간 : 40분

점수:

※한자의 훈음이 바른 것을 고르시오.

1. 車 (　　) ①아홉 구 ②수레 거 ③문 문 ④귀 이

2. 末 (　　) ①나무 목 ②바를 정 ③끝 말 ④넉 사

3. 生 (　　) ①양 양 ②설 립 ③동녘 동 ④날 생

4. 白 (　　) ①다섯 오 ②입 구 ③흰 백 ④한가지 동

5. 夕 (　　) ①개 견 ②수건 건 ③저녁 석 ④안 내

6. 入 (　　) ①여덟 팔 ②사람 인 ③맏 형 ④들 입

7. 士 (　　) ①선비 사 ②근본 본 ③사내 남 ④메 산

8. 休 (　　) ①땅 지 ②아버지 부 ③쇠 금 ④쉴 휴

9. 先 (　　) ①말 마 ②먼저 선 ③먹을 식 ④바깥 외

10. 寸 (　　) ①강 강 ②마음 심 ③눈 목 ④마디 촌

※훈음에 맞는 한자를 고르시오.

11. 글자 자 (　　) ①字 ②犬 ③姓 ④世

12. 자리 위 (　　) ①兄 ②弟 ③位 ④下

13. 물 수 (　　) ①水 ②女 ③三 ④母

14. 임금 왕 (　　) ①父 ②己 ③上 ④王

15. 왼 좌 (　　) ①自 ②四 ③金 ④左

16. 글월 문 (　　) ①馬 ②文 ③名 ④五

17. 가운데 앙 (　　) ①口 ②東 ③央 ④年

18. 작을 소 (　　) ①人 ②八 ③火 ④小

19. 내 천 (　　) ①南 ②少 ③川 ④石

20. 소 우 (　　) ①牛 ②食 ③子 ④六

※ **물음에 알맞은 답을 고르시오.**

21. "두 그루의 나무가 서 있는 모양"에서 나무가 많은 '수풀'을 뜻하는 한자는? (　　)

①四　②木　③林　④本

※ **물음에 알맞은 답을 고르시오.**

보기	이 책은 22)少年의 눈을 통해 보이는 23)世上을 그린 성장소설이다.

22. 위의 밑줄 친 '少年'을 바르게 읽은 것은? (　　)

①소년　②소연　③사년　④사연

23. 위의 밑줄 친 '世上'의 뜻으로 바른 것은? (　　)

①사람이 살고 있는 모든 사회.
②지위가 위인 사람.
③대대로 선물을 올리는 일.
④높은 지위에 오르게 됨.

24. 밑줄 친 부분에 해당하는 한자가 잘못 쓰인 것은? (　　)

①입 속에 군침이 돌다. : 口
②너와 나는 둘 다 키가 크다. : 三
③우리 어머니는 아름다운 분이시다. : 母
④몸이 건강해야 뭐든 잘 할 수 있다. : 己

25. 한자의 총획이 바르지 않은 것은? (　　)

①衣-6획　②弟-8획　③金-8획　④羊-6획

26. '玉'의 반의자는? (　　)

①土　②女　③石　④子

※ **어휘의 독음이 바른 것을 고르시오.**

27. 工夫 (　　) ①토부 ②공부 ③공대 ④토대

28. 大魚 (　　) ①대어 ②태어 ③태양 ④대양

29. 右足 (　　) ①족이 ②우족 ③우목 ④좌수

30. 方向 (　　) ①향동 ②방면 ③향방 ④방향

31. 七月 (　　) ①오륙 ②유월 ③칠월 ④칠팔

32. 天日 (　　) ①대일 ②천구 ③일천 ④천일

33. 青衣 (　　) ①청의 ②정의 ③청이 ④정상

34. 百出 (　　) ①토산 ②백출 ③백산 ④기출

※ **어휘의 뜻으로 알맞은 것을 고르시오.**

35. 自立 (　　)

①자리를 바꿈.　②그 사람 자신.
③남에게 예속되거나 의지하지 아니하고 스스로 섬.
④어느 편에도 치우지지 아니함.

36. 姓名 (　　)

①이름난 선비.　②이름 있는 훌륭한 집안.
③명성을 떨침.　④성과 이름.

※ 낱말을 한자로 바르게 쓴 것을 고르시오.

37. 북서: 북쪽을 기준으로 북쪽과 서쪽 사이의 방위. (   )

①南北 ②北下 ③南下 ④北西

38. 화력: 불이 탈 때에 내는 열의 힘. (   )

①九力 ②火九 ③力火 ④火力

39. 부동: 서로 같지 않음. (   )

①父同 ②父東 ③不同 ④不東

40. 외지: 나라 밖의 땅. (   )

①地外 ②外地 ③兄外 ④外外

※ 밑줄 친 어휘의 알맞은 독음을 고르시오.

41. 깨끗이 몸을 씻고 手巾(으)로 닦았다. (   )

①수하 ②수건 ③수중 ④두건

42. 선생님의 칭찬에 内心 많이 기뻤다. (   )

①일심 ②내심 ③내방 ④이심

43. 우리나라는 아름다운 江山이(가) 많다. (   )

①산수 ②강산 ③산천 ④강천

44. 사람들의 耳目이(가) 나에게 집중되었다. (   )

①이목 ②이구 ③수목 ④목하

※ 밑줄 친 부분을 한자로 바르게 쓴 것을 고르 시오.

보기	쌀은 45)고금을 통하여 변하지 않는 우리의 46)주식이 되고 있다.

45. 고금 (   )

①今古 ②古人 ③人今 ④古今

46. 주식 (   )

①主立 ②主食 ③食口 ④口食

※ 물음에 알맞은 답을 고르시오.

47. '正門' 의 유의어는? (   )

①門正 ②本門 ③己門 ④下門

48. 동물을 나타내는 한자가 아닌 것은? (   )

①木 ②馬 ③羊 ④犬

49. "十中八九"의 속뜻으로 옳은 것은? (   )

①거의 예외 없이 그러할 것임.
②꽤나 많은 수가 모임.
③숫자들을 순서대로 나열함.
④열 개가 더 많음.

50. 길거리에서 돈이 든 지갑을 주었을 경우 해야 할 행동으로 바른 것은? (   )

①과자를 사먹고 나머지 돈은 저금한다.
②쓰레기통에 넣는다.
③가까운 파출소에 가져 다 드린다.
④친구들과 돈을 나눠 갖는다.

대한민국한자급수자격검정시험 준5급

2회 실전대비문제

시험시간 : 40분

점수:

※한자의 훈음이 바른 것을 고르시오.

1. 今 (　　) ①옷 의 ②이제 금 ③해 년 ④내 천

2. 央 (　　) ①동녘 동 ②들 입 ③가운데 앙 ④물고기 어

3. 世 (　　) ①먼저 선 ②물 수 ③남녘 남 ④세상 세

4. 字 (　　) ①글자 자 ②한 일 ③일천 천 ④가운데 중

5. 巾 (　　) ①구슬 옥 ②일백 백 ③수건 건 ④힘 력

6. 主 (　　) ①바를 정 ②여섯 륙 ③주인 주 ④임금 왕

7. 目 (　　) ①이름 명 ②눈 목 ③마음 심 ④날 일

8. 羊 (　　) ①양 양 ②날 생 ③바깥 외 ④한가지 동

9. 文 (　　) ①아버지 부 ②성씨 성 ③글월 문 ④쇠 금

10. 位 (　　) ①먹을 식 ②북녘 북 ③넉 사 ④자리 위

※훈음에 맞는 한자를 고르시오.

11. 수레 거 (　　) ①入 ②石 ③工 ④車

12. 끝 말 (　　) ①山 ②五 ③末 ④六

13. 근본 본 (　　) ①同 ②本 ③正 ④日

14. 스스로 자 (　　) ①自 ②不 ③向 ④地

15. 개 견 (　　) ①大 ②小 ③犬 ④王

16. 설 립 (　　) ①左 ②立 ③衣 ④年

17. 모 방 (　　) ①北 ②寸 ③一 ④方

18. 서녘 서 (　　) ①江 ②先 ③西 ④四

19. 몸 기 (　　) ①馬 ②女 ③己 ④心

20. 저녁 석 (　　) ①力 ②外 ③火 ④夕

21. "밭에 나가 농기구를 사용하여 힘써 일한다" 에서 '남자'를 뜻하게 된 한자는? ( )

①兄 ②南 ③男 ④江

※ 물음에 알맞은 답을 고르시오.

보기	이번 학기에 22)三寸은 영어를, 나는 중국어를 23)工夫하기로 약속하였다.

22. 위의 밑줄 친 '三寸'을 바르게 읽은 것은? ( )

①삼춘 ②삼촌 ③사촌 ④사춘

23. 위의 밑줄 친 '工夫'의 뜻으로 바른 것은? ( )

①품삯을 받고 육체노동을 하는 사람.
②손으로 하는 비교적 간단한 공예.
③학문이나 기술을 배우고 익힘.
④물건을 만들어 내는 설비를 갖춘 곳.

24. 밑줄 친 부분에 해당하는 한자가 잘못 쓰인 것은? ( )

①입 속에 군침이 돌다. : 口
②아빠가 쉬는 날 온 가족이 놀이공원에 갔다. : 休
③모인 사람은 모두 열 명이다. : 十
④호주머니에 구슬 세 개가 있다. : 王

25. 한자의 총획이 8획이 아닌 것은? ( )

①門 ②食 ③青 ④姓

26. '天'의 반의자는? ( )

①地 ②九 ③川 ④千

※ 어휘의 독음이 바른 것을 고르시오.

27. 七八 ( ) ①칠팔 ②구칠 ③칠구 ④팔칠

28. 土木 ( ) ①토사 ②사본 ③토본 ④토목

29. 手下 ( ) ①수중 ②수화 ③수상 ④수하

30. 青白 ( ) ①청천 ②청일 ③청백 ④흑백

31. 古人 ( ) ①고인 ②구인 ③고입 ④구입

32. 士林 ( ) ①칠림 ②토림 ③사임 ④사림

33. 門内 ( ) ①문입 ②문내 ③문인 ④문나

34. 兄弟 ( ) ①명부 ②형제 ③형부 ④명제

※ 어휘의 뜻으로 알맞은 것을 고르시오.

35. 先山 ( )

①조상의 무덤이 있는 곳. ②미리 일을 함.
③산 위의 경치가 좋음. ④먼저 산에 오름.

36. 石火 ( )

①굴. ②번갯불.
③돌에 그린 그림.
④돌과 쇠가 맞부딪칠 때 순간적으로 일어나는 불.

37. 대소: 크고 작음. ( )

①犬小 ②大小 ③犬少 ④大少

38. 중천: 하늘의 한가운데. (　　　)
①中千　②天中　③中天　④九千

39. 동일: 다른 데가 없이 똑같음. (　　　)
①同一　②日同　③同日　④同心

40. 오월: 한 해 열두 달 가운데 다섯째 달. (　　　)
①四月　②五月　③六月　④十月

※ 밑줄 친 어휘의 알맞은 독음을 고르시오.

41. 태백산맥은 南北으로 길게 뻗쳐 있다. (　　　)
①북동　②동북　③북남　④남북

42. 年金 제도는 노후 복지를 위한 것이다. (　　　)
①년금　②년김　③연금　④연김

43. 동생은 外向적이고 활달한 성격이다. (　　　)
①석향　②내향　③외향　④내성

44. 요즘은 生水를 돈을 주고 사먹는다. (　　　)
①상수　②생수　③정수　④생화

※ 밑줄 친 부분을 한자로 바르게 쓴 것을 고르시오.

보기	응시생들은 반드시 수험번호와 45)성명을 쓰고, 46)부정한 방법으로 시험을 봐서는 안 된다.

45. 성명 (　　　)
①本姓　②姓名　③名姓　④本名

46. 부정 (　　　)
①不正　②不王　③王不　④正不

※ 물음에 알맞은 답을 고르시오.

47. '入力'의 반의어는? (　　　)
①出力　②出入　③入出　④力出

48. "名山大川"의 뜻으로 알맞은 것은? (　　　)
①산과 내를 찾음.　②경치 좋고 이름난 산천.
③이름없는 산과 들.　④모든 방면.

49. "玉衣玉食"의 뜻이 문장에서 가장 알맞게 쓰인 것은? (　　　)
①玉衣玉食도 좋지만, 세상을 사는 바른 지혜가 필요하다.
②玉衣玉食이 되면 견우와 직녀가 일 년 만에 오작교에서 만난다고 한다.
③좋은 옷과 맛없는 음식을 玉衣玉食이라 한다.
④인간 사회의 모든 시대를 玉衣玉食 이라고도 한다.

50. 학교에서의 행동으로 바르지 않은 것은? (　　　)
①先生님과의 약속을 잘 지키도록 한다.
②先生님을 만나면 정중히 인사를 한다.
③친구의 비밀을 先生님께 고자질한다.
④바른 자세로 先生님의 말씀을 듣는다.

대한민국한자급수자격검정시험 준5급

3회 실전대비문제

시험시간 : 40분

점수:

※ 한자의 훈음으로 바른 것을 고르시오.

1. 外 (　　) ①바깥 외 ②날 일 ③날 출 ④달 월

2. 少 (　　) ①흙 토 ②적을 소 ③손 수 ④왼 좌

3. 足 (　　) ①발 족 ②예 고 ③돌 석 ④맏 형

4. 羊 (　　) ①날 생 ②소 우 ③글월 문 ④양 양

5. 男 (　　) ①여자 녀 ②사내 남 ③안 내 ④넉 사

6. 車 (　　) ①수레 거 ②선비 사 ③남녘 남 ④동녘 동

7. 水 (　　) ①여섯 륙 ②나무 목 ③내 천 ④물 수

8. 七 (　　) ①일곱 칠 ②열 십 ③아들 자 ④두 이

9. 靑 (　　) ①석 삼 ②푸를 청 ③해 년 ④장인 공

10. 名 (　　) ①오른 우 ②성씨 성 ③입 구 ④이름 명

※ 훈음에 맞는 한자를 고르시오.

11. 수풀 림 (　　) ①先 ②巾 ③江 ④林

12. 물고기 어 (　　) ①魚 ②牛 ③犬 ④向

13. 설 립 (　　) ①八 ②立 ③大 ④力

14. 일백 백 (　　) ①母 ②白 ③方 ④百

15. 일천 천 (　　) ①天 ②二 ③千 ④字

16. 아홉 구 (　　) ①寸 ②子 ③左 ④九

17. 세상 세 (　　) ①內 ②西 ③姓 ④世

18. 먹을 식 (　　) ①食 ②兄 ③東 ④火

19. 귀 이 (　　) ①中 ②目 ③耳 ④年

20. 가운데 앙 (　　) ①央 ②女 ③木 ④上

※ 물음에 알맞은 답을 고르시오.

21. "흐르는 물의 모양"을 본떠 만든 한자는? ( )

①十 ②三 ③小 ④川

※ 물음에 알맞은 답을 고르시오.

보기	22)今日은 징검다리 23)休日의 마지막 날입니다.

22. 위의 밑줄 친 '今日'을 바르게 읽은 것은? ( )

①월일 ②금일 ③요일 ④말일

23. 위의 밑줄 친 "休日"에서 '休'의 뜻과 음으로 바른 것은? ( )

①몸 체 ②몸 휴 ③쉴 체 ④쉴 휴

24. 밑줄 친 부분에 해당하는 한자가 잘못 쓰인 것은? ( )

①저녁에 온 가족이 모였다. : 夕
②옷에 장식용 구슬을 달았다. : 玉
③복도 맨 끝에 화장실이 있습니다. : 夫
④오른쪽으로 돌면 집이 보인다. : 右

25. 한자의 총획이 바르지 않은 것은? ( )

①南-총9획 ②馬-총10획
③母-총6획 ④父-총4획

26. '同'의 유의자는? ( )

①山 ②五 ③生 ④一

※ 어휘의 독음이 바른 것을 고르시오.

27. 天心 ( ) ①천심 ②대심 ③천양 ④대양

28. 石工 ( ) ①석수 ②우공 ③우수 ④석공

29. 古人 ( ) ①남인 ②고인 ③목인 ④대인

30. 北門 ( ) ①북문 ②동문 ③서문 ④남문

31. 口文 ( ) ①구대 ②우원 ③구문 ④우부

32. 六月 ( ) ①육월 ②뉴월 ③뉵월 ④유월

33. 本土 ( ) ①본토 ②목사 ③목토 ④본사

34. 自己 ( ) ①자기 ②목기 ③자사 ④목사

※ 어휘의 뜻으로 알맞은 것을 고르시오.

35. 入金 ( )

①나가고 들어옴.
②들어오는 돈과 나가는 돈.
③돈을 들여놓거나 넣어줌.
④돈을 내어 쓰거나 내어 줌.

36. 不正 ( )

①바른 자리. ②정해져 있지 않음.
③크게 올바름.
④올바르지 아니하거나 옳지 못함.

※ 낱말을 한자로 바르게 쓴 것을 고르시오.

37. 역사: 뛰어나게 힘이 센 사람. ( )

①土力 ②力士 ③力土 ④士力

38. 외지: 자기가 사는 곳 밖의 다른 고장. ( )

①外地 ②天地 ③外出 ④夕地

39. 사방: 동, 서, 남, 북 네 방위. ( )

①西方 ②方向 ③一方 ④四方

40. 왕위: 임금의 자리. ( )

①五位 ②位五 ③王位 ④位王

※ 밑줄 친 어휘를 바르게 읽은 것을 고르시오.

41. 三寸이 온다고 아이들은 들떠 있었다. ( )

①사촌 ②팔촌 ③이촌 ④삼촌

42. 수영을 했더니 內耳에 물이 들어간 것 같다. ( )

①이일 ②나이 ③내이 ④내목

43. 막내아들을 末子라고 부르기도 한다. ( )

①미자 ②말자 ③목자 ④본자

44. 이 글을 머리말, 本文, 맺음말로 나누어 보자. ( )

①부분 ②본분 ③본문 ④분문

※ 밑줄 친 부분을 한자로 바르게 쓴 것을 고르시오.

보기	쌍둥이 45)형제가 같은 색의 46)상의를 입었다.

45. 형제 ( )

①弟兄 ②兄弟 ③兄左 ④弟左

46. 상의 ( )

①世上 ②上衣 ③下衣 ④上下

※ 물음에 알맞은 답을 고르시오.

47. '火食'의 반의어는? ( )

①生食 ②主食 ③玉食 ④中食

48. 우리 몸의 일부를 나타내는 한자가 아닌 것은? ( )

①手 ②口 ③馬 ④目

49. "正心工夫"의 뜻이 문장에서 가장 알맞게 쓰인 것은? ( )

①한자를 배울 때는 正心工夫해야 한다.
②경치 좋고 이름난 산천을 正心工夫라 한다.
③正心工夫는 좋은 옷과 맛있는 음식을 말한다.
④책을 보며 자꾸 한눈을 파니 正心工夫할 수 있었다.

50. 평소의 행동으로 바르지 않은 것은? ( )

①父母님의 말씀을 잘 듣는다.
②門을 조심스럽게 열고 닫는다.
③집밖으로 갈 때에는 누구에게도 알리지 않는다.
④밖에 나갔다 들어와서는 손발을 깨끗이 씻는다.

대한민국한자급수자격검정시험 준5급

4회 실전대비문제

시험시간 : 40분

점수:

※ 한자의 훈음으로 바른 것을 고르시오.

1. 末 (　　) ①아래 하 ②나무 목 ③끝 말 ④수풀 림

2. 南 (　　) ①동녘 동 ②남녘 남 ③사내 남 ④서녘 서

3. 夫 (　　) ①물 수 ②지아비 부 ③석 삼 ④내 천

4. 同 (　　) ①문 문 ②안 내 ③한가지 동 ④바를 정

5. 兄 (　　) ①발 족 ②수레 거 ③이름 명 ④맏 형

6. 立 (　　) ①두 이 ②강 강 ③설 립 ④글월 문

7. 王 (　　) ①임금 왕 ②한 일 ③다섯 오 ④손 수

8. 古 (　　) ①예 고 ②입 구 ③열 십 ④돌 석

9. 巾 (　　) ①수건 건 ②가운데 중 ③몸 기 ④아홉 구

10. 衣 (　　) ①오른 우 ②여섯 륙 ③옷 의 ④왼 좌

※ 훈음에 맞는 한자를 고르시오.

11. 근본 본 (　　) ①西 ②日 ③本 ④白

12. 해 년 (　　) ①年 ②馬 ③水 ④弟

13. 힘 력 (　　) ①下 ②力 ③上 ④三

14. 가운데 앙 (　　) ①六 ②央 ③主 ④千

15. 자리 위 (　　) ①位 ②中 ③姓 ④心

16. 저녁 석 (　　) ①夕 ②外 ③口 ④月

17. 구슬 옥 (　　) ①五 ②百 ③玉 ④犬

18. 장인 공 (　　) ①自 ②工 ③左 ④九

19. 선비 사 (　　) ①八 ②火 ③十 ④士

20. 이제 금 (　　) ①正 ②女 ③子 ④今

※ 물음에 알맞은 답을 고르시오.

21. "사람이 나무 그늘 아래서 쉼"을 나타내는 한자는? ( )

①大 ②木 ③林 ④休

※ 물음에 알맞은 답을 고르시오.

보기	체중 조절을 위해 음식을 22)부족한 듯 먹으며 23)小食하기로 했다.

22. 위의 밑줄 친 '부족'을 한자로 바르게 쓴 것은? ( )

①不方 ②不足 ③足不 ④方足

23. 위의 밑줄 친 '小食'의 뜻으로 바른 것은? ( )

①음식이 빨리 소화됨. ②음식을 적게 먹음.
③음식을 짜게 먹음. ④음식을 맛있게 먹음.

24. 밑줄 친 부분에 해당하는 한자로 바르지 않은 것은? ( )

①동쪽에서 해가 떠서 서쪽으로 진다. : 東
②형은 아우를 잘 보살펴야 한다. : 弟
③땅 위에 누워 하늘과 구름을 바라보았다. : 江
④욕심을 부리지 말고 마음을 비워야 한다. : 心

25. 한자는 글자마다 고유한 3요소를 갖고 있다. 이 '한자의 3요소'로 바르지 않은 것은? ( )

①모양 ②소리 ③뜻 ④맛

26. '字'의 유의자는? ( )

①六 ②女 ③文 ④先

※ 어휘의 독음이 바른 것을 고르시오.

27. 名犬 ( ) ①명문 ②외대 ③명견 ④외견

28. 白土 ( ) ①백목 ②백사 ③백토 ④일토

29. 七寸 ( ) ①칠촌 ②사촌 ③팔촌 ④일촌

30. 木石 ( ) ①목구 ②목좌 ③목우 ④목석

31. 父母 ( ) ①부모 ②팔모 ③제모 ④부녀

32. 内耳 ( ) ①내외 ②내의 ③우이 ④내이

33. 右手 ( ) ①좌우 ②우수 ③좌수 ④우좌

34. 入門 ( ) ①인문 ②입문 ③인간 ④입구

※ 어휘의 뜻으로 알맞은 것을 고르시오.

35. 自己 ( )

①남을 가리킴. ②중심이 되는 힘.
③그 사람 자신. ④자기 혼자의 힘.

36. 世上 ( )

①하늘 위. ②하늘 아래.
③사물의 한가운데.
④사람이 살고 있는 모든 사회.

※ 낱말을 한자로 바르게 쓴 것을 고르시오.

37. 산수: 산과 물이라는 뜻으로, 경치를 이르는 말. ( )

①水山 ②山川 ③川水 ④山水

38. 정월: 음력으로 한 해의 첫째 달. ( )

①正月 ②十月 ③五月 ④正子

39. 외출: 집이나 근무지 따위에서 벗어나 잠시 밖으로 나감. ( )

①耳外 ②出外 ③外出 ④外耳

40. 주인: 대상이나 물건 따위를 소유한 사람. ( )

①主人 ②千心 ③主心 ④千人

※ 밑줄 친 어휘를 바르게 읽은 것을 고르시오.

41. 先金을 내고 물건을 주문했다. ( )

①생금 ②목금 ③선생 ④선금

42. 말린 명태를 北魚라고 한다. ( )

①대어 ②반어 ③북어 ④복어

43. 그는 二男 이녀 중에 첫째이다. ( )

①이남 ②이람 ③이력 ④이전

44. 그는 馬車에 짐을 실었다. ( )

①마거 ②양거 ③우차 ④마차

※ 밑줄 친 부분을 한자로 바르게 쓴 것을 고르시오.

보기	광활한 45)대지의 목장에서 46)우양이 한가롭게 풀을 뜯고 있다.

45. 대지 ( )

①土地 ②八地 ③大地 ④天地

46. 우양 ( )

①五羊 ②羊牛 ③牛五 ④牛羊

※ 물음에 알맞은 답을 고르시오.

47. '入口'의 반의어는? ( )

①食口 ②出口 ③生一 ④火生

48. "방위, 바야흐로, 바르다"라는 뜻을 지녔고, '□向, 四□'의 □안에 공통으로 들어갈 수 있는 한자는? ( )

①九 ②東 ③西 ④方

49. 한자의 필순으로 바르지 않은 것은? ( )

①'三'은 위에서 아래로 쓴다.
②'川'은 왼쪽에서 오른쪽으로 쓴다.
③'小'의 가운데 획은 가장 나중에 쓴다.
④'子'의 가로를 꿰뚫는 획은 가장 나중에 쓴다.

50. 버스를 기다리고 있을 때의 태도로 바른 것은? ( )

①줄을 서지 않고 새치기를 한다.
②친구들과 크게 떠들며 서 있는다.
③휴지를 버리고 주위를 살핀다.
④차도로 나가거나 손을 흔들지 않는다.

5회

대한민국한자급수자격검정시험 준5급

실전대비문제

시험시간 : 40분

점수:

※ 한자의 훈음으로 바른 것을 고르시오.

1. 食 (　　) ①먹을 식 ②메 산 ③푸를 청 ④수레 거

2. 央 (　　) ①가운데 앙 ②말 마 ③날 출 ④먼저 선

3. 位 (　　) ①양 양 ②손 수 ③여섯 륙 ④자리 위

4. 士 (　　) ①글월 문 ②선비 사 ③설 립 ④모 방

5. 夕 (　　) ①일곱 칠 ②큰 대 ③저녁 석 ④아홉 구

6. 世 (　　) ①쇠 금 ②돌 석 ③세상 세 ④일천 천

7. 少 (　　) ①다섯 오 ②마음 심 ③적을 소 ④발 족

8. 今 (　　) ①왼 좌 ②이제 금 ③작을 소 ④구슬 옥

9. 工 (　　) ①사내 남 ②개 견 ③흙 토 ④장인 공

10. 本 (　　) ①근본 본 ②가운데 중 ③여자 녀 ④일백 백

※ 훈음에 맞는 한자를 고르시오.

11. 주인 주 (　　) ①地 ②北 ③主 ④四

12. 글자 자 (　　) ①南 ②年 ③字 ④水

13. 끝 말 (　　) ①末 ②休 ③天 ④父

14. 마디 촌 (　　) ①不 ②牛 ③寸 ④九

15. 임금 왕 (　　) ①王 ②石 ③名 ④衣

16. 한가지 동 (　　) ①目 ②白 ③自 ④同

17. 예 고 (　　) ①正 ②古 ③兄 ④八

18. 수건 건 (　　) ①外 ②巾 ③玉 ④川

19. 지아비 부 (　　) ①月 ②手 ③母 ④夫

20. 향할 향 (　　) ①內 ②耳 ③西 ④向

※ 물음에 알맞은 답을 고르시오.

21. "여자가 자식을 낳아 한 조상에서 태어난 사람을 다른 사람과 구별하기 위하여 쓴 것"으로 '성씨'를 뜻하는 한자는? ( )

①人 ②生 ③女 ④姓

※ 물음에 알맞은 답을 고르시오.

보기	이 22)名車의 23)馬力은 160馬力이라 한다. 즉 한꺼번에 말 160마리가 끄는 힘이란 뜻이다.

22. 위의 밑줄 친 "名車"에서 '車'의 훈음으로 가장 알맞은 것은? ( )

①수래 거 ②수레 차 ③수래 차 ④수레 거

23. 위의 밑줄 친 '馬力'을(를) 바르게 읽은 것은? ( )

①마구 ②마도 ③말력 ④마력

24. 밑줄 친 부분에 해당하는 한자로 바르지 않은 것은? ( )

①왼쪽으로 가면 우체국이 있다. : 左
②손과 발을 깨끗이 씻어야 한다. : 足
③구름 한 점 없는 높고 푸른 하늘이다. : 靑
④바구니 안에 사과 여덟 개가 있다. : 入

25. 한자의 총획이 바르지 않은 것은? ( )

①手-총4획 ②六-총4획
③男-총6획 ④己-총3획

26. '大'의 반의자는? ( )

①兄 ②小 ③上 ④下

※ 어휘의 독음이 바른 것을 고르시오.

27. 中外 ( ) ①중시 ②중세 ③중석 ④중외

28. 千金 ( ) ①십금 ②천식 ③천금 ④십식

29. 女子 ( ) ①여자 ②모녀 ③자녀 ④모자

30. 火口 ( ) ①인화 ②화구 ③화금 ④인구

31. 右耳 ( ) ①석이 ②내이 ③이목 ④우이

32. 土地 ( ) ①공지 ②토지 ③천지 ④대지

33. 北門 ( ) ①서문 ②북문 ③동구 ④문중

34. 己出 ( ) ①기출 ②기토 ③미출 ④미산

※ 어휘의 뜻으로 알맞은 것을 고르시오.

35. 玉石 ( )

①맑은 샘물. ②임금의 자리.
③좋은 것과 나쁜 것을 구분함.
④힘이나 기량 등이 모자람.

36. 月末 ( )

①일의 처음과 끝. ②그달의 끝 무렵.
③한 달 안. ④한 해의 마지막 무렵.

※ 낱말을 한자로 바르게 쓴 것을 고르시오.

37. 하의: 바지나 치마 따위를 이름. ( )

①上衣 ②下衣 ③内衣 ④寸衣

38. 선생: 학생을 가르치는 사람. ( )

①先天 ②天人 ③天生 ④先生

39. 임목: 숲의 나무. ( )

①水木 ②林木 ③水林 ④木林

40. 부정: 올바르지 아니하거나 옳지 못함. ( )

①不正 ②不立 ③子正 ④正子

※ 밑줄 친 어휘를 바르게 읽은 것을 고르시오.

41. 자신의 잘못을 自白하고 용서를 구했다. ( )

①자백 ②반성 ③목백 ④자일

42. 나룻배는 점점 江心(으)로 접근했다. ( )

①강물 ②수명 ③강심 ④강수

43. 그는 休日 아침마다 늦잠을 잔다. ( )

①목일 ②연휴 ③휴일 ④휴가

44. 人魚공주는 안데르센이 지은 동화이다. ( )

①양어 ②대어 ③목어 ④인어

※ 밑줄 친 부분을 한자로 바르게 쓴 것을 고르시오.

보기	45)산남에 위치한 우리 집은 46)사방이 확 트여 전망이 좋다.

45. 산남 ( )

①南山 ②山東 ③東山 ④山南

46. 사방 ( )

①西方 ②西九 ③四方 ④四九

※ 물음에 알맞은 답을 고르시오.

47. '年上'의 반의어는? ( )

①年日 ②小年 ③中年 ④年下

48. 동물을 나타내는 한자가 아닌 것은? ( )

①牛 ②羊 ③木 ④魚

49. "東西古今"의 뜻이 문장에서 가장 알맞게 쓰인 것은? ( )

①출생한 해와 달과 날을 東西古今이라 한다.
②모든 방면을 東西古今이라 한다.
③좋은 책에는 東西古今의 진리가 담겨 있다.
④견우와 직녀는 東西古今일에 만났다.

50. 어린이들이 어른께 인사드리는 태도로 바르지 않은 것은? ( )

①그냥 대충 고개만 숙여 인사를 한다.
②고개를 바르고 정중하게 숙여 인사를 한다.
③얼굴에 가득 미소를 띠면서 인사를 한다.
④손과 발을 가지런히 모으고 한다.

대한민국한자급수자격검정시험 준5급

6회 실전대비문제

시험시간 : 40분

점수:

※ 한자의 훈음으로 바른 것을 고르시오.

1. 末 ( ) ①문 문 ②끝 말 ③흙 토 ④일곱 칠

2. 休 ( ) ①자리 위 ②여자 녀 ③쉴 휴 ④쇠 금

3. 力 ( ) ①흰 백 ②여섯 륙 ③넉 사 ④힘 력

4. 同 ( ) ①한가지 동 ②강 강 ③먹을 식 ④서녘 서

5. 千 ( ) ①아홉 구 ②일천 천 ③마디 촌 ④글월 문

6. 古 ( ) ①남녘 남 ②예 고 ③수레 거 ④달 월

7. 夫 ( ) ①아니 불 ②어머니 모 ③주인 주 ④지아비 부

8. 百 ( ) ①다섯 오 ②스스로 자 ③일백 백 ④임금 왕

9. 木 ( ) ①사내 남 ②동녘 동 ③나무 목 ④바를 정

10. 先 ( ) ①아버지 부 ②먼저 선 ③옷 의 ④북녘 북

※ 훈음에 맞는 한자를 고르시오.

11. 이제 금 ( ) ①金 ②目 ③入 ④今

12. 장인 공 ( ) ①白 ②工 ③川 ④世

13. 가운데 앙 ( ) ①央 ②十 ③口 ④南

14. 선비 사 ( ) ①六 ②土 ③八 ④士

15. 저녁 석 ( ) ①七 ②夕 ③青 ④天

16. 근본 본 ( ) ①本 ②中 ③三 ④林

17. 양 양 ( ) ①五 ②足 ③羊 ④魚

18. 적을 소 ( ) ①西 ②火 ③己 ④少

19. 귀 이 ( ) ①二 ②耳 ③右 ④牛

20. 설 립 ( ) ①北 ②立 ③正 ④生

※ 물음에 알맞은 답을 고르시오.

21. 태양이 나무 사이에 걸쳐 있는 모양으로 '동쪽'을 뜻하는 한자는? ( )

①川 ②東 ③二 ④青

※ 물음에 알맞은 답을 고르시오.

보기	요즘 22)世上에는 여러 분야에서 23)男女의 역할이 제한적이지 않다.

22. 위의 밑줄 친 '世上'의 뜻으로 바른 것은? ( )

①타고난 성질이나 체질.
②교육에 종사하는 사람.
③등급의 위와 가운데와 아래.
④사람이 살고 있는 모든 사회.

23. 위의 밑줄 친 '男女'를 바르게 읽은 것은? ( )

①남자 ②남어 ③여자 ④남녀

24. 밑줄 친 부분에 해당하는 한자로 바르지 않은 것은? ( )

①아이들이 바깥에서 뛰어논다. : 位
②물고기를 잡으러 강으로 갔다. : 魚
③앞머리를 빗어 왼쪽으로 넘겼다. : 左
④나무에 불을 피워서 추위를 이겼다. : 火

25. 한자의 총획이 바르지 않은 것은? ( )

①地-총6획 ②不-총3획
③足-총7획 ④生-총5획

26. '兄'의 반의자는? ( )

①五 ②弟 ③四 ④八

※ 어휘의 독음이 바른 것을 고르시오.

27. 姓名 ( ) ①명명 ②생명 ③명부 ④성명

28. 玉門 ( ) ①왕문 ②왕간 ③옥문 ④옥간

29. 犬馬 ( ) ①견마 ②개마 ③태마 ④타마

30. 上衣 ( ) ①토복 ②상복 ③칠의 ④상의

31. 江水 ( ) ①강산 ②강수 ③공산 ④공수

32. 三寸 ( ) ①사촌 ②구촌 ③팔촌 ④삼촌

33. 車主 ( ) ①거왕 ②차왕 ③차주 ④동주

34. 王子 ( ) ①왕자 ②주위 ③옥위 ④왕위

※ 어휘의 뜻으로 알맞은 것을 고르시오.

35. 不正 ( )
①자식에 대한 아버지의 정.
②바르지 않음. ③애정이 없음.
④정직함.

36. 九月 ( )
①한 해 열두 달 가운데 둘째 달.
②한 해 열두 달 가운데 일곱째 달.
③한 해 열두 달 가운데 아홉째 달.
④한 해 열두 달 가운데 열째 달.

※ 낱말을 한자로 바르게 쓴 것을 고르시오.

37. 인심: 사람의 마음. ( )
①心入 ②人心 ③心人 ④入心

38. 대소: 크고 작음. ( )
①天大 ②小大 ③天小 ④大小

39. 연하: 나이가 적음. 또는 그런 사람. ( )
①弟下 ②下年 ③年上 ④年下

40. 자기: 그 사람 자신. ( )
①自己 ②自足 ③己自 ④足自

※ 밑줄 친 어휘를 바르게 읽은 것을 고르시오.

41. 石山에서 채석 작업이 진행 중이다. ( )
①석산 ②우산 ③명산 ④대산

42. 日出을 보며 새해 소망을 빌었다. ( )
①구출 ②일산 ③일출 ④백산

43. 몸을 깨끗이 씻고 手巾(으)로 닦았다. ( )
①두건 ②수건 ③수중 ④수하

44. 한글은 우리나라 고유의 文字이다. ( )
①교자 ②팔자 ③글자 ④문자

※ 밑줄 친 부분을 한자로 바르게 쓴 것을 고르시오.

보기	45)부모님과 함께 온 46)식구가 즐겁게 식사를 했다.

45. 부모 ( )
①父母 ②父兄 ③母子 ④母父

46. 식구 ( )
①口食 ②右九 ③食九 ④食口

※ 물음에 알맞은 답을 고르시오.

47. '內地'의 반의어는? ( )
①中川 ②外地 ③地外 ④內中

48. '방향'을 나타내는 한자로 바르지 않은 것은? ( )
①北 ②牛 ③南 ④西

49. "青天白日"의 뜻이 문장에서 가장 알맞게 쓰인 것은? ( )
①건강을 위해서는 青天白日이 있어야 한다.
②青天白日에 난데없이 소나기가 내렸다.
③견우와 직녀는 青天白日에서 만났다.
④사람마다 青天白日이 있다.

50. 학교에서의 행동으로 바르지 않은 것은? ( )
①바른 자세로 선생님의 말씀을 듣는다.
②선생님을 만나면 반갑게 인사를 한다.
③선생님과의 약속을 잘 지키도록 한다.
④친구의 작은 실수도 선생님께 일러바친다.

7회 대한민국한자급수자격검정시험 준5급 실전대비문제

시험시간 : 40분

점수:

※ 한자의 훈음으로 바른 것을 고르시오.

1. 巾 (　　) ①열 십 ②양 양 ③수건 건 ④아래 하

2. 立 (　　) ①아홉 구 ②설 립 ③사내 남 ④맏 형

3. 本 (　　) ①근본 본 ②북녘 북 ③강 강 ④돌 석

4. 世 (　　) ①흰 백 ②다섯 오 ③세상 세 ④작을 소

5. 今 (　　) ①마음 심 ②소 우 ③어머니 모 ④이제 금

6. 外 (　　) ①내 천 ②바깥 외 ③가운데 중 ④예 고

7. 夕 (　　) ①나무 목 ②큰 대 ③저녁 석 ④하늘 천

8. 耳 (　　) ①해 년 ②말 마 ③귀 이 ④사람 인

9. 魚 (　　) ①개 견 ②아우 제 ③먹을 식 ④물고기 어

10. 文 (　　) ①글월 문 ②아들 자 ③눈 목 ④한 일

※ 훈음에 맞는 한자를 고르시오.

11. 구슬 옥 (　　) ①五 ②玉 ③八 ④正

12. 향할 향 (　　) ①足 ②内 ③月 ④向

13. 글자 자 (　　) ①江 ②方 ③字 ④白

14. 쉴 휴 (　　) ①休 ②主 ③姓 ④羊

15. 한가지 동 (　　) ①地 ②力 ③同 ④二

16. 수풀 림 (　　) ①犬 ②林 ③左 ④目

17. 자리 위 (　　) ①士 ②父 ③生 ④位

18. 일백 백 (　　) ①百 ②牛 ③己 ④名

19. 스스로 자 (　　) ①四 ②自 ③大 ④男

20. 오른 우 (　　) ①右 ②青 ③口 ④木

※ **물음에 알맞은 답을 고르시오.**

21. '수레의 모양'을 본떠 만든 한자는? ( )

①東 ②千 ③車 ④北

※ **물음에 알맞은 답을 고르시오.**

보기	22)三寸께서는 부족한 영어 23)工夫를 위해 어학연수를 신청하셨다고 한다.

22. 위의 밑줄 친 '三寸'을 바르게 읽은 것은? ( )

①삼춘 ②삼촌 ③사촌 ④삼칠

23. 위의 밑줄 친 '工夫'의 뜻으로 바른 것은? ( )

①토목 따위의 일. ②물건을 만들어 내는 곳.
③학문 등을 배우고 익힘. ④여럿이 힘을 합침.

24. 밑줄 친 부분에 해당하는 한자로 바르지 않은 것은? ( )

①시원한 물 한잔을 마셨다. : 水
②손에 묻은 흙을 털어내었다. : 七
③"벌거벗은 임금님"이라는 책을 읽었다. : 王
④그는 아버지 말씀을 잘 따른다. : 父

25. 한자를 바르게 쓰기 위한 필순으로 바르지 못한 것은? ( )

①위에서 아래로 쓴다.
②오른쪽 위의 점은 맨 나중에 쓴다.
③꿰뚫는 획은 맨 나중에 쓴다.
④오른쪽에서 왼쪽으로 쓴다.

26. '川'의 반의자는? ( )

①犬 ②子 ③山 ④九

※ **어휘의 독음이 바른 것을 고르시오.**

27. 千古 ( ) ①천년 ②천고 ③천일 ④천생

28. 不正 ( ) ①부왕 ②분정 ③부정 ④불왕

29. 東門 ( ) ①동문 ②북문 ③서문 ④중문

30. 左足 ( ) ①우수 ②좌우 ③우족 ④좌족

31. 六十 ( ) ①팔십 ②칠십 ③육십 ④오십

32. 內心 ( ) ①내필 ②내심 ③외심 ④내면

33. 石工 ( ) ①석공 ②우공 ③석수 ④공석

34. 天主 ( ) ①대주 ②천왕 ③주인 ④천주

※ **어휘의 뜻으로 알맞은 것을 고르시오.**

35. 中央 ( )

①사방의 한 가운데. ②중심이 되는 세력.
③한해의 가장 첫 번째 달. ④땅의 임자.

36. 小食 ( )

①즐겁게 음식을 먹음. ②맛있게 먹음.
③음식을 많이 먹음. ④음식을 적게 먹음.

※ 낱말을 한자로 바르게 쓴 것을 고르시오.

37. 서남: 서쪽과 남쪽을 아울러 이르는 말. ( )
①西南 ②南北 ③西北 ④南西

38. 말일: 어느 기간의 마지막 날. ( )
①末年 ②末日 ③月日 ④月末

39. 역사: 뛰어나게 힘이 센 사람. ( )
①四力 ②四大 ③力士 ④力己

40. 선수: 남이 하기 전에 앞서 하는 일. ( )
①先手 ②姓手 ③先生 ④先姓

※ 밑줄 친 어휘를 바르게 읽은 것을 고르시오.

41. 마을 入口에 꽃이 활짝 폈다. ( )
①입출 ②팔구 ③입구 ④출구

42. 一金 만 원을 정확히 받았다. ( )
①일김 ②생금 ③일당 ④일금

43. 반장을 뽑는데 여러 명이 出馬했다. ( )
①출입 ②입출 ③출마 ④견마

44. 이곳은 火山활동이 활발한 지역이다. ( )
①화산 ②강산 ③공산 ④화토

※ 밑줄 친 부분을 한자로 바르게 쓴 것을 고르 시오.

보기	노란색 45)상의를 걸쳐 입은 저 46)소녀가 내 동생이다.

45. 상의 ( )
①下衣 ②上下 ③上衣 ④上二

46. 소녀 ( )
①少子 ②少女 ③女子 ④子女

※ 물음에 알맞은 답을 고르시오.

47. '弟夫'의 반의어는? ( )
①夫人 ②兄夫 ③兄弟 ④弟兄

48. 한자의 총획이 바르지 않은 것은? ( )
①年-총6획 ②青-총8획
③央-총6획 ④門-총8획

49. "四方八方"의 뜻이 문장에서 가장 알맞게 쓰인 것은? ( )
①四方八方 안 가본 곳이 없다.
②四方八方이 목숨을 구해주었다.
③우리 학급의 학생들은 四方八方이 아침을 거른다.
④나와 고모는 四方八方 지간이다.

50. 평소 생활하는 태도로 가장 바른 것은? ( )
①동생과 자주 말다툼을 한다.
②손과 발을 잘 씻지 않는다.
③남들 앞에서만 부모님께 존댓말을 쓴다.
④혼자서 할 수 있는 일은 스스로 하려고 노력 한다.

대한민국한자급수자격검정시험 준5급

8회 실전대비문제

시험시간 : 40분

점수:

※ 한자의 훈음으로 바른 것을 고르시오.

1. 林 (　　) ①흙 토 ②자리 위 ③강 강 ④수풀 림

2. 工 (　　) ①들 입 ②위 상 ③장인 공 ④땅 지

3. 馬 (　　) ①사내 남 ②동녘 동 ③다섯 오 ④말 마

4. 生 (　　) ①넉 사 ②한가지 동 ③안 내 ④날 생

5. 天 (　　) ①날 출 ②입 구 ③하늘 천 ④발 족

6. 不 (　　) ①석 삼 ②주인 주 ③이름 명 ④아니 불

7. 少 (　　) ①수건 건 ②큰 대 ③적을 소 ④사람 인

8. 車 (　　) ①수레 거 ②푸를 청 ③바깥 외 ④바를 정

9. 自 (　　) ①오른 우 ②내 천 ③옷 의 ④스스로 자

10. 姓 (　　) ①성씨 성 ②선비 사 ③일곱 칠 ④두 이

※ 훈음에 맞는 한자를 고르시오.

11. 저녁 석 (　　) ①山 ②食 ③夕 ④小

12. 개 견 (　　) ①足 ②犬 ③大 ④五

13. 먼저 선 (　　) ①字 ②母 ③先 ④古

14. 지아비 부 (　　) ①夫 ②木 ③川 ④左

15. 마음 심 (　　) ①八 ②末 ③心 ④水

16. 글월 문 (　　) ①文 ②西 ③火 ④出

17. 돌 석 (　　) ①女 ②石 ③士 ④右

18. 일천 천 (　　) ①千 ②己 ③十 ④子

19. 마디 촌 (　　) ①門 ②寸 ③父 ④七

20. 설 립 (　　) ①下 ②月 ③六 ④立

※ 물음에 알맞은 답을 고르시오.

21. "하늘과 땅과 사람을 두루 꿰뚫어 다스리는 모양"으로 '임금'이라는 뜻을 나타내는 한자는? ( )
①王 ②兄 ③巾 ④西

※ 물음에 알맞은 답을 고르시오.

보기 22)中央에서 23)南方으로 옮겼다.

22. 위의 밑줄 친 '中央'을(를) 바르게 읽은 것은? ( )
①중앙 ②앙중 ③중고 ④중영

23. 위의 밑줄 친 '南方'의 뜻으로 바른 것은? ( )
①남자 방. ②낮은 위치.
③학문과 기술을 닦는 일. ④남쪽 지방.

24. 밑줄 친 부분에 해당하는 한자가 바르지 않은 것은? ( )
①한 달에 한번 요금을 지불 한다. : 月
②옷에 신발에 장식용 구슬을 달았다. : 玉
③마을 앞으로 큰 강이 흐른다. : 江
④나무 그늘 아래에서 책을 보다. : 左

25. 한자의 총획이 바르지 않은 것은? ( )
①魚-총11획 ②母-총6획
③世-총5획 ④己-총3획

26. '末'의 반의자는? ( )
①本 ②山 ③四 ④羊

※ 어휘의 독음이 바른 것을 고르시오.

27. 同一 ( ) ①토위 ②대지 ③일동 ④동일

28. 耳目 ( ) ①이목 ②이눈 ③명구 ④명목

29. 土力 ( ) ①목마 ②촌토 ③토력 ④토촌

30. 白羊 ( ) ①백수 ②견양 ③백양 ④견수

31. 手巾 ( ) ①수중 ②왕건 ③왕중 ④수건

※ 어휘의 뜻으로 알맞은 것을 고르시오.

32. 食口 ( )
①나무를 심음.
②한집에서 함께 살면서 끼니를 같이하는 사람.
③많은 돈.
④같은 이름.

33. 文士 ( )
①남의 아내의 높임말.
②인류의 문명이나 문물.
③문학에 뛰어나고 시문을 잘 짓는 사람.
④스스로 서는 것.

34. 大門 ( )
①작은 문. ②큰물고기.
③제자. ④큰 문.

※ 낱말을 한자로 바르게 쓴 것을 고르시오.

35. 향일: 지난번. 저번 때. ( )
①向外 ②向日 ③外向 ④日向

36. 주인: 대상이나 물건 따위를 소유한 사람. ( )
①主人 ②王人 ③人主 ④人王

※ 낱말을 한자로 바르게 쓴 것을 고르시오.

37. 연휴: 해마다 종업원에게 주도록 정하여진 유급 휴가. ( )
①休年 ②年休 ③九年 ④年九

38. 화목: 땔감으로 쓸 나무. ( )
①火木 ②火金 ③木火 ④金火

※ 밑줄 친 어휘를 바르게 읽은 것을 고르시오.

39. 사람은 地位이(가) 높아질수록 겸손해야 하는 법이다. ( )
①하위 ②하립 ③지위 ④중립

40. 本名을(를) 쓰는 연예인들은 많지 않다. ( )
①우수 ②상하 ③명수 ④본명

41. 자신의 이름을 正字(으)로 써 보았다. ( )
①정자 ②정확 ③활자 ④정심

42. 青魚은(는) 가을부터 봄까지 잡힌다. ( )
①전어 ②정어 ③어청 ④청어

43. 딸을 金玉와(과) 같이 애지중지 길렀다. ( )
①금왕 ②금석 ③왕금 ④금옥

44. 内衣은(는) 피부보호와 체온을 유지시켜 준다. ( )
①심내 ②소심 ③내의 ④내외

※ 밑줄 친 부분을 한자로 바르게 쓴 것을 고르시오.

보기 45)세상에는 많은 46)남녀들이 살고 있다.

45. 세상 ( )
①三世 ②上世 ③世上 ④世三

46. 남녀 ( )
①女子 ②男女 ③男子 ④子女

※ 물음에 알맞은 답을 고르시오.

47. '出力'의 반의어는? ( )
①入力 ②力出 ③入出 ④出入

48. "方□, □方, □日"은 '이제, 바로 이때 또는 오늘'을 이르는 말이다. □안에 공통으로 들어갈 알맞은 한자는? ( )
①今 ②十 ③金 ④小

49. "東西古今"의 뜻이 문장에서 가장 알맞게 쓰인 것은? ( )
①우리 선생님은 東西古今에 사신다.
②東西古今을 봐도 진리는 통하게 되어 있다.
③친구들과 東西古今에서 놀았다.
④우리가 사는 이곳은 東西古今이다.

50. 평소의 행동으로 바르지 않는 것은? ( )
①어리광을 피우고 떼를 쓰는 同生을 때렸다.
②自己 일에 항상 최선을 다한다.
③父母님께서 말씀하시면 공손히 듣는다.
④外出할 때는 가는 곳을 알리고 나간다.

9회 대한민국한자급수자격검정시험 준5급

실전대비문제

시험시간 : 40분

점수:

※ 한자의 훈음으로 바른 것을 고르시오.

1. 王 (　　) ①근본 본 ②여덟 팔 ③임금 왕 ④사람 인

2. 文 (　　) ①글월 문 ②마디 촌 ③여자 녀 ④힘 력

3. 衣 (　　) ①서녘 서 ②옷 의 ③오른 우 ④위 상

4. 出 (　　) ①석 삼 ②맏 형 ③날 출 ④작을 소

5. 字 (　　) ①바깥 외 ②글자 자 ③자리 위 ④문 문

6. 玉 (　　) ①구슬 옥 ②일백 백 ③한가지 동 ④사내 남

7. 方 (　　) ①모 방 ②일곱 칠 ③눈 목 ④발 족

8. 地 (　　) ①동녘 동 ②어머니 모 ③북녘 북 ④땅 지

9. 林 (　　) ①날 일 ②메 산 ③내 천 ④수풀 림

10. 士 (　　) ①다섯 오 ②선비 사 ③안 내 ④몸 기

※ 훈음에 맞는 한자를 고르시오.

11. 먹을 식 (　　) ①四 ②川 ③月 ④食

12. 강 강 (　　) ①江 ②足 ③魚 ④中

13. 수레 거 (　　) ①立 ②八 ③夕 ④車

14. 말 마 (　　) ①白 ②弟 ③馬 ④左

15. 수건 건 (　　) ①十 ②九 ③目 ④巾

16. 세상 세 (　　) ①山 ②名 ③世 ④六

17. 적을 소 (　　) ①大 ②位 ③央 ④少

18. 소 우 (　　) ①千 ②牛 ③末 ④男

19. 성씨 성 (　　) ①姓 ②北 ③工 ④古

20. 아니 불 (　　) ①兄 ②不 ③外 ④二

※ 물음에 알맞은 답을 고르시오.

21. "사람의 머리 위에 하늘이 있어 끝없이 넓은 것"으로 '하늘'이라는 뜻을 나타내는 한자는? (　　)

①天　②大　③末　④木

※ 물음에 알맞은 답을 고르시오.

보기 삼촌은 22)今日 난로의 23)火力을 조절하였다.

22. 윗글의 밑줄 친 '今日'의 뜻으로 바른 것은? (　　)

①어제　②오늘　③내일　④미래

23. 윗글의 밑줄 친 '火力'을 바르게 읽은 것은? (　　)

①수역　②수력　③화역　④화력

24. 밑줄 친 부분에 해당하는 한자가 바르지 않은 것은? (　　)

①손과 발을 항상 깨끗이 해야 한다. : 手
②내 동생은 귀여운 개구쟁이다. : 弟
③수족관에는 물고기들이 헤엄치고 있다. : 魚
④할머니는 아들을 꼭 껴안았다. : 母

25. 한자의 총획이 바르지 않은 것은? (　　)

①百-총6획　②金-총8획
③右-총5획　④東-총9획

26. '中'의 유의자는? (　　)

①立　②日　③央　④口

※ 어휘의 독음이 바른 것을 고르시오.

27. 水心 (　　) ①목심 ②물심 ③수심 ④소심

28. 青天 (　　) ①청천 ②청지 ③천의 ④청대

29. 左右 (　　) ①우생 ②구생 ③좌성 ④좌우

30. 主人 (　　) ①왕인 ②주입 ③주인 ④왕상

31. 四寸 (　　) ①사촌 ②사춘 ③사년 ④삼녀

※ 어휘의 뜻으로 알맞은 것을 고르시오.

32. 同一 (　　)

① 같은 시기.　②같은 날.
③겨울날.　④어떤 것과 비교하여 똑같음.

33. 白月 (　　)

①밝고 흰 달.　②그달의 처음 무렵.
③흰 눈에 비친 달빛.　④백번째 보름달.

34. 土木 (　　)

①흙과 나무.　②심은 나무.
③나뭇가지.　④산속에 나무.

※ 낱말을 한자로 바르게 쓴 것을 고르시오.

35. 상위: 높은 위치나 지위. (　　)

①末上　②上下　③下位　④上位

36. 남향: 남쪽으로 향함. (　　)

①男五　②南五　③南向　④男向

37. 명견: 혈통이 좋은 개. ( )

①子正 ②名犬 ③犬名 ④正子

38. 연년: 해마다. ( )

①手年 ②入年 ③年年 ④年入

※ 밑줄 친 어휘를 바르게 읽은 것을 고르시오.

39. 七夕은 음력으로 칠월 초이렛날의 밤이다. ( )

①칠일 ②칠석 ③구일 ④구석

40. 아버지와 딸을 父女 사이라고 한다. ( )

①부자 ②부녀 ③모녀 ④부형

41. 先生은(는) 학생을 가르치는 사람이다. ( )

①선생 ②선상 ③강사 ④교사

42. 石耳버섯은 당뇨, 고혈압, 신경통 치료에 효능이 있다. ( )

①송이 ②석이 ③목이 ④영지

43. 小羊들이 모여 풀을 뜯어 먹고 있다. ( )

①백양 ②견양 ③목양 ④소양

44. 나는 서울 本土 사람이다. ( )

①본토 ②목토 ③목상 ④본상

※ 밑줄 친 부분을 한자로 바르게 쓴 것을 고르시오.

보기	행복은 45)천금을 주고도 살 수 없는 것이며, 46)자기 스스로 만족할 때 비로소 얻어지는 것이다.

45. 천금 ( )

①九千 ②百千 ③金千 ④千金

46. 자기 ( )

①古己 ②自己 ③己自 ④自古

※ 물음에 알맞은 답을 고르시오.

47. '門內'의 반의어는? ( )

①內門 ②門外 ③入外 ④門入

48. "□火山"은 '화산 활동이 잠시 멈춘 산'을 이르는 말이다. □안에 들어갈 알맞은 한자는? ( )

①口 ②十 ③休 ④兄

49. "正心工夫"의 뜻이 문장에서 가장 알맞게 쓰인 것은? ( )

①한자를 배울 때는 正心工夫를 해야 한다.

②경치 좋고 이름난 산천을 正心工夫라 한다.

③正心工夫는 좋은 옷과 맛있는 음식을 말한다.

④책을 건성으로 보는 것을 正心工夫라 한다.

50. 버스를 기다리고 있을 때의 바른 자세는? ( )

①친구들과 크게 떠들며 서 있는다.

②줄을 서지 않고 새치기를 한다.

③휴지를 버리고 주위를 살핀다.

④차도로 나가거나 손을 흔들지 않는다.

대한민국한자급수자격검정시험 준5급

10회 실전대비문제

시험시간 : 40분

점수:

※ 한자의 훈음으로 바른 것을 고르시오.

1. 同 (　　) ①흰 백 ②푸를 청 ③한가지 동 ④수레 거

2. 位 (　　) ①자리 위 ②말 마 ③날 출 ④먼저 선

3. 向 (　　) ①남녘 남 ②손 수 ③다섯 오 ④향할 향

4. 千 (　　) ①오른 우 ②일천 천 ③입 구 ④모 방

5. 犬 (　　) ①일곱 칠 ②큰 대 ③개 견 ④아홉 구

6. 末 (　　) ①끝 말 ②돌 석 ③동녘 동 ④내 천

7. 名 (　　) ①아버지 부 ②마음 심 ③이름 명 ④발 족

8. 主 (　　) ①왼 좌 ②주인 주 ③설 립 ④구슬 옥

9. 寸 (　　) ①사내 남 ②맏 형 ③흙 토 ④마디 촌

10. 夫 (　　) ①지아비 부 ②근본 본 ③나무 목 ④쉴 휴

※ 훈음에 맞는 한자를 고르시오.

11. 임금 왕 (　　) ①南 ②北 ③王 ④四

12. 힘 력 (　　) ①地 ②年 ③力 ④水

13. 선비 사 (　　) ①士 ②天 ③七 ④父

14. 일백 백 (　　) ①白 ②百 ③内 ④川

15. 장인 공 (　　) ①二 ②工 ③少 ④石

16. 바를 정 (　　) ①自 ②西 ③目 ④正

17. 몸 기 (　　) ①魚 ②己 ③弟 ④八

18. 이제 금 (　　) ①食 ②牛 ③今 ④九

19. 귀 이 (　　) ①月 ②十 ③母 ④耳

20. 가운데 앙 (　　) ①央 ②中 ③東 ④羊

※ 물음에 알맞은 답을 고르시오.

21. "여자가 자식을 낳아 한 조상에서 태어난 사람을 다른 사람과 구별하기 위하여 쓴 것"으로 '성씨'를 뜻하는 한자는? ( )

①人 ②生 ③文 ④姓

※ 물음에 알맞은 답을 고르시오.

보기	체중 조절을 위해 22)小食을 하고 있으나, 목표에 도달하기에는 아직 23)부족하다.

22. 윗글에서 밑줄 친 '小食'의 뜻으로 바른 것은? ( )

①음식이 빨리 먹음. ②음식을 적게 먹음.
③음식을 싱겁게 먹음. ④음식을 맛있게 먹음.

23. 윗글에서 밑줄 친 '부족'을 한자로 바르게 쓴 것은? ( )

①不方 ②不足 ③足不 ④方足

24. 밑줄 친 부분에 해당하는 한자로 바르지 않은 것은? ( )

①왼쪽으로 가면 은행이 있다. : 左
②상자에 복숭아가 여덟 개 있다. : 入
③푸른 하늘에 흰 구름이 떠 있다. : 青
④저녁에 약속이 있다. : 夕

25. 한자의 총획이 바르지 않은 것은? ( )

①巾 -총3획 ②世 -총5획
③男 -총7획 ④林 -총7획

26. '大'의 반의자는? ( )

①上 ②小 ③下 ④母

※ 어휘의 독음이 바른 것을 고르시오.

27. 右手 ( ) ①좌수 ②우수 ③좌우 ④우좌

28. 本土 ( ) ①본토 ②목사 ③목토 ④본사

29. 女子 ( ) ①여자 ②모녀 ③자녀 ④모자

30. 三世 ( ) ①오세 ②금세 ③삼세 ④세상

31. 青木 ( ) ①청휴 ②청본 ③청목 ④청백

※ 어휘의 뜻으로 알맞은 것을 고르시오.

32. 月末 ( )
①일의 처음과 끝 ②그달의 끝 무렵
③한 달 안 ④한 해의 마지막 무렵

33. 石山 ( )
①오른쪽에 있는 산 ②왼쪽에 있는 산
③돌로 만든 사람 형상 ④돌로 이루어진 산

34. 古人 ( )
①학문에 종사하는 사람 ②옛날 사람
③벼슬하는 사람 ④흙으로 만든 인형

※ 낱말을 한자로 바르게 쓴 것을 고르시오.

35. 화구: 불을 때는 아궁이의 아가리. ( )

①火九 ②火口 ③江口 ④目口

36. 선생: 학생을 가르치는 사람. ( )

①先天 ②天人 ③天生 ④先生

37. 하의: 바지나 치마 따위를 이름. ( )

①牛衣 ②内衣 ③下衣 ④上衣

38. 외지: 자기가 사는 곳 밖의 다른 고장. ( )

①外地 ②夕出 ③外出 ④夕地

※ 밑줄 친 어휘를 바르게 읽은 것을 고르시오.

39. 나는 休日에도 일찍 일어나 운동한다. ( )

①휴일 ②목가 ③목일 ④휴가

40. 年金 제도는 노후 복지를 위한 것이다. ( )

①임금 ②년김 ③연금 ④연김

41. 자신의 잘못을 自白하고 용서를 구했다. ( )

①자백 ②반성 ③목백 ④백배

42. 나룻배는 점점 江心(으)로 접근했다. ( )

①수심 ②수명 ③강심 ④강수

43. 적군들은 성 뒤의 北門을 뚫고 들어갔다. ( )

①남문 ②동문 ③패문 ④북문

44. 공주는 馬車에서 내려 손을 흔들며 인사했다. ( )

①말차 ②마차 ③우차 ④마동

※ 밑줄 친 부분을 한자로 바르게 쓴 것을 고르시오.

보기	45)산남에 위치한 우리 집은 46)사방이 확 트여 전망이 좋다.

45. 산남 ( )

①山男 ②山口 ③山内 ④山南

46. 사방 ( )

①四九 ②西方 ③四方 ④西九

※ 물음에 알맞은 답을 고르시오.

47. '年上'의 반의어는? ( )

①年日 ②小年 ③中年 ④年下

48. 동물을 나타내는 한자가 아닌 것은? ( )

①馬 ②羊 ③水 ④魚

49. "玉衣玉食"의 뜻이 문장에서 가장 알맞게 쓰인 것은? ( )

①사람들은 대부분 玉衣玉食을 좋아 한다.
②사람이 죄를 지으면 玉衣玉食을 해야 한다.
③만약 玉衣玉食을 하면 누구든지 살아남기 어렵다.
④가난한 사람들을 일컬어 玉衣玉食이라고 한다.

50. 어린이들이 어른께 인사드리는 태도로 바르지 않은 것은? ( )

①인사말은 고개를 숙였다 든 상태에서 한다.
②고개를 바르고 정중하게 숙여 인사를 한다.
③얼굴에 온화한 미소를 띠면서 인사를 한다.
④인사할 때의 시선은 항상 발끝에 둔다.

11회

대한민국한자급수자격검정시험 준5급

실전대비문제

시험시간 : 40분

점수:

※ 한자의 훈음으로 바른 것을 고르시오.

1. 世 ( ) ①오른 우 ②세상 세 ③쇠 금 ④끝 말

2. 男 ( ) ①사내 남 ②귀 이 ③수건 건 ④맏 형

3. 工 ( ) ①강 강 ②물 수 ③성씨 성 ④장인 공

4. 川 ( ) ①석 삼 ②작을 소 ③내 천 ④수풀 림

5. 車 ( ) ①사람 인 ②눈 목 ③수레 거 ④여덟 팔

6. 士 ( ) ①위 상 ②흙 토 ③일곱 칠 ④선비 사

7. 本 ( ) ①먼저 선 ②열 십 ③근본 본 ④나무 목

8. 正 ( ) ①돌 석 ②바를 정 ③푸를 청 ④왼 좌

9. 己 ( ) ①말 마 ②문 문 ③몸 기 ④향할 향

10. 立 ( ) ①설 립 ②해 년 ③개 견 ④마음 심

※ 훈음에 맞는 한자를 고르시오.

11. 물고기 어 ( ) ①年 ②月 ③魚 ④生

12. 양 양 ( ) ①左 ②金 ③馬 ④羊

13. 스스로 자 ( ) ①目 ②方 ③自 ④牛

14. 가운데 앙 ( ) ①右 ②央 ③外 ④玉

15. 예 고 ( ) ①古 ②東 ③日 ④同

16. 날 출 ( ) ①青 ②出 ③木 ④山

17. 마디 촌 ( ) ①寸 ②西 ③六 ④四

18. 쉴 휴 ( ) ①夕 ②小 ③内 ④休

19. 지아비 부 ( ) ①地 ②夫 ③父 ④王

20. 발 족 ( ) ①字 ②犬 ③足 ④中

※ 물음에 알맞은 답을 고르시오.

21. 나무에 나무를 겹쳐 "나무가 많은 수풀"을 뜻하는 한자는? ( )
①木 ②央 ③十 ④林

※ 물음에 알맞은 답을 고르시오.

보기	지구온난화로 22)百年 전보다 바다 23)水位이(가) 상승하였다.

22. 위의 밑줄 친 '百年'에서 '年'의 뜻과 음으로 바른 것은? ( )
①낮 오 ②일천 천 ③소 우 ④해 년

23. 위의 밑줄 친 '水位'을(를) 바르게 읽은 것은?
( )
①부입 ②우이 ③수립 ④수위

24. 밑줄 친 부분에 해당하는 한자가 잘못 쓰인 것은? ( )
①입을 귀에 대고 속삭였다. : 耳
②학교의 주인은 학생 여러분입니다. : 王
③우리 민족은 예부터 흰 옷을 즐겨 입었다. : 白
④손에 묻은 흙을 털었다. : 土

25. 한자의 총획이 6획이 아닌 것은?
( )
①自 ②北 ③先 ④休

26. '天'의 반의자는? ( )
①地 ②九 ③食 ④千

※ 어휘의 독음이 바른 것을 고르시오.

27. 五月 ( ) ①구일 ②오일 ③구월 ④오월

28. 玉石 ( ) ①옥석 ②옥일 ③옥수 ④옥식

29. 大母 ( ) ①대녀 ②대모 ③소모 ④대부

30. 末日 ( ) ①말일 ②매일 ③주말 ④주일

31. 南北 ( ) ①난배 ②동북 ③남북 ④서북

※ 어휘의 뜻으로 알맞은 것을 고르시오.

32. 內心 ( )
①매우 중요한 부분 ②속마음
③안과 밖 ④속옷

33. 七夕 ( )
①견우와 직녀가 만나는 음력 7월 7일
②한 해의 일곱 째 달
③칠십년의 세월을 이르는 말
④칠일 밤을 지새운 그 다음날 저녁

34. 石火 ( )
①동굴 ②번갯불
③돌에 그린 그림
④돌과 쇠가 맞부딪칠 때 일어나는 불

※ 낱말을 한자로 바르게 쓴 것을 고르시오.

35. 중천: 하늘의 한가운데. ( )
①中千 ②天中 ③中天 ④九千

36. 형제: 형과 아우. ( )

①兄口 ②兄弟 ③弟兄 ④先兄

37. 동일: 다른 데가 없이 똑같음. ( )

①同一 ②日同 ③同日 ④同心

38. 수력: 물의 힘. ( )

①江力 ②火力 ③入力 ④水力

※ 밑줄 친 어휘를 바르게 읽은 것을 고르시오.

39. 아버지와 나는 친구 같은 父子 사이이다. ( )

①부모 ②모녀 ③부녀 ④부자

40. 나는 선생님 門下의 수제자이다. ( )

①하문 ②동문 ③문하 ④문상

41. 건조한 中東 지역에 수로를 건설한다. ( )

①중동 ②중국 ③남동 ④영동

42. 귀엽던 少女은(는) 어느새 숙녀가 되었다. ( )

①수녀 ②소인 ③소녀 ④수인

43. 사용한 手巾을(를) 제자리에 걸었다. ( )

①수화 ②견양 ③수내 ④수건

44. 동생은 外向적이고 활달한 성격이다. ( )

①석향 ②내향 ③외향 ④내성

※ 밑줄 친 부분을 한자로 바르게 쓴 것을 고르시오.

보기	응시생들은 반드시 수험번호와 45)성명을 쓰고, 46)부정한 방법으로 시험을 봐서는 안 된다.

45. 성명 ( )

①今姓 ②姓名 ③名姓 ④今名

46. 부정 ( )

①不正 ②不王 ③王不 ④正不

※ 물음에 알맞은 답을 고르시오.

47. '上衣'의 반의어는? ( )

①青衣 ②白衣 ③上下 ④下衣

48. '□木, □小, □文字'에서 □안에 공통으로 들어갈 '크다'라는 뜻을 지닌 한자로 바른 것은? ( )

①本 ②人 ③十 ④大

49. 문장에서 성어의 쓰임이 바르지 않은 것은? ( )

①우리가 사는 곳은 四方八方이다.
②옆 반 철수와 나는 同姓同本이다.
③요즘의 많은 직장인들은 十中八九 아침을 거른다.
④玉衣玉食도 좋지만 무엇보다 건강이 제일이다.

50. 父母님을 대하는 태도로 바르지 않은 것은? ( )

①父母님께 항상 감사한 마음을 갖는다.
②父母님께 공손한 태도로 이야기한다.
③父母님께 물건을 드릴 때는 두 손으로 드린다.
④父母님께서 나가고 들어오실 때 모른 척 한다.

대한민국한자급수자격검정시험 준5급

12회 실전대비문제

시험시간 : 40분

점수:

※ 한자의 훈음으로 바른 것을 고르시오.

1. 巾 (　　) ①해 년 ②아래 하 ③수건 건 ④열 십

2. 耳 (　　) ①여덟 팔 ②귀 이 ③아홉 구 ④들 입

3. 夕 (　　) ①돌 석 ②저녁 석 ③나무 목 ④일백 백

4. 足 (　　) ①발 족 ②아우 제 ③주인 주 ④몸 기

5. 央 (　　) ①날 출 ②가운데 중 ③가운데 앙 ④스스로 자

6. 食 (　　) ①먹을 식 ②맏 형 ③여섯 륙 ④오른 우

7. 少 (　　) ①적을 소 ②큰 대 ③다섯 오 ④아버지 부

8. 玉 (　　) ①예 고 ②남녘 남 ③구슬 옥 ④동녘 동

9. 姓 (　　) ①선비 사 ②성씨 성 ③쉴 휴 ④한 일

10. 方 (　　) ①흰 백 ②장인 공 ③왼 좌 ④모 방

※ 훈음에 맞는 한자를 고르시오.

11. 수풀 림 (　　) ①林 ②九 ③士 ④北

12. 근본 본 (　　) ①火 ②子 ③本 ④今

13. 옷 의 (　　) ①江 ②王 ③衣 ④手

14. 세상 세 (　　) ①心 ②川 ③地 ④世

15. 먼저 선 (　　) ①末 ②牛 ③先 ④犬

16. 눈 목 (　　) ①目 ②魚 ③名 ④百

17. 바깥 외 (　　) ①父 ②女 ③千 ④外

18. 글월 문 (　　) ①文 ②金 ③門 ④男

19. 양 양 (　　) ①向 ②羊 ③月 ④内

20. 자리 위 (　　) ①人 ②立 ③位 ④口

※ 물음에 알맞은 답을 고르시오.

21. "흐르는 물의 모양"을 본떠 만든 한자는? (　　)

①十 ②三 ③小 ④川

※ 물음에 알맞은 답을 고르시오.

보기	탈 것을 넘어 예술의 경지를 보여주는 세계 22)名車 테마파크는 전세계 자동차 마니아들의 심장을 최대 23)馬力(으)로 뛰게 한다.

22. 위의 밑줄 친 "名車"에서 '車'의 훈음으로 바른 것은? ( )

①수레 명 ②수레 차 ③수래 차 ④수레 동

23. 위의 밑줄 친 '馬力'을(를) 바르게 읽은 것은? ( )

①마구 ②마도 ③마력 ④바력

24. 밑줄 친 부분에 해당하는 한자가 잘못 쓰인 것은? ( )

①하늘은 더없이 푸르고 높았다. : 天
②이제부터 돈을 아껴 써야 한다. : 今
③집 안으로 들어갔다. : 內
④바구니에 노란 참외가 네 개 있었다. : 西

25. 한자의 총획이 바르지 않은 것은?

( )

①東 -총9획 ②右 -총5획
③男 -총7획 ④左 -총5획

26. '同'의 유의자는? ( )

①口 ②山 ③一 ④火

※ 어휘의 독음이 바른 것을 고르시오.

27. 不正 ( ) ①부왕 ②분정 ③부정 ④불왕

28. 六月 ( ) ①유월 ②륙일 ③뉴월 ④육일

29. 中立 ( ) ①시립 ②중립 ③시위 ④중위

30. 七八 ( ) ①구칠 ②팔칠 ③칠구 ④칠팔

31. 自己 ( ) ①백신 ②백기 ③자신 ④자기

※ 어휘의 뜻으로 알맞은 것을 고르시오.

32. 下向 ( )

①방향이 없음 ②아래로 향함
③위에 머물러 있음 ④기세가 강해짐

33. 年末 ( )

①해마다 반복함 ②해마다 시작함
③한 해의 마지막 때 ④한 해가 시작된 때

34. 同心 ( )

①고향 생각 ②바른 마음
③어린이의 마음 ④마음을 같이함

※ 낱말을 한자로 바르게 쓴 것을 고르시오.

35. 서남: 서쪽과 남쪽을 아울러 이르는 말.

( )

①西南 ②西北 ③南西 ④北西

36. 사촌: 아버지의 친형제자매의 아들이나 딸과의 촌수.

( )

①二寸 ②三寸 ③人寸 ④四寸

37. 형부: 언니의 남편. (　　)

①兄弟 ②兄夫 ③弟夫 ④弟兄

38. 토지: 경지나 주거지 따위의 사람의 생활과 활동에 이용하는 땅. (　　)

①土江 ②金土 ③土地 ④地土

※ 밑줄 친 어휘를 바르게 읽은 것을 고르시오.

39. 字母은(는) 한글의 초성에 해당한다. (　　)

①자음 ②모음 ③자부 ④자모

40. 日出을 보며 새해 소망을 빌었다. (　　)

①일산 ②백산 ③일출 ④구출

41. 낙랑공주와 호동王子는 서로 좋아했다. (　　)

①옥자 ②태자 ③세자 ④왕자

42. 그는 休日 아침마다 늦잠을 잔다. (　　)

①휴일 ②목일 ③휴가 ④연휴

43. 生水를 사 먹는 가정이 점점 늘고 있다. (　　)

①상수 ②정수 ③생수 ④생화

44. 千古에 길이 빛날 역사적인 사건이다. (　　)

①대고 ②천고 ③대우 ④천우

※ 밑줄 친 부분을 한자로 바르게 쓴 것을 고르시오.

보기	"45)주상전하 납시오"라는 말과 함께 궁전의 46)대문이 열리고 신하들이 북쪽을 향하여 꿇어앉았다.

45. 주상 (　　)

①左上 ②左小 ③主上 ④主小

46. 대문 (　　)

①大門 ②木青 ③木門 ④大青

※ 물음에 알맞은 답을 고르시오.

47. '石手'의 유의어는? (　　)

①水石 ②石工 ③金手 ④水工

48. 동물을 나타내는 한자가 아닌 것은? (　　)

①犬 ②牛 ③魚 ④五

49. "青天白日"의 뜻이 문장에서 가장 알맞게 쓰인 것은? (　　)

①青天白日에 난데없이 소나기가 쏟아졌다.
②견우가 직녀가 만나는 날은 青天白日이다.
③경치 좋고 이름난 青天白日을 돌아다녔다.
④출생한 해와 달과 날은 青天白日이다.

50. 평소의 행동으로 바르지 않은 것은? (　　)

①문을 조심스럽게 열고 닫는다.
②부모님의 말씀을 잘 듣는다.
③밖에 나갔다 들어와서는 손발을 깨끗이 씻는다.
④집밖으로 갈 때에는 누구에게도 알리지 않는다.

13회

대한민국한자급수자격검정시험 준5급

실전대비문제

시험시간 : 40분

점수:

※ 한자의 훈음으로 바른 것을 고르시오.

1. 魚 (　　) ①마디 촌 ②물고기 어 ③말 마 ④개 견

2. 百 (　　) ①흰 백 ②수풀 림 ③성씨 성 ④일백 백

3. 末 (　　) ①먼저 선 ②구슬 옥 ③강 강 ④끝 말

4. 央 (　　) ①사내 남 ②양 양 ③가운데 앙 ④동녘 동

5. 左 (　　) ①해 년 ②왼 좌 ③다섯 오 ④날 생

6. 衣 (　　) ①이름 명 ②선비 사 ③옷 의 ④저녁 석

7. 向 (　　) ①향할 향 ②어머니 모 ③모 방 ④몸 기

8. 牛 (　　) ①소 우 ②마음 심 ③아들 자 ④지아비 부

9. 立 (　　) ①안 내 ②맏 형 ③설 립 ④여자 녀

10. 外 (　　) ①불 화 ②돌 석 ③바깥 외 ④이제 금

※ 훈음에 맞는 한자를 고르시오.

11. 먹을 식 (　　) ①人 ②月 ③食 ④字

12. 아니 불 (　　) ①弟 ②一 ③今 ④不

13. 바를 정 (　　) ①己 ②西 ③正 ④目

14. 일천 천 (　　) ①犬 ②天 ③二 ④千

15. 장인 공 (　　) ①工 ②三 ③北 ④九

16. 힘 력 (　　) ①士 ②土 ③力 ④八

17. 수건 건 (　　) ①巾 ②右 ③姓 ④林

18. 예 고 (　　) ①羊 ②南 ③十 ④古

19. 적을 소 (　　) ①青 ②世 ③少 ④車

20. 한가지 동 (　　) ①方 ②五 ③同 ④足

※ 물음에 알맞은 답을 고르시오.

21. "코의 모양"을 본떠 만든 한자로 사람들이 자기 코를 가리켜 자기를 의미한 것에서 "스스로"라는 뜻을 가진 한자는? ( )

①自 ②口 ③男 ④三

※ 물음에 알맞은 답을 고르시오.

보기	오늘 읽어 줄 동화책에는 22)木手와(과) 23)馬夫가 등장한다.

22. 위의 밑줄 친 '木手'을(를) 바르게 읽은 것은? ( )

①목손 ②휴수 ③목수 ④휴손

23. 위의 밑줄 친 '馬夫'의 뜻으로 바른 것은? ( )

①매우 우수한 말 ②말이 끄는 수레
③말을 부려 마차나 수레를 모는 사람
④품삯을 받고 육체노동을 하는 사람

24. 밑줄 친 부분에 해당하는 한자가 잘못 쓰인 것은? ( )

①형은 아우를 잘 보살펴야 한다. : 兄
②비가 온 후 강의 물이 불어났다. : 己
③물건을 책상 가운데에 놓았다. : 中
④흰 옷이 너한테 잘 어울린다. : 白

25. 한자의 총획이 8획이 아닌 것은? ( )

①食 ②姓 ③門 ④青

26. '川'의 반의자는? ( )

①犬 ②九 ③子 ④山

※ 어휘의 독음이 바른 것을 고르시오.

27. 天主 ( ) ①주인 ②대주 ③천왕 ④천주

28. 內耳 ( ) ①내의 ②내외 ③우이 ④내이

29. 年休 ( ) ①연목 ②연휴 ③년목 ④연림

30. 本土 ( ) ①목토 ②본토 ③본상 ④목상

31. 日出 ( ) ①월산 ②월출 ③일산 ④일출

※ 어휘의 뜻으로 알맞은 것을 고르시오.

32. 玉石 ( )
①임금의 자리 ②힘이나 기량이 모자람
③옥과 돌이라는 뜻으로 좋은 것과 나쁜 것
④맑은 샘물

33. 四寸 ( )
①할아버지 형제의 자녀의 촌수
②아버지의 친형제의 자녀의 촌수
③작은 아버지 ④큰아버지

34. 右足 ( )
①왼쪽 발 ②오른쪽에 있는 발
③스스로 서는 것 ④손과 발이 되어 일함

※ 낱말을 한자로 바르게 쓴 것을 고르시오.

35. 오월: 한 해 열두 달 가운데 다섯째 달. ( )

①十月 ②五月 ③日月 ④六月

36. 지위: 개인의 사회적 신분에 따르는 위치나 자리. ( )

①地位 ②弟位 ③位地 ④地字

37. 세상: 사람이 살고 있는 모든 사회를 통틀어 이르는 말. ( )

①四上 ②二世 ③世右 ④世上

38. 화산: 땅속에 있는 가스, 마그마 따위가 지각의 터진 틈을 통하여 지표로 분출하는 지점. ( )

①山火 ②南山 ③火山 ④人火

※ 밑줄 친 어휘를 바르게 읽은 것을 고르시오.

39. 그는 시인으로 文名이 높다. ( )

①문인 ②우명 ③문장 ④문명

40. 大東은 '우리나라'를 이르는 말이다. ( )

①남동 ②대동 ③정남 ④정동

41. 七夕날은 견우와 직녀가 만나는 날이다. ( )

①칠석 ②칠월 ③구석 ④구월

42. 은행에서 入金된 돈을 확인했다. ( )

①입김 ②인금 ③선금 ④입금

43. 이웃 나라의 王女를 만났다. ( )

①왕녀 ②모녀 ③옥녀 ④왕자

44. 강이나 호수 따위의 한가운데를 水心이라 한다. ( )

①목심 ②수심 ③중심 ④수중

※ 밑줄 친 부분을 한자로 바르게 쓴 것을 고르시오.

보기	45)선생님께서 "46)부모님 말씀을 잘 들어야 한다"고 말씀하셨다.

45. 선생 ( )

①小生 ②生先 ③小先 ④先生

46. 부모 ( )

①母父 ②父子 ③子母 ④父母

※ 물음에 알맞은 답을 고르시오.

47. '上水'의 반의어는? ( )

①小字 ②下水 ③中水 ④下口

48. '방향'을 나타내는 한자가 아닌 것은? ( )

①北 ②夫 ③西 ④南

49. 문장에서 성어의 쓰임이 바른 것은? ( )

①四方八方 안 가본 곳이 없다.
②四方八方이 목숨을 구해주었다.
③우리 학급의 학생들은 四方八方이 아침을 거른다.
④그는 이 일에서 四方八方하여 결국 성공했다.

50. 평소의 행동으로 바르지 않은 것은? ( )

①出入을 할 때에는 반드시 부모님께 인사를 드린다.
②품행을 바르게 한다.
③今日에 해야 할 일은 今日에 해결한다.
④부모님으로부터 自立하지 않도록 노력한다.

대한민국한자급수자격검정시험 준5급

14회 실전대비문제

시험시간 : 40분

점수:

※ 한자의 훈음으로 바른 것을 고르시오.

1. 位 (　　) ①자리 위 ②다섯 오 ③날 출 ④흙 토

2. 工 (　　) ①장인 공 ②일곱 칠 ③오른 우 ④가운데 중

3. 林 (　　) ①입 구 ②날 생 ③바를 정 ④수풀 림

4. 同 (　　) ①적을 소 ②한가지 동 ③글월 문 ④여섯 륙

5. 本 (　　) ①아홉 구 ②왼 좌 ③근본 본 ④몸 기

6. 主 (　　) ①주인 주 ②서녘 서 ③달 월 ④아들 자

7. 古 (　　) ①발 족 ②땅 지 ③예 고 ④나무 목

8. 先 (　　) ①일백 백 ②말 마 ③먼저 선 ④마디 촌

9. 車 (　　) ①눈 목 ②힘 력 ③남녘 남 ④수레 거

10. 石 (　　) ①여덟 팔 ②돌 석 ③귀 이 ④북녘 북

※ 훈음에 맞는 한자를 고르시오.

11. 임금 왕 (　　) ①小 ②立 ③王 ④巾

12. 글자 자 (　　) ①弟 ②右 ③字 ④内

13. 동녘 동 (　　) ①東 ②木 ③二 ④目

14. 끝 말 (　　) ①末 ②入 ③自 ④六

15. 개 견 (　　) ①玉 ②犬 ③少 ④兄

16. 선비 사 (　　) ①左 ②白 ③五 ④士

17. 저녁 석 (　　) ①九 ②夕 ③正 ④子

18. 가운데 앙 (　　) ①水 ②央 ③魚 ④中

19. 성씨 성 (　　) ①南 ②十 ③千 ④姓

20. 푸를 청 (　　) ①三 ②寸 ③青 ④手

※ 물음에 알맞은 답을 고르시오.

21. "상투를 튼 어엿한 어른, 즉 장가를 든 남자"라 하여 '지아비'를 뜻하는 한자는? ( )

①夫 ②土 ③立 ④衣

22. "흰 눈이 온 世上을 덮었다"에서 밑줄 친 '世'의 훈음으로 알맞은 것은? ( )

①세상 세 ②해 년 ③시대 세 ④다섯 오

23. "休日에 푹 쉬었더니 몸이 개운하다"에서 밑줄 친 '休'의 훈음으로 알맞은 것은? ( )

①그칠 휴 ②행복 휴 ③쉴 휴 ④말 휴

24. 한자의 총획이 바르지 않은 것은? ( )

①魚-총12획 ②青-총8획
③方-총4획 ④巾-총3획

25. '江'의 유의자는? ( )

①山 ②川 ③一 ④白

26. '男'의 반의자는? ( )

①天 ②女 ③兄 ④弟

※ 어휘의 독음이 바른 것을 고르시오.

27. 北門 ( ) ①남문 ②서문 ③북문 ④동문

28. 外耳 ( ) ①내귀 ②석이 ③외이 ④외귀

29. 人心 ( ) ①인심 ②성심 ③인정 ④인물

30. 食口 ( ) ①석구 ②음구 ③식구 ④식공

31. 火力 ( ) ①수력 ②화력 ③수역 ④화도

※ 어휘의 뜻으로 알맞은 것을 고르시오.

32. 今日 ( )

①어제 ②오늘 ③내일 ④시간

33. 出入 ( )

①밖으로 나가는 통로 ②집안으로 들어옴
③땅속의 것을 파냄 ④나가고 들어감

34. 自己 ( )

①저절로 나서 자람 ②그 사람 자신
③스스로 만족하게 여김 ④자기 혼자의 힘

※ 낱말을 한자로 바르게 쓴 것을 고르시오.

35. 천금: 많은 돈의 비유. ( )

①千馬 ②天金 ③千金 ④天馬

36. 백세: 멀고 오랜 세월. ( )

①百正 ②今世 ③百今 ④百世

37. 소자: 자기를 낮추어 이르는 일인칭 대명사. ( )

①西小 ②小子 ③子小 ④西左

38. 생년: 태어난 해. ( )

①生年 ②弟年 ③四年 ④年生

※ **밑줄 친 어휘의 알맞은 독음을 고르시오.**

39. 겨울에는 内衣을(를) 입는 것이 좋다. (　　)

①내외　②의식　③의복　④내의

40. 길을 잘못 들어 方向을(를) 잃고 한참 헤맸다. (　　)

①방위　②방향　③동방　④주인

41. 우리 모두는 父母님을 공경해야 한다. (　　)

①부모　②부부　③무모　④모녀

42. 알고 보니 그녀는 판소리의 名手였다. (　　)

①소수　②식수　③명수　④가수

43. 玉文은 남의 글을 높여 이르는 말이다. (　　)

①옥문　②왕옥　③옥글　④왕문

44. 산소 不足으로 물고기가 떼죽음을 당했다. (　　)

①부형　②불형　③부족　④만족

※ **밑줄 친 부분을 한자로 바르게 쓴 것을 고르시오.**

보기	광활한 45)대지의 목장에서 46)우양이 한가롭게 풀을 뜯고 있다.

45. 대지 (　　)

①地大　②八地　③大地　④八大

46. 우양 (　　)

①牛羊　②羊牛　③五牛　④牛五

※ **물음에 알맞은 답을 고르시오.**

47. '木手'의 유의어는? (　　)

①三木　②大木　③木寸　④十手

48. '年上'의 반의어는? (　　)

①上下　②年下　③下水　④下上

49. "名山大川"의 뜻으로 바른 것은? (　　)

①넓게 트인 땅　②모든 방면

③산과 강을 찾음　④경치 좋고 이름난 산천

50. 인사하는 태도로 바르지 않은 것은? (　　)

①그냥 대충 고개만 숙여 인사를 한다.

②손과 발을 가지런히 모으고 인사를 한다.

③얼굴에 가득 미소를 띠면서 인사를 한다.

④고개를 바르고 정중하게 숙여 인사를 한다.

15회

대한민국한자급수자격검정시험 준5급

실전대비문제

시험시간 : 40분

점수:

※ 한자의 훈음으로 바른 것을 고르시오.

1. 不 (　　) ①일백 백 ②향할 향 ③만 형 ④아니 불

2. 位 (　　) ①작을 소 ②자리 위 ③위 상 ④여섯 륙

3. 川 (　　) ①내 천 ②오른 우 ③먹을 식 ④수풀 림

4. 千 (　　) ①일천 천 ②여덟 팔 ③불 화 ④북녘 북

5. 心 (　　) ①구슬 옥 ②마음 심 ③끝 말 ④다섯 오

6. 古 (　　) ①열 십 ②들 입 ③예 고 ④날 출

7. 士 (　　) ①동녘 동 ②옷 의 ③세상 세 ④선비 사

8. 己 (　　) ①몸 기 ②돌 석 ③큰 대 ④한가지 동

9. 地 (　　) ①마디 촌 ②흙 토 ③땅 지 ④임금 왕

10. 正 (　　) ①흰 백 ②달 월 ③먼저 선 ④바를 정

※ 훈음에 맞는 한자를 고르시오.

11. 물고기 어 (　　) ①林 ②魚 ③南 ④六

12. 수레 거 (　　) ①車 ②力 ③東 ④年

13. 말 마 (　　) ①口 ②馬 ③金 ④犬

14. 근본 본 (　　) ①九 ②夕 ③本 ④士

15. 설 립 (　　) ①山 ②四 ③女 ④立

16. 주인 주 (　　) ①主 ②五 ③左 ④手

17. 향할 향 (　　) ①向 ②足 ③門 ④西

18. 이제 금 (　　) ①字 ②古 ③今 ④巾

19. 아우 제 (　　) ①母 ②兄 ③父 ④弟

20. 지아비 부 (　　) ①羊 ②夫 ③外 ④七

※ 물음에 알맞은 답을 고르시오.

21. "사람이 나무 밑에서 쉰다"에서 '쉬다'의 뜻을 나타내는 한자는? ( )

①木 ②巾 ③休 ④青

※ 물음에 알맞은 답을 고르시오.

22. "때에 맞는 말 한마디가 千金보다 귀하다"에서 밑줄 친 '金'의 훈음으로 알맞은 것은? ( )

①성 금 ②성 김 ③쇠 김 ④쇠 금

23. "관중들은 경기장 内外를 가득 메웠다"에서 밑줄 친 '内'의 훈음으로 알맞은 것은? ( )

①안 내 ②바깥 외 ③여관 나 ④아내 내

24. 한자의 총획이 바르지 않은 것은? ( )

①夕-총3획 ②火-총4획
③先-총5획 ④耳-총6획

25. '文'의 유의자는? ( )

①字 ②九 ③目 ④食

26. '江'의 반의자는? ( )

①南 ②山 ③月 ④日

※ 어휘의 독음이 바른 것을 고르시오.

27. 門下 ( ) ①문상 ②문하 ③부상 ④부하

28. 出入 ( ) ①출입 ②산입 ③산출 ④출인

29. 白土 ( ) ①목토 ②목상 ③본상 ④백토

30. 北西 ( ) ①서북 ②북서 ③북문 ④자서

31. 中央 ( ) ①건앙 ②건대 ③중앙 ④중대

※ 어휘의 뜻으로 알맞은 것을 고르시오.

32. 左右 ( )

①오른 손 ②오른 발
③왼발 ④왼쪽과 오른쪽

33. 水力 ( )

①물의 힘 ②불의 힘
③나무의 힘 ④뛰어난 힘

34. 牛羊 ( )

①소와 개 ②날짐승
③소와 양 ④소의 고기

※ 낱말을 한자로 바르게 쓴 것을 고르시오.

35. 명견: 이름난 개. ( )

①目犬 ②名犬 ③休名 ④犬名

36. 자족: 스스로 넉넉함을 느낌. ( )

①自足 ②子足 ③足子 ④足自

37. 옥석: 옥과 돌. (　　)

①石玉　②玉金　③耳玉　④玉石

38. 대왕: 훌륭하고 업적이 뛰어난 임금을 높여 이름. (　　)

①大王　②大央　③大工　④王口

※ 밑줄 친 어휘의 알맞은 독음을 고르시오.

39. 三寸과 함께 여행을 다녀왔다. (　　)

①삼촌　②삼춘　③사촌　④사춘

40. '木青'은 '초록색'과 같은 말이다. (　　)

①수청　②목정　③목청　④수정

41. 모든 상황은 지난번과 同一했다. (　　)

①동심　②동인　③동이　④동일

42. 이달 末日까지 서류를 제출해야 한다. (　　)

①말일　②미일　③본말　④월말

43. 그들 부부는 天生연분으로 만났다. (　　)

①천성　②천생　③천심　④대성

44. 우리나라가 百世토록 번영하기를 기원해 본다. (　　)

①일세　②백세　③세상　④수세

※ 밑줄 친 부분을 한자로 바르게 쓴 것을 고르시오.

보기	검정색 45)상의를 입은 저 46)남자가 주인공이다.

45. 상의 (　　)

①下衣　②下水　③上衣　④上下

46. 남자 (　　)

①男自　②子男　③自男　④男子

※ 물음에 알맞은 답을 고르시오.

47. '石工'의 유의어는? (　　)

①父工　②石手　③先工　④古手

48. '少年'의 반의어는? (　　)

①小女　②年少　③少人　④少女

49. "四方八方"의 뜻으로 바른 것은? (　　)

①모든 방면　②모든 방법

③동양과 서양　④물체의 가장자리

50. 학교에서의 행동으로 바르지 않은 것은? (　　)

①선생님과의 약속을 잘 지키도록 한다.

②친구의 잘못을 선생님께 고자질한다.

③선생님을 만나면 반갑게 인사를 한다.

④바른 자세로 선생님의 말씀을 듣는다.

대한민국한자급수자격검정시험 준5급

16회 실전대비문제

시험시간 : 40분

점수:

※ 한자의 훈음으로 바른 것을 고르시오.

1. 世 (　　) ①오른 우 ②세상 세 ③쇠 금 ④일백 백

2. 巾 (　　) ①수건 건 ②힘 력 ③아니 불 ④맏 형

3. 食 (　　) ①먹을 식 ②문 문 ③성씨 성 ④소 우

4. 末 (　　) ①석 삼 ②흰 백 ③끝 말 ④적을 소

5. 玉 (　　) ①사람 인 ②눈 목 ③여덟 팔 ④구슬 옥

6. 央 (　　) ①위 상 ②흙 토 ③일곱 칠 ④가운데 앙

7. 犬 (　　) ①옷 의 ②열 십 ③개 견 ④서녘 서

8. 今 (　　) ①돌 석 ②이제 금 ③푸를 청 ④왼 좌

9. 耳 (　　) ①말 마 ②안 내 ③귀 이 ④향할 향

10. 立 (　　) ①설 립 ②근본 본 ③강 강 ④마음 심

※ 훈음에 맞는 한자를 고르시오.

11. 자리 위 (　　) ①一 ②位 ③月 ④入

12. 양 양 (　　) ①左 ②金 ③馬 ④羊

13. 스스로 자 (　　) ①目 ②足 ③自 ④牛

14. 몸 기 (　　) ①右 ②己 ③外 ④林

15. 글월 문 (　　) ①文 ②東 ③男 ④同

16. 먼저 선 (　　) ①二 ②火 ③先 ④山

17. 마디 촌 (　　) ①寸 ②西 ③六 ④四

18. 쉴 휴 (　　) ①夕 ②小 ③内 ④休

19. 모 방 (　　) ①母 ②方 ③父 ④王

20. 장인 공 (　　) ①門 ②北 ③工 ④中

※ 물음에 알맞은 답을 고르시오.

21. 나무에 나무를 겹쳐 "나무가 많은 수풀"을 뜻하는 한자는? (　　)

①木　②林　③本　④主

※ 물음에 알맞은 답을 고르시오.

22. "공주는 馬車에서 내렸다"에서 밑줄 친 '車'의 훈음으로 알맞은 것은?

(　　)

①수레 차　②군사 군
③동녘 동　④수래 동

23. "할머니는 百年동안 사셨다"에서 밑줄 친 '年'의 훈음으로 알맞은 것은?

(　　)

①낮 오　②일천 천　③소 우　④해 년

24. 한자의 총획이 바르지 않은 것은?

(　　)

①名-총6획　②士-총3획
③正-총4획　④目-총5획

25. '同'의 유의자(비슷한 뜻의 한자)는?

(　　)

①川　②一　③内　④東

26. '天'의 반의자(상대 또는 반대되는 뜻의 한자)는?

(　　)

①地　②九　③牛　④千

※ 어휘의 독음이 바른 것을 고르시오.

27. 大夫 (　　) ①대목 ②대부 ③대보 ④수부

28. 石山 (　　) ①각산 ②명산 ③석출 ④석산

29. 青魚 (　　) ①정어 ②청오 ③청어 ④정색

30. 出生 (　　) ①출생 ②산출 ③산성 ④출산

31. 五月 (　　) ①구일 ②오일 ③구월 ④오월

※ 어휘의 뜻으로 알맞은 것을 고르시오.

32. 古木 (　　)

①과일이 열리는 나무　②오래된 나무
③옮겨 심는 어린나무　④오래된 물

33. 女王 (　　)

①임금의 딸　②남자 임금
③여자 임금　④임금의 아내

34. 七夕 (　　)

①한 해의 일곱 째 달
②칠십년의 세월을 이르는 말
③칠일 밤을 지새운 그 다음날 저녁
④견우와 직녀가 만나는 음력 7월 7일

※ 낱말을 한자로 바르게 쓴 것을 고르시오.

35. 수중: 손의 안. (　　)

①手中　②中手　③足中　④九千

36. 수력: 물의 힘. (　　)

①男力　②火力　③入力　④水力

37. 소심: 대담하지 못하고 조심성이 지나치게 많음.

( )

①川心 ②江心 ③小心 ④白心

38. 형제: 형과 아우. ( )

①兄口 ②兄弟 ③弟兄 ④口兄

※ **밑줄 친 어휘의 알맞은 독음을 고르시오.**

39. 기념식에 유명 人士들이 대거 참석했다.

( )

①입사 ②인사 ③인토 ④집사

40. 그는 오랫동안 서울 本土에서 살았다.

( )

①본토 ②정토 ③본사 ④정사

41. 시험 日字가 다가오자 긴장이 됐다.

( )

①월가 ②일시 ③월자 ④일자

42. 귀엽던 少女는 어느새 숙녀가 되었다.

( )

①수녀 ②소모 ③소녀 ④수모

43. 옆집 父子는 휴일마다 함께 등산을 한다.

( )

①부모 ②부자 ③모자 ④모녀

44. 언니는 外向적이고 활달한 성격이다.

( )

①석향 ②내향 ③외향 ④내성

※ **밑줄 친 부분을 한자로 바르게 쓴 것을 고르시오.**

보기: 다른 수험자와 45)성명 또는 수험번호를 바꾸어 제출하는 행위는 46)부정행위에 해당됩니다.

45. 성명 ( )

①姓母 ②出名 ③名姓 ④姓名

46. 부정 ( )

①不王 ②不正 ③王不 ④北正

※ **물음에 알맞은 답을 고르시오.**

47. '地主'의 유의어(비슷한 뜻의 어휘)는?

( )

①土主 ②江主 ③木地 ④人主

48. '上衣'의 반의어(상대 또는 반대되는 뜻의 어휘)는?

( )

①門上 ②白衣 ③下衣 ④上下

49. "三日天下"의 뜻으로 바른 것은?

( )

①삼일간 천하를 돌아다님
②어진 임금이 잘 다스리어 태평한 세상이나 시대
③단단히 먹은 마음이 사흘을 가지 못함
④정권을 잡았다가 짧은 기간 내에 밀려남

50. 사람을 만났을 때 인사예절로 바르지 않은 것은?

( )

①상대방의 얼굴을 보고 인사한다.
②무뚝뚝하게 아무 말 없이 지나친다.
③밝은 목소리로 명랑하게 인사한다.
④상황에 맞는 인사용어를 쓴다.

대한민국한자급수자격검정시험 준5급

17회 실전대비문제

시험시간 : 40분

점수:

※ 한자의 훈음으로 바른 것을 고르시오.

1. 天 (　　) ①여섯 륙 ②손 수 ③하늘 천 ④큰 대

2. 日 (　　) ①달 월 ②날 일 ③바깥 외 ④날 출

3. 古 (　　) ①예 고 ②입 구 ③어머니 모 ④돌 석

4. 牛 (　　) ①강 강 ②일천 천 ③소 우 ④수건 건

5. 夫 (　　) ①끝 말 ②사람 인 ③흙 토 ④지아비 부

6. 休 (　　) ①눈 목 ②쉴 휴 ③나무 목 ④근본 본

7. 犬 (　　) ①푸를 청 ②석 삼 ③마디 촌 ④개 견

8. 文 (　　) ①글월 문 ②마음 심 ③저녁 석 ④여덟 팔

9. 羊 (　　) ①양 양 ②왼 좌 ③아우 제 ④해 년

10. 生 (　　) ①몸 기 ②날 생 ③일곱 칠 ④임금 왕

※ 훈음에 맞는 한자를 고르시오.

11. 세상 세 (　　) ①世 ②少 ③二 ④石

12. 작을 소 (　　) ①火 ②小 ③九 ④人

13. 귀 이 (　　) ①自 ②江 ③耳 ④内

14. 수풀 림 (　　) ①林 ②衣 ③先 ④本

15. 이제 금 (　　) ①西 ②字 ③下 ④今

16. 설 립 (　　) ①食 ②同 ③玉 ④立

17. 땅 지 (　　) ①父 ②馬 ③地 ④北

18. 오른 우 (　　) ①力 ②右 ③川 ④兄

19. 이름 명 (　　) ①名 ②十 ③青 ④四

20. 선비 사 (　　) ①目 ②魚 ③千 ④士

※ 물음에 알맞은 답을 고르시오.

21. "여자가 자식을 낳아 한 조상에서 태어난 사람을 다른 사람과 구별하기 위하여 쓴 것"으로 '성씨'를 뜻하는 한자는?
( )

①男 ②姓 ③母 ④寸

※ 물음에 알맞은 답을 고르시오.

22. "百工"에서 밑줄 친 '工'의 훈음으로 알맞은 것은?
( )

①선비 사 ②흙 토
③장인 공 ④한가지 동

23. "오늘 중으로 이 자료들을 모두 入力해야 한다"에서 밑줄 친 '入'의 훈음으로 알맞은 것은? ( )

①빠질 인 ②섬길 팔
③간여할 인 ④들 입

24. 한자의 총획이 바르지 않은 것은?
( )

①小-총3획 ②女-총4획
③目-총5획 ④南-총9획

25. '中'의 유의자(비슷한 뜻의 한자)는?
( )

①央 ②山 ③主 ④上

26. '內'의 반의자(상대 또는 반대되는 뜻의 한자)는? ( )

①西 ②先 ③外 ④巾

※ 어휘의 독음이 바른 것을 고르시오.

27. 不足 ( ) ①부족 ②불구 ③불촉 ④부축

28. 王位 ( ) ①옥립 ②왕립 ③옥위 ④왕위

29. 七夕 ( ) ①칠명 ②칠석 ③구명 ④구석

30. 女子 ( ) ①모녀 ②모자 ③여자 ④자녀

31. 六月 ( ) ①유월 ②뉵월 ③뉴월 ④육일

※ 어휘의 뜻으로 알맞은 것을 고르시오.

32. 年末 ( )
①해마다 반복함 ②해마다 시작함
③한 해의 마지막 때 ④한 해가 시작된 때

33. 馬車 ( )
①소가 끄는 수레 ②말을 기르는 곳
③수레를 모는 사람 ④말이 끄는 수레

34. 出土 ( )
①식물에 영양을 공급하는 흙
②땅속에 묻혀 있던 물건이 밖으로 나옴
③사람의 생활과 활동에 이용하는 땅
④흙으로 물건을 만들어냄

※ 낱말을 한자로 바르게 쓴 것을 고르시오.

35. 화목: 땔감으로 쓸 나무. ( )
①火木 ②金火 ③木火 ④火金

36. 동향: 동쪽으로 향함. ( )
①男向 ②男五 ③東五 ④東向

37. 동일: 다른 데가 없이 똑같음. ( )
①同一 ②日同 ③同日 ④一同

38. 주인: 대상이나 물건 따위를 소유한 사람. ( )
①千人 ②主心 ③主人 ④千心

※ 밑줄 친 어휘의 알맞은 독음을 고르시오.

39. 몸을 깨끗이 씻고 手巾(으)로 닦았다. ( )
①수중 ②수건 ③수하 ④두건

40. 어머니는 시장에서 青魚을(를) 사오셨다. ( )
①이어 ②이목 ③청어 ④청목

41. 그는 딸린 食口이(가) 많다. ( )
①식솔 ②사솔 ③사구 ④식구

42. 자신의 잘못을 自白하고 용서를 구했다. ( )
①자백 ②반성 ③목백 ④자일

43. 大川 바다도 건너 봐야 안다. ( )
①대천 ②대삼 ③부천 ④부삼

44. 휴일에 兄弟들과 함께 영화관에 갔다. ( )
①지제 ②구제 ③형제 ④제형

※ 밑줄 친 부분을 한자로 바르게 쓴 것을 고르시오.

보기	45)산남에 위치한 우리 집은 46)사방이 확 트여 전망이 좋다.

45. 산남 ( )
①南山 ②山北 ③北山 ④山南

46. 사방 ( )
①西方 ②西九 ③四方 ④四九

※ 물음에 알맞은 답을 고르시오.

47. '正門'의 유의어(비슷한 뜻의 어휘)는? ( )
①本門 ②門正 ③己門 ④下門

48. '上水'의 반의어(상대 또는 반대되는 뜻의 어휘)는? ( )
①上字 ②下水 ③字水 ④下寸

49. "玉衣玉食"의 뜻이 문장에서 가장 알맞게 쓰인 것은? ( )
①사람들은 대부분 玉衣玉食을 좋아 한다.
②사람이 죄를 지으면 玉衣玉食을 해야 한다.
③그들은 玉衣玉食 떼를 지어 함께 몰려 다닌다.
④가난한 사람들을 일컬어 玉衣玉食이라고 한다.

50. 버스를 기다리고 있을 때의 바른 자세는? ( )
①친구들과 떠들며 서 있는다.
②차도로 나가거나 손을 흔들지 않는다.
③휴지를 땅에 버리고 주위를 살핀다.
④다리 한쪽을 떨며 서 있는다.

대한민국한자급수자격검정시험 준5급

18회 실전대비문제

시험시간 : 40분

점수:

※ 한자의 훈음으로 바른 것을 고르시오.

1. 休 (　　) ①쉴 휴 ②근본 본 ③쇠 금 ④자리 위

2. 寸 (　　) ①열 십 ②글월 문 ③마디 촌 ④아니 불

3. 出 (　　) ①석 삼 ②눈 목 ③작을 소 ④날 출

4. 士 (　　) ①선비 사 ②흙 토 ③왼 좌 ④여자 녀

5. 羊 (　　) ①날 생 ②양 양 ③메 산 ④지아비 부

6. 父 (　　) ①다섯 오 ②남녘 남 ③가운데 앙 ④아버지 부

7. 衣 (　　) ①옷 의 ②이름 명 ③먹을 식 ④아홉 구

8. 外 (　　) ①바깥 외 ②구슬 옥 ③오른 우 ④아들 자

9. 字 (　　) ①큰 대 ②사람 인 ③글자 자 ④돌 석

10. 王 (　　) ①말 마 ②임금 왕 ③먼저 선 ④아래 하

※ 훈음에 맞는 한자를 고르시오.

11. 한가지 동 (　　) ①向 ②兄 ③同 ④右

12. 예 고 (　　) ①四 ②日 ③月 ④古

13. 적을 소 (　　) ①下 ②十 ③少 ④上

14. 개 견 (　　) ①火 ②玉 ③左 ④犬

15. 발 족 (　　) ①足 ②青 ③子 ④弟

16. 성씨 성 (　　) ①石 ②姓 ③西 ④先

17. 수건 건 (　　) ①自 ②巾 ③央 ④中

18. 소 우 (　　) ①牛 ②心 ③世 ④男

19. 힘 력 (　　) ①手 ②方 ③力 ④己

20. 수풀 림 (　　) ①文 ②地 ③馬 ④林

※ 물음에 알맞은 답을 고르시오.

21. "사람의 머리 위에 하늘이 있어 끝없이 넓은 것"으로 '하늘'이라는 뜻을 나타내는 한자는? (　　)

①天　②山　③夫　④木

22. "이 물건 主人 없습니까?"에서 밑줄 친 '主'의 뜻과 음으로 바른 것은? (　　)

①자신 주　②주장할 주
③주인 주　④임금 주

23. "馬車"에서 밑줄 친 '車'의 뜻과 음으로 바른 것은? (　　)

①수래 거　②수레 차
③동녘 동　④수리 차

24. 한자의 총획이 바르지 않은 것은? (　　)

①魚-총12획　②ㅁ-총3획
③方-총4획　④東-총8획

25. '江'의 유의자(비슷한 뜻의 한자)는? (　　)

①西　②土　③白　④川

26. '本'의 반의자(상대 또는 반대되는 뜻의 한자)는? (　　)

①五　②末　③九　④六

※ 어휘의 독음이 바른 것을 고르시오.

27. 耳目 (　　) ①명목 ②명구 ③이눈 ④이목

28. 工夫 (　　) ①공부 ②공대 ③토대 ④토부

29. 中立 (　　) ①시립 ②시위 ③중립 ④중위

30. 大母 (　　) ①대녀 ②대모 ③소모 ④대부

31. 青木 (　　) ①청백 ②청본 ③청목 ④청휴

※ 어휘의 뜻으로 알맞은 것을 고르시오.

32. 今日 (　　)
①오늘　②방금　③항상　④시간

33. 白月 (　　)
①흰 눈에 비친 달빛 ②밝고 흰 달
③그 달의 처음 무렵 ④백 번째 보름달

34. 下向 (　　)
①방향이 없음　②아래로 향함
③위에 머물러 있음 ④기세가 강해짐

※ 낱말을 한자로 바르게 쓴 것을 고르시오.

35. 백세: 멀고 오랜 세월. (　　)
①百方　②今世　③百今　④百世

36. 생년: 태어난 해. (　　)
①生年　②弟年　③四年　④年生

37. 오천: 동, 서, 남, 북 및 중앙의 다섯 하늘. ( )

①上天 ②央千 ③五天 ④五千

38. 지위: 개인의 사회적 신분에 따르는 위치나 자리. ( )

①地位 ②弟位 ③位地 ④四地

※ 밑줄 친 어휘의 알맞은 독음을 고르시오.

39. 지금 南北정상 회담이 진행 중이다. ( )

①북서 ②서북 ③북남 ④남북

40. 七夕은 음력으로 칠월 초이렛날의 밤이다. ( )

①시월 ②칠석 ③구월 ④구석

41. 그는 수학의 세계에 入門하였다. ( )

①인문 ②출입 ③입실 ④입문

42. 不正행위를 방지하기 위해 감독관을 더 배치하였다. ( )

①불족 ②불지 ③부정 ④부족

43. 그는 二男 일녀 중에 첫째이다. ( )

①이력 ②이남 ③이람 ④이전

44. '水心'은 강이나 호수의 한가운데를 말한다. ( )

①목심 ②수심 ③중심 ④수중

※ 밑줄 친 부분을 한자로 바르게 쓴 것을 고르시오.

보기	행복은 45)천금을 주고도 살 수 없는 것이며, 46)자기 스스로 만족할 때 비로소 얻어지는 것이다.

45. 천금 ( )

①千金 ②金千 ③百千 ④六千

46. 자기 ( )

①自兄 ②己自 ③自己 ④兄己

※ 물음에 알맞은 답을 고르시오.

47. '石手'의 유의어(비슷한 뜻의 어휘)는? ( )

①木石 ②石工 ③金手 ④工金

48. '火食'의 반의어(상대 또는 반대되는 뜻의 어휘)는? ( )

①生食 ②中食 ③八食 ④玉食

49. "名山大川"의 뜻으로 알맞은 것은? ( )

①이름없는 산과 들 ②모든 방면

③이름난 산과 큰 내 ④산천을 두루 찾음

50. 인사하는 태도로 바르지 않은 것은? ( )

①그냥 대충 고개만 숙여 인사를 한다.

②손과 발을 가지런히 모으고 인사를 한다.

③얼굴에 미소를 띠면서 인사를 한다.

④고개를 바르고 정중하게 숙여 인사를 한다.

대한민국한자급수자격검정시험 준5급

19회 실전대비문제

시험시간 : 40분

점수:

※ 한자의 훈음으로 바른 것을 고르시오.

1. 正 (　　) ①다섯 오 ②바를 정 ③여섯 륙 ④사내 남

2. 本 (　　) ①큰 대 ②나무 목 ③쉴 휴 ④근본 본

3. 千 (　　) ①소 우 ②열 십 ③일천 천 ④해 년

4. 己 (　　) ①입 구 ②귀 이 ③손 수 ④몸 기

5. 北 (　　) ①남녘 남 ②북녘 북 ③아우 제 ④서녘 서

6. 少 (　　) ①적을 소 ②수풀 림 ③여자 녀 ④지아비 부

7. 目 (　　) ①눈 목 ②날 일 ③모 방 ④스스로 자

8. 工 (　　) ①석 삼 ②장인 공 ③왼 좌 ④아버지 부

9. 青 (　　) ①양 양 ②흰 백 ③넉 사 ④푸를 청

10. 夕 (　　) ①달 월 ②저녁 석 ③일곱 칠 ④바깥 외

※ 훈음에 맞는 한자를 고르시오.

11. 글자 자 (　　) ①子 ②字 ③八 ④女

12. 가운데 앙 (　　) ①世 ②兄 ③羊 ④央

13. 돌 석 (　　) ①口 ②石 ③右 ④西

14. 일백 백 (　　) ①牛 ②上 ③百 ④馬

15. 옷 의 (　　) ①二 ②外 ③耳 ④衣

16. 먹을 식 (　　) ①火 ②食 ③足 ④六

17. 강 강 (　　) ①大 ②江 ③南 ④方

18. 내 천 (　　) ①七 ②三 ③川 ④月

19. 구슬 옥 (　　) ①今 ②主 ③王 ④玉

20. 끝 말 (　　) ①父 ②犬 ③木 ④末

※ 물음에 알맞은 답을 고르시오.

21. "태양이 나무 사이에 걸쳐 있는 모양"으로 '동쪽'이라는 뜻을 나타내는 한자는? ( )

①木 ②東 ③母 ④夫

22. "농촌의 일손 不足이 심각하다"에서 밑줄 친 '不'의 뜻과 음으로 바른 것은? ( )

①없을 불 ②아닐 부
③아버지 부 ④지아비 부

23. "人力車는 1894년 처음 들어왔다"에서 밑줄 친 '車'의 뜻과 음으로 바른 것은? ( )

①수레 거 ②수레 차
③장기 거 ④수리 차

24. 한자의 총획이 바르지 않은 것은? ( )

①央-총5획 ②世-총6획
③男-총7획 ④門-총8획

25. '土'의 유의자(비슷한 뜻의 한자)는? ( )

①地 ②水 ③火 ④弟

26. '左'의 반의자(상대 또는 반대되는 뜻의 한자)는? ( )

①五 ②右 ③九 ④石

※ 어휘의 독음이 바른 것을 고르시오.

27. 姓名 ( ) ①명성 ②생명 ③생석 ④성명

28. 手巾 ( ) ①수염 ②수건 ③수사 ④수시

29. 士林 ( ) ①토림 ②토목 ③사림 ④지림

30. 四寸 ( ) ①삼춘 ②삼촌 ③사촌 ④육촌

31. 生水 ( ) ①생수 ②샘수 ③수영 ④수생

※ 어휘의 뜻으로 알맞은 것을 고르시오.

32. 馬夫 ( )
①말이 끄는 수레 ②말을 기르는 곳
③말 먹이를 담아주는 그릇
④말을 부려 마차나 수레를 모는 사람

33. 中年 ( )
①중고등학생 ②작은아버지
③마흔 살 안팎의 나이
④6월이나 7월을 이르는 말

34. 古今 ( )
①방금 ②예와 지금
③옛날 옛적에 ④머지않아서

※ 낱말을 한자로 바르게 쓴 것을 고르시오.

35. 동일: 서로 똑같음. ( )
①東一 ②一同 ③同一 ④同口

36. 입지: 어떤 지점에 자리를 잡음. ( )

①立地 ②地立 ③地位 ④位地

37. 선천: 타고난 성질이나 체질.
( )

①天先 ②先寸 ③先天 ④天下

38. 주상: 임금을 달리 일컫는 말.
( )

①主上 ②上主 ③主二 ④主一

※ 밑줄 친 어휘의 알맞은 독음을 고르시오.

39. 休日에는 화창한 날씨가 예상된다.
( )

①목일 ②휴월 ③휴일 ④휴가

40. 文魚은(는) 몸의 길이가 3m 정도 된다.
( )

①대어 ②문어 ③대구 ④어문

41. 그는 自力으로 독립생활을 시작했다.
( )

①실력 ②능력 ③체력 ④자력

42. 인생은 속도가 아니라 方向이라고 한다.
( )

①향방 ②향상 ③방향 ④상향

43. 바라던 대로 되어 内心 기뻤다.
( )

①진심 ②내심 ③성심 ④인심

44. 우리는 小白山 비로봉에서 만났다.
( )

①소백산 ②지리산 ③태백산 ④소림산

※ 밑줄 친 부분을 한자로 바르게 쓴 것을 고르시오.

보기	45)왕위를 이을 아들을 46)세자라고 한다.

45. 왕위 ( )

①王立 ②玉位 ③王位 ④玉立

46. 세자 ( )

①世子 ②世字 ③犬子 ④天子

※ 물음에 알맞은 답을 고르시오.

47. '門人'의 유의어(비슷한 뜻의 어휘)는?
( )

①文生 ②人文 ③人門 ④門下生

48. '入金'의 반의어(상대 또는 반대되는 뜻의 어휘)는?
( )

①七金 ②出金 ③先金 ④母金

49. "十中八九"의 뜻으로 알맞은 것은?
( )

①나이 팔구순의 노인
②산천을 두루 찾아다님
③몇 번의 죽을 고비를 넘김
④거의 대부분이거나 거의 틀림없음

50. 학교에서의 행동으로 바르지 않은 것은?
( )

①바른 자세로 선생님의 말씀을 듣는다.
②선생님을 만나면 반갑게 인사를 드린다.
③선생님과의 약속을 잘 지키도록 한다.
④친구의 작은 실수도 선생님께 일러바친다.

1 회

대한민국한자급수자격검정시험 준5급

기출문제

시험시간 : 40분

점수:

※ 한자의 훈음으로 바른 것을 고르시오.

1. 今 ( ) ①달 월 ②사람 인 ③이제 금 ④사내 남

2. 立 ( ) ①글자 자 ②개 견 ③설 립 ④바를 정

3. 巾 ( ) ①아래 하 ②동녘 동 ③맏 형 ④수건 건

4. 自 ( ) ①눈 목 ②내 천 ③흰 백 ④스스로 자

5. 先 ( ) ①아홉 구 ②먼저 선 ③날 출 ④흙 토

6. 林 ( ) ①끝 말 ②수풀 림 ③나무 목 ④푸를 청

7. 心 ( ) ①힘 력 ②마음 심 ③귀 이 ④물 수

8. 姓 ( ) ①성씨 성 ②안 내 ③강 강 ④오른 우

9. 百 ( ) ①남녘 남 ②서녘 서 ③일백 백 ④열 십

10. 不 ( ) ①하늘 천 ②장인 공 ③일천 천 ④아니 불

※ 훈음에 맞는 한자를 고르시오.

11. 근본 본 ( ) ①二 ②本 ③士 ④上

12. 마디 촌 ( ) ①三 ②寸 ③小 ④耳

13. 바깥 외 ( ) ①母 ②兄 ③外 ④父

14. 지아비 부 ( ) ①一 ②手 ③主 ④夫

15. 저녁 석 ( ) ①名 ②夕 ③足 ④口

16. 몸 기 ( ) ①月 ②土 ③己 ④入

17. 임금 왕 ( ) ①四 ②王 ③石 ④江

18. 양 양 ( ) ①羊 ②女 ③山 ④地

19. 말 마 ( ) ①魚 ②生 ③七 ④馬

20. 왼 좌 ( ) ①六 ②左 ③八 ④五

※ 물음에 알맞은 답을 고르시오.

21. "여러 개의 구슬을 끈으로 꿴 모양"으로 '구슬'이라는 뜻을 나타내는 한자는?

( )

①川 ②男 ③玉 ④七

22. "休日에 외가에 다녀왔다"에서 밑줄 친 '休'의 뜻과 음으로 알맞은 것은?

( )

①행복 휴 ②그칠 휴 ③말 휴 ④쉴 휴

23. "독립운동가 金九"에서 밑줄 친 '金'의 뜻과 음으로 알맞은 것은? ( )

①쇠 금 ②돌 금 ③성 김 ④무기 금

24. 한자의 총획이 바르지 않은 것은?

( )

①向-총5획 ②車-총7획
③犬-총4획 ④火-총4획

25. '央'의 유의자(비슷한 뜻의 한자)는?

( )

①一 ②中 ③土 ④水

26. '南'의 반의자(상대 또는 반대되는 뜻의 한자)는? ( )

①北 ②弟 ③西 ④右

※ 어휘의 독음이 바른 것을 고르시오.

27. 内衣 ( ) ①내복 ②내의 ③내사 ④내과

28. 地位 ( ) ①지역 ②위치 ③지리 ④지위

29. 車主 ( ) ①동주 ②거왕 ③차주 ④차왕

30. 少女 ( ) ①소녀 ②소년 ③자녀 ④소자

31. 牛足 ( ) ①오수 ②우수 ③오족 ④우족

※ 어휘의 뜻으로 알맞은 것을 고르시오.

32. 名士 ( )

①힘이 센 사람 ②재산이 많은 사람
③책을 많이 읽은 사람
④세상에 널리 알려진 사람

33. 下山 ( )

①산에 오름 ②조상의 무덤이 있는 산
③하던 일을 중도에서 그만둠
④산에서 내려오거나 내려감

34. 中古 ( )

①중학생과 고등학생 ②새로 나온 제품
③이미 사용하였거나 오래됨
④옛 중국

※ 낱말을 한자로 바르게 쓴 것을 고르시오.

35. 생식: 익히지 아니하고 날로 먹음.

( )

①食生 ②食口 ③生口 ④生食

36. 이목: 귀와 눈을 아울러 이르는 말. ( )

①二木 ②耳木 ③二目 ④耳目

37. 동문: 같은 학교에서 수학하였거나 같은 스승에게서 배운 사람. ( )

①同文 ②東門 ③同門 ④東文

38. 출세: 사회적으로 높은 지위에 오르거나 유명하게 됨. ( )

①出世 ②世出 ③出弟 ④右出

※ 밑줄 친 어휘의 알맞은 독음을 고르시오.

39. 모든 人力을 총동원했다. ( )

①일력 ②입력 ③인력 ④인심

40. 시간은 이미 子正을(를) 넘었다. ( )

①자정 ②정자 ③심야 ④야밤

41. 소식을 듣고 四方에서 사람들이 몰려들었다. ( )

①동네 ②사모 ③사방 ④팔방

42. 꾸준히 하다 보니 실력이 많이 向上되었다. ( )

①상향 ②향상 ③방향 ④향방

43. 青魚은(는) 훈제를 하면 붉은색으로 변한다. ( )

①청마 ②청어 ③어청 ④청양

44. 年末을(를) 앞두고 거리엔 자선냄비가 등장했다. ( )

①연초 ②연내 ③연하 ④연말

※ 밑줄 친 부분을 한자로 바르게 쓴 것을 고르시오.

보기	우리나라에서는 예로부터 『45)천자문』이 한자를 배우는 46)입문서로 널리 사용되어 왔다.

45. 천자문 ( )

①天子文 ②天字文 ③千字文 ④千字門

46. 입문 ( )

①川文 ②入文 ③入門 ④弟門

※ 물음에 알맞은 답을 고르시오.

47. '石工'의 유의어(비슷한 뜻의 어휘)는? ( )

①工人 ②石手 ③大石 ④木手

48. '小食'의 반의어(상대 또는 반대되는 뜻의 어휘)는? ( )

①火食 ②少食 ③大食 ④一食

49. "青天白日"의 뜻으로 알맞은 것은? ( )

①마른하늘에 날벼락
②이름난 산과 큰 내
③하늘이 맑게 갠 대낮
④우중충 흐린 하늘

50. 평소의 행동으로 바르지 못한 것은? ( )

①맡은 일에 항상 최선을 다한다.
②간식을 많이 먹고 밥은 한끼만 먹는다.
③어린 동생이 울면 따뜻하게 달래준다.
④부모님께서 말씀하시면 공손히 듣고 대답한다.

※ 準五級漢字

심화학습문제

모|범|답|안

①회 심화학습문제 (69~71쪽)

1.③ 2.① 3.② 4.④ 5.③ 6.① 7.④ 8.③ 9.② 10.① 11.① 12.② 13.④ 14.④ 15.① 16.③ 17.④ 18.③ 19.③ 20.③ 21.저녁석 22.설립 23.향할향 24.들입 25.여덟팔 26.석삼 27.어머니모 28.개견 29.동위 30.유월 31.사방 32.생수 33.천지인 34.동서남북 35.출세 36.천금 37.화력 38.서산 39.央 40.心 41.先 42.休 43.寸 44.巾 45.年內 46.名馬 47.土地 48.青少年 49.末 50.天,下

②회 심화학습문제 (72~74쪽)

1.① 2.② 3.③ 4.④ 5.③ 6.④ 7.② 8.① 9.① 10.④ 11.② 12.① 13.② 14.② 15.① 16.④ 17.③ 18.② 19.③ 20.③ 21.양양 22.입구 23.근본본 24.쉴휴 25.내천 26.물수 27.예고 28.일백백 29.동서 30.산림 31.선생 32.자주 33.불세출 34.왕세자 35.하향 36.대어 37.구년 38.금일 39.立 40.己 41.夫 42.王 43.耳 44.名 45.目下 46.小食 47.出土 48.姓名 49.女 50.中,九

③회 심화학습문제 (75~77쪽)

1.① 2.③ 3.④ 4.② 5.① 6.② 7.④ 8.③ 9.② 10.④ 11.③ 12.② 13.① 14.① 15.④ 16.③ 17.① 18.④ 19.① 20.② 21.물수 22.구슬옥 23.넉사 24.작을소 25.수레거(수레차) 26.일천천 27.세상세 28.이름명 29.입력 30.칠석 31.부정 32.남자 33.토지 34.삼촌 35.금석문 36.산천어 37.工夫 38.南山 39.生食 40.白金 41.向 42.江 43.主 44.五 45.足 46.月 47.木 48.央 49.弟 50.青,白

④회 심화학습문제 (78~80쪽)

1.④ 2.③ 3.② 4.① 5.② 6.① 7.④ 8.③ 9.② 10.① 11.③ 12.① 13.④ 14.② 15.③ 16.④ 17.② 18.① 19.③ 20.① 21.설립 22.일백백 23.아버지부 24.발족 25.불화 26.마음심 27.모방 28.몸기 29.대왕 30.오륙 31.남북 32.주인 33.외식 34.생일 35.옥의옥식 36.칠월칠석 37.중앙 38.청산 39.林 40.門 41.犬 42.男 43.小 44.向 45.年 46.九 47.左 48.同位 49.北魚 50.手,足

⑤회 심화학습문제 (81~83쪽)

1.② 2.① 3.③ 4.④ 5.④ 6.④ 7.① 8.② 9.③ 10.① 11.② 12.③ 13.③ 14.⑤ 15.③ 16.② 17.④ 18.③ 19.④ 20.③ 21.② 22.④ 23.여덟팔 24.여섯륙 25.열십 26.왼좌 27.구슬옥 28.다섯오 29.향할향 30.아우제 31.칠석 32.부족 33.입심 34.석수 35.남대문 36.사천왕 37.역사 38.사촌 39.羊 40.今 41.巾 42.同 43.古 44.川 45.兄夫 46.東方 47.王位 48.天下 49.母 50.三,五

모|범|답|안

6회 심화학습문제(84~86쪽)

1.② 2.① 3.③ 4.④ 5.③ 6.① 7.④ 8.③ 9.③ 10.① 11.① 12.② 13.③ 14.③ 15.④ 16.① 17.③ 18.③ 19.③ 20.④ 21.개견 22.해년 23.먹을식 24.모방 25.선비사 26.바를정 27.근본본 28.예고 29.화목 30.선천 31.일출 32.좌우 33.삼륙 34.일금 35.입구 36.문자 37.수건 38.심중 39.西 40.衣 41.夕 42.七 43.五 44.姓 45.青年 46.四方 47.本土 48.山川魚 49.山 50.十,三

7회 심화학습문제(87~89쪽)

1.② 2.④ 3.② 4.① 5.① 6.③ 7.② 8.④ 9.① 10.③ 11.② 12.① 13.② 14.④ 15.④ 16.② 17.① 18.② 19.④ 20.② 21.② 22.① 23.화차 24.동북 25.동인 26.휴일 27.사대부 28.수구문 29.어머니모 30.설립 31.선비사 32.자리위 33.여덟팔 34.서녘서 35.산림 36.본문 37.연상 38.주력 39.小 40.正 41.千 42.巾 43.衣 44.青 45.外 46.女王 47.右足 48.手工 49.馬夫 50.七,夕

8회 심화학습문제(90~92쪽)

1.① 2.② 3.③ 4.④ 5.② 6.② 7.① 8.④ 9.③ 10.① 11.② 12.② 13.② 14.③ 15.② 16.④ 17.① 18.③ 19.④ 20.② 21.① 22.③ 23.칠석 24.천지 25.구월 26.자력 27.문하생 28.동부인 29.적을소 30.눈목 31.수풀림 32.이제금 33.날일 34.구슬옥 35.생식 36.입금 37.내의 38.수위 39.末 40.土 41.先 42.姓 43.白 44.士 45.馬 46.千古 47.四寸 48.工夫 49.耳目 50.地,下

漢字를 알면 世上이 보인다.

*準五級漢字 실전대비문제

모|범|답|안 1회

■ 다음 물음에 맞는 답의 번호를 골라 답안지의 해당 답란에 표시하시오.

※ 한자의 훈음이 바른 것을 고르시오.

1. 車 (②) ①아홉 구 ②수레 거 ③문 문 ④귀 이

[설명] ◎九(아홉 구), 門(문 문), 耳(귀 이).

2. 末 (③) ①나무 목 ②바를 정 ③끝 말 ④넉 사

[설명] ◎木(나무 목), 正(바를 정), 四(넉 사).

3. 生 (④) ①양 양 ②설 립 ③동녘 동 ④날 생

[설명] ◎羊(양 양), 立(설 립), 東(동녘 동).

4. 白 (③) ①다섯 오 ②입 구 ③흰 백 ④한가지 동

[설명] ◎五(다섯 오), 口(입 구), 同(한가지 동).

5. 夕 (③) ①개 견 ②수건 건 ③저녁 석 ④안 내

[설명] ◎犬(개 견), 巾(수건 건), 内(안 내).

6. 入 (④) ①여덟 팔 ②사람 인 ③만 형 ④들 입

[설명] ◎八(여덟 팔), 人(사람 인), 兄(만 형).

7. 士 (①) ①선비 사 ②근본 본 ③사내 남 ④메 산

[설명] ◎本(근본 본), 男(사내 남), 山(메, 뫼 산).

8. 休 (④) ①땅 지 ②아버지 부 ③쇠 금 ④쉴 휴

[설명] ◎地(땅 지), 父(아버지 부), 金(쇠 금).

9. 先 (②) ①말 마 ②먼저 선 ③먹을 식 ④바깥 외

[설명] ◎馬(말 마), 食(먹을 식), 外(바깥 외).

10.寸 (④) ①강 강 ②마음 심 ③눈 목 ④마디 촌

[설명] ◎江(강 강), 心(마음 심), 目(눈 목).

※ 훈음에 맞는 한자를 고르시오.

11. 글자 자 (①) ①字 ②犬 ③姓 ④世

[설명] ◎犬(개 견), 姓(성씨 성), 世(세상 세).

12. 자리 위 (③) ①兄 ②弟 ③位 ④下

[설명] ◎兄(만 형), 弟(아우 제), 下(아래 하).

13. 물 수 (①) ①水 ②女 ③三 ④母

[설명] ◎女(여자 녀), 三(석 삼), 母(어머니 모).

14. 임금 왕 (④) ①父 ②己 ③上 ④王

[설명] ◎父(아버지 부), 己(몸 기), 上(위 상).

15. 왼 좌 (④) ①自 ②四 ③金 ④左

[설명] ◎自(스스로 자), 四(넉 사), 金(쇠 금).

16. 글월 문 (②) ①馬 ②文 ③名 ④五

[설명] ◎馬(말 마), 名(이름 명), 五(다섯 오).

17. 가운데 앙 (③) ①口 ②東 ③央 ④年

[설명] ◎口(입 구), 東(동녘 동), 年(해 년).

18. 작을 소 (④) ①人 ②八 ③火 ④小

[설명] ◎人(사람 인), 八(여덟 팔), 火(불 화).

19. 내 천 (③) ①南 ②少 ③川 ④石

[설명] ◎南(남녘 남), 少(적을 소), 石(돌 석).

20. 소 우 (①) ①牛 ②食 ③子 ④六

[설명] ◎食(먹을 식), 子(아들 자), 六(여섯 륙).

※ 물음에 알맞은 답을 고르시오.

21. "두 그루의 나무가 서 있는 모양"에서 나무가 많은 '수풀'을 뜻하는 한자는? (③)

①四 ②木 ③林 ④本

[설명] ◎林(수풀 림).

※ 물음에 알맞은 답을 고르시오.

이 책은 22)<u>少年</u>의 눈을 통해 보이는 23)<u>世上</u>을 그린 성장소설이다.

22. 위의 밑줄 친 '少年'을 바르게 읽은 것은?(①)

①소년 ②소연 ③사년 ④사연

[설명] ◎少年(소년):「1」아직 완전히 성숙하지 아니한 어린 사내아이.「2」젊은 나이. 또는 그런 나이의 사람.「3」『법률』소년법에서, 19세 미만인 사람을 이르는 말.

23. 위의 밑줄 친 '世上'의 뜻으로 바른 것은?(①)

①사람이 살고 있는 모든 사회.

②지위가 위인 사람.

③대대로 선물을 올리는 일.

④높은 지위에 오르게 됨.

[설명] ◎世上(세상):「1」사람이 살고 있는 모든 사회를 통틀어 이르는 말.「2」사람이 태어나서 죽을 때까지의 기간. 또는 그 기간의 삶.「3」어떤 개인이나 단체가 마음대로 활동할 수 있는 시간이나 공간.「4」절, 수도원, 감옥 따위에서 바깥 사회를 이르는 말.

모|범|답|안 1회

24. 밑줄 친 부분에 해당하는 한자가 잘못 쓰인 것은? (②)
①입 속에 군침이 돌다. : 口
②너와 나는 둘 다 키가 크다. : 三
③우리 어머니는 아름다운 분이시다. : 母
④몸이 건강해야 뭐든 잘 할 수 있다. : 己
[설명] ◎三(석 삼), 二(두 이).
25. 한자의 총획이 바르지 않은 것은? (②)
①衣-6획 ②弟-8획 ③金-8획 ④羊-6획
[설명] ◎弟(아우 제): 弓(활 궁, 3획)부수의 4획, 총7획.
26. '玉'의 반의자는? (③)
①土 ②女 ③石 ④子
[설명] ◎玉(구슬 옥) ↔ 石(돌 석).

※ 어휘의 독음이 바른 것을 고르시오.

27. 工夫 (②) ①토부 ②공부 ③공대 ④토대
[설명] ◎工夫(공부): 학문이나 기술을 배우고 익힘.
28. 大魚 (①) ①대어 ②태어 ③태양 ④대양
[설명] ◎大魚(대어): 「1」 큰 물고기. 「2」 목적한 바를 이루는 데 중요한 물건이나 사람을 비유적으로 이르는 말.
29. 右足 (②) ①족이 ②우족 ③우목 ④좌수
[설명] ◎右足(우족): 오른발. 오른쪽에 있는 발.
30. 方向 (④) ①향동 ②방면 ③향방 ④방향
[설명] ◎方向(방향): 「1」 어떤 방위(方位)를 향한 쪽. 「2」 어떤 뜻이나 현상이 일정한 목표를 향하여 나아가는 쪽.
31. 七月 (③) ①오륙 ②유월 ③칠월 ④칠팔
[설명] ◎七月(칠월): 한 해의 열두 달 가운데 일곱째 달.
32. 天日 (④) ①대일 ②천구 ③일천 ④천일
[설명] ◎天日(천일): 「1」 하늘과 해를 아울러 이르는 말. 「2」 하늘에 떠 있는 해. 또는 그 햇볕.
33. 青衣 (①) ①청의 ②정의 ③청이 ④정상
[설명] ◎青衣(청의): 「1」 푸른 빛깔의 옷. 「2」 천한 사람을 이르는 말. 예전에 천한 사람이 푸른 옷을 입었던 데서 유래한다.
34. 百出 (②) ①토산 ②백출 ③백산 ④기출
[설명] ◎百出(백출): 여러 가지로 많이 나옴.

※ 어휘의 뜻으로 알맞은 것을 고르시오.

35. 自立 (③)
①자리를 바꿈. ②그 사람 자신.
③남에게 예속되거나 의지하지 아니하고 스스로 섬.
④어느 편에도 치우지지 아니함.
[설명] ◎自(스스로 자), 立(설 립).
36. 姓名 (④)
①이름난 선비. ②이름 있는 훌륭한 집안.
③명성을 떨침. ④성과 이름.
[설명] ◎姓(성씨 성), 名(이름 명).

※ 다음 면에 계속

※ 낱말을 한자로 바르게 쓴 것을 고르시오.

37. 북서: 북쪽을 기준으로 북쪽과 서쪽 사이의 방위. (④)
①南北 ②北下 ③南下 ④北西
38. 화력: 불이 탈 때에 내는 열의 힘. (④)
①九力 ②火九 ③力火 ④火力
39. 부동: 서로 같지 않음. (③)
①父同 ②父東 ③不同 ④不東
40. 외지: 나라 밖의 땅. (②)
①地外 ②外地 ③兄外 ④外外

※ 밑줄 친 어휘의 알맞은 독음을 고르시오.

41. 깨끗이 몸을 씻고 手巾(으)로 닦았다. (②)
①수하 ②수건 ③수중 ④두건
[설명] ◎手巾(수건): 얼굴이나 몸을 닦기 위하여 만든 천 조각. 주로 면으로 만든다.
42. 선생님의 칭찬에 內心 많이 기뻤다. (②)
①일심 ②내심 ③내방 ④이심
[설명] ◎內心(내심): 속마음. 겉으로 드러나지 아니한 실제의 마음.
43. 우리나라는 아름다운 江山이(가) 많다. (②)
①산수 ②강산 ③산천 ④강천
[설명] ◎江山(강산): 「1」 강과 산이라는 뜻으로, 자연의 경치를 이르는 말. 「2」 나라의 영토를 이르는 말.
44. 사람들의 耳目이(가) 나에게 집중되었다. (①)
①이목 ②이구 ③수목 ④목하
[설명] ◎耳目(이목): 「1」 귀와 눈을 아울러 이르는 말. 「2」 주의나 관심. 「3」 귀와 눈을 중심으로 한 얼굴의 생김새.

※ 밑줄 친 부분을 한자로 바르게 쓴 것을 고르시오.

쌀은 45)고금을 통하여 변하지 않는 우리의 46)주식이 되고 있다.

45. 고금 (④)
①今古 ②古人 ③人今 ④古今

[설명] ◎古今(고금): 예전과 지금을 아울러 이르는 말.

46. 주식 (②)

①主立 ②主食 ③食口 ④口食

[설명] ◎主食(주식):「1」밥이나 빵과 같이 끼니에 주로 먹는 음식.「2」주식물. 쌀, 보리, 밀 따위와 같이 식생활에서 주(主)가 되는 음식물.

※ 물음에 알맞은 답을 고르시오.

47. '正門'의 유의어는? (②)

①門正 ②本門 ③己門 ④下門

[설명] ◎正門(정문)·本門(본문): 건물의 정면에 있는 주가 되는 출입문.

48. 동물을 나타내는 한자가 아닌 것은? (①)

①木 ②馬 ③羊 ④犬

[설명] ◎木(나무 목). ◎馬(말 마), 羊(양 양), 犬(개 견).

49. "十中八九"의 속뜻으로 옳은 것은? (①)

①거의 예외 없이 그러할 것임.
②꽤나 많은 수가 모임.
③숫자들을 순서대로 나열함.
④열 개가 더 많음.

[설명] ◎十中八九(십중팔구): 열 가운데 여덟이나 아홉 정도로 거의 대부분이거나 거의 틀림없음.

50. 길거리에서 돈이 든 지갑을 주었을 경우 해야 할 행동으로 바른 것은? (③)

①과자를 사먹고 나머지 돈은 저금한다.
②쓰레기통에 넣는다.
③가까운 파출소에 가져 다 드린다.
④친구들과 돈을 나눠 갖는다.

♣ 수고하셨습니다.

※ 準五級漢字 실전대비문제

모|범|답|안 2회

■ 다음 물음에 맞는 답의 번호를 골라 답안지의 해당 답란에 표시하시오.

※ 한자의 훈음이 바른 것을 고르시오.

1. 今 (②) ①옷 의 ②이제 금 ③해 년 ④내 천

[설명] ◎衣(옷 의), 年(해 년), 川(내 천).

2. 央 (③) ①동녘 동 ②들 입 ③가운데 앙 ④물고기 어

[설명] ◎東(동녘 동), 入(들 입), 魚(물고기 어).

3. 世 (④) ①먼저 선 ②물 수 ③남녘 남 ④세상 세

[설명] ◎先(먼저 선), 水(물 수), 南(남녘 남).

4. 字 (①) ①글자 자 ②한 일 ③일천 천 ④가운데 중

[설명] ◎一(한 일), 千(일천 천), 中(가운데 중).

5. 巾 (③) ①구슬 옥 ②일백 백 ③수건 건 ④힘 력

[설명] ◎玉(구슬 옥), 百(일백 백), 力(힘 력).

6. 主 (③) ①바를 정 ②여섯 륙 ③주인 주 ④임금 왕

[설명] ◎正(바를 정), 六(여섯 륙), 王(임금 왕).

7. 目 (②) ①이름 명 ②눈 목 ③마음 심 ④날 일

[설명] ◎名(이름 명), 心(마음 심), 日(날 일).

8. 羊 (①) ①양 양 ②날 생 ③바깥 외 ④한가지 동

[설명] ◎生(날 생), 外(바깥 외), 同(한가지 동).

9. 文 (③) ①아버지 부 ②성씨 성 ③글월 문 ④쇠 금

[설명] ◎父(아버지 부), 姓(성씨 성), 金(쇠 금).

10. 位 (④) ①먹을 식 ②북녘 북 ③넉 사 ④자리 위

[설명] ◎食(먹을 식), 北(북녘 북), 四(넉 사).

※ 훈음에 맞는 한자를 고르시오.

11. 수레 거 (④) ①入 ②石 ③工 ④車

[설명] ◎入(들 입), 石(돌 석), 工(장인 공).

12. 끝 말 (③) ①山 ②五 ③末 ④六

[설명] ◎山(메, 뫼 산), 五(다섯 오), 六(여섯 륙).

13. 근본 본 (②) ①同 ②本 ③正 ④日

[설명] ◎同(한가지 동), 正(바를 정), 日(날 일).

14. 스스로 자 (①) ①自 ②不 ③向 ④地

[설명] ◎不(아니 불), 向(향할 향), 地(땅 지).

15. 개 견 (③) ①大 ②小 ③犬 ④王

[설명] ◎大(큰 대), 小(작을 소), 王(임금 왕).

16. 설 립 (②) ①左 ②立 ③衣 ④年

[설명] ◎左(왼 좌), 衣(옷 의), 年(해 년).

17. 모 방 (④) ①北 ②寸 ③一 ④方

[설명] ◎北(북녘 북), 寸(마디 촌), 一(한 일).

18. 서녘 서 (③) ①江 ②先 ③西 ④四

[설명] ◎江(강 강), 先(먼저 선), 四(넉 사).

19. 몸 기 (③) ①馬 ②女 ③己 ④心

[설명] ◎馬(말 마), 女(여자 녀), 心(마음 심).

20. 저녁 석 (④) ①力 ②外 ③火 ④夕

[설명] ◎力(힘 력), 外(바깥 외), 火(불 화).

※ 물음에 알맞은 답을 고르시오.

21. "밭에 나가 농기구를 사용하여 힘써 일한다"에서 '남자'를 뜻하게 된 한자는? (③)

①兄 ②南 ③男 ④江

[설명] ◎男(사내 남).

※ 물음에 알맞은 답을 고르시오.

이번 학기에 22)三寸은 영어를, 나는 중국어를 23)工夫하기로 약속하였다.

22. 위의 밑줄 친 '三寸'을 바르게 읽은 것은?(②)

①삼춘 ②삼촌 ③사촌 ④사춘

[설명] ◎三寸(삼촌): 「1」 아버지의 형제를 이르거나 부르는 말. 특히 결혼하지 않은 남자 형제를 이르거나 부른다. 「2」 방계로는 부모와 같은 항렬의 백부모·숙부모 또는 형제의 자녀와의 촌수.

23. 위의 밑줄 친 '工夫'의 뜻으로 바른 것은?(③)

①품삯을 받고 육체노동을 하는 사람.

②손으로 하는 비교적 간단한 공예.

③학문이나 기술을 배우고 익힘.

④물건을 만들어 내는 설비를 갖춘 곳.

[설명] ◎工夫(공부): 학문이나 기술을 배우고 익힘.

24. 밑줄 친 부분에 해당하는 한자가 잘못 쓰인 것은? (④)

①입 속에 군침이 돌다. : 口

②아빠가 쉬는 날 온 가족이 놀이공원에 갔다. : 休

③모인 사람은 모두 열 명이다. : 十

모|범|답|안 2회

④호주머니에 구슬 세 개가 있다. : 王
[설명] ◎王(임금 왕), 玉(구슬 옥).

25. 한자의 총획이 8획이 아닌 것은? (②)
①門 ②食 ③靑 ④姓
[설명] ◎食(먹을 식): 제부수, 총9획.

26. '天'의 반의자는? (①)
①地 ②九 ③川 ④千
[설명] ◎天(하늘 천) ↔ 地(땅 지).

※ 어휘의 독음이 바른 것을 고르시오.

27. 七八 (①) ①칠팔 ②구칠 ③칠구 ④팔칠
[설명] ◎七八(칠팔): 그 수량이 일곱이나 여덟임을 나타내는 말.

28. 土木 (④) ①토사 ②사본 ③토본 ④토목
[설명] ◎土木(토목): 흙과 나무를 아울러 이르는 말.

29. 手下 (④) ①수중 ②수화 ③수상 ④수하
[설명] ◎手下(수하): 「1」 손아래. 나이나 항렬 따위가 자기보다 아래이거나 낮은 관계. 또는 그런 관계에 있는 사람. 「2」 부하(部下). 직책상 자기보다 더 낮은 자리에 있는 사람. 「3」 어떤 사람의 영향력 아래.

30. 靑白 (③) ①청천 ②청일 ③청백 ④흑백
[설명] ◎靑白(청백): 흰색. 회색. 청색과 백색인 물건. 道敎(도교)에서 납과 수은 등을 이름.

31. 古人 (①) ①고인 ②구인 ③고입 ④구입
[설명] ◎古人(고인): 옛날 사람.

32. 士林 (④) ①칠림 ②토림 ③사임 ④사림
[설명] ◎士林(사림): 유림(儒林). 유학을 신봉하는 무리.

33. 門內 (②) ①문입 ②문내 ③문인 ④문나
[설명] ◎門內(문내): 「1」 대문의 안. 「2」 문중(門中). 성과 본이 같은 가까운 집안.

34. 兄弟 (②) ①명부 ②형제 ③형부 ④명제
[설명] ◎兄弟(형제): 「1」 형과 아우를 아울러 이르는 말. 「2」 동기(同氣). 형제와 자매, 남매를 통틀어 이르는 말. 「3」 『기독교』 하나님을 믿는 신자끼리 스스로를 이르는 말.

※ 어휘의 뜻으로 알맞은 것을 고르시오.

35. 先山 (①)
①조상의 무덤이 있는 곳. ②미리 일을 함.
③산 위의 경치가 좋음. ④먼저 산에 오름.
[설명] ◎先(먼저 선), 山(메, 뫼 산).

36. 石火 (④)
①굴. ②번갯불.
③돌에 그린 그림.
④돌과 쇠가 맞부딪칠 때 순간적으로 일어나는 불.
[설명] ◎石(돌 석), 火(불 화).

※ 다음 면에 계속

※ 낱말을 한자로 바르게 쓴 것을 고르시오.

37. 대소: 크고 작음. (②)
①犬小 ②大小 ③犬少 ④大少

38. 중천: 하늘의 한가운데. (③)
①中千 ②天中 ③中天 ④九千

39. 동일: 다른 데가 없이 똑같음. (①)
①同一 ②日同 ③同日 ④同心

40. 오월: 한 해 열두 달 가운데 다섯째 달. (②)
①四月 ②五月 ③六月 ④十月

※ 밑줄 친 어휘의 알맞은 독음을 고르시오.

41. 태백산맥은 <u>南北</u>으로 길게 뻗쳐 있다. (④)
①북동 ②동북 ③북남 ④남북
[설명] ◎南北(남북): 「1」 남쪽과 북쪽을 아울러 이르는 말. 「2」 머리통의 앞과 뒤. 「3」 별스럽게 또는 격에 맞지 않게 툭 내민 부분.

42. <u>年金</u> 제도는 노후 복지를 위한 것이다. (③)
①년금 ②년김 ③연금 ④연김
[설명] ◎年金(연금): 국가나 사회에 특별한 공로가 있거나 일정 기간 동안 국가 기관에 복무한 사람에게 해마다 주는 돈. 무상 연금, 유상 연금, 종신 연금, 유기 연금 따위로 나뉜다.

43. 동생은 <u>外向</u>적이고 활달한 성격이다. (③)
①석향 ②내향 ③외향 ④내성
[설명] ◎外向(외향): 「1」 바깥으로 드러남. 「2」 마음의 움직임이 적극적으로 밖으로 나타남.

44. 요즘은 <u>生水</u>를 돈을 주고 사먹는다. (②)
①상수 ②생수 ③정수 ④생화
[설명] ◎生水(생수): 샘구멍에서 솟아 나오는 맑은 물.

※ 밑줄 친 부분을 한자로 바르게 쓴 것을 고르시오.

응시생들은 반드시 수험번호와 45)<u>성명</u>을 쓰고, 46)<u>부정</u>한 방법으로 시험을 봐서는 안 된다.

45. 성명 (②)
①本姓 ②姓名 ③名姓 ④本名
[설명] ◎姓名(성명): 성과 이름을 아울러 이르는 말. 성은 가계(家系)의 이름이고, 명은 개인의 이름이다.

46. 부정 (①)
①不正 ②不王 ③王不 ④正不
[설명] ◎不正(부정): 올바르지 아니하거나 옳지 못함.

※ 물음에 알맞은 답을 고르시오.

47. '入力'의 반의어는? (①)
①出力 ②出入 ③入出 ④力出
[설명] ◎入力(입력):「1」『물리』전기적·기계적 에너지를 발생 또는 변환하는 장치가 단위 시간 동안 받은 에너지의 양(量).「2」『컴퓨터』문자나 숫자를 컴퓨터가 기억하게 하는 일. ↔ ◎出力(출력):「1」어떤 일에 필요한 돈이나 물자 따위를 내놓음.「2」『기계』엔진, 전동기, 발전기 따위가 외부에 공급하는 기계적·전기적 힘.「3」『물리』원동기, 펌프 따위 기계나 장치가 입력을 받아 외부로 해낼 수 있는 일의 양.「4」『컴퓨터』컴퓨터 따위의 기기(機器)나 장치가 입력을 받아 일을 하고 외부로 결과를 내는 일. 또는 그 결과.

48. "名山大川"의 뜻으로 알맞은 것은? (②)
①산과 내를 찾음. ②경치 좋고 이름난 산천.
③이름없는 산과 들. ④모든 방면.
[설명] ◎名山大川(명산대천): 이름난 산과 큰 내.

49. "玉衣玉食"의 뜻이 문장에서 가장 알맞게 쓰인 것은? (①)
①玉衣玉食도 좋지만, 세상을 사는 바른 지혜가 필요하다.
②玉衣玉食이 되면 견우와 직녀가 일 년 만에 오작교에서 만난다고 한다.
③좋은 옷과 맛없는 음식을 玉衣玉食이라 한다.
④인간 사회의 모든 시대를 玉衣玉食이라고도 한다.
[설명] ◎玉衣玉食(옥의옥식): 좋은 옷을 입고 맛있는 음식을 먹음.

50. 학교에서의 행동으로 바르지 않은 것은? (③)
①先生님과의 약속을 잘 지키도록 한다.
②先生님을 만나면 정중히 인사를 한다.
③친구의 비밀을 先生님께 고자질한다.
④바른 자세로 先生님의 말씀을 듣는다.

*準五級漢字 실전대비문제

모범답안 3회

■ 다음 물음에 맞는 답의 번호를 골라 답안지의 해당 답란에 표시하시오.

※ 한자의 훈음으로 바른 것을 고르시오.

1. 外 (①) ①바깥 외 ②날 일 ③날 출 ④달 월

[설명] ◎日(날 일), 出(날 출), 月(달 월).

2. 少 (②) ①흙 토 ②적을 소 ③손 수 ④왼 좌

[설명] ◎土(흙 토), 手(손 수), 左(왼 좌).

3. 足 (①) ①발 족 ②예 고 ③돌 석 ④맏 형

[설명] ◎古(예 고), 石(돌 석), 兄(맏 형).

4. 羊 (④) ①날 생 ②소 우 ③글월 문 ④양 양

[설명] ◎生(날 생), 牛(소 우), 文(글월 문).

5. 男 (②) ①여자 녀 ②사내 남 ③안 내 ④넉 사

[설명] ◎女(여자 녀), 内(안 내), 四(넉 사).

6. 車 (①) ①수레 거 ②선비 사 ③남녘 남 ④동녘 동

[설명] ◎士(선비 사), 南(남녘 남), 東(동녘 동).

7. 水 (④) ①여섯 륙 ②나무 목 ③내 천 ④물 수

[설명] ◎六(여섯 륙), 木(나무 목), 川(내 천).

8. 七 (①) ①일곱 칠 ②열 십 ③아들 자 ④두 이

[설명] ◎十(열 십), 子(아들 자), 二(두 이).

9. 青 (②) ①석 삼 ②푸를 청 ③해 년 ④장인 공

[설명] ◎三(석 삼), 年(해 년), 工(장인 공).

10. 名 (④) ①오른 우 ②성씨 성 ③입 구 ④이름 명

[설명] ◎右(오른 우), 姓(성씨 성), 口(입 구).

※ 훈음에 맞는 한자를 고르시오.

11. 수풀 림 (④) ①先 ②巾 ③江 ④林

[설명] ◎先(먼저 선), 巾(수건 건), 江(강 강).

12. 물고기 어 (①) ①魚 ②牛 ③犬 ④向

[설명] ◎牛(소 우), 犬(개 견), 向(향할 향).

13. 설 립 (②) ①八 ②立 ③大 ④力

[설명] ◎八(여덟 팔), 大(큰 대), 力(힘 력).

14. 일백 백 (④) ①母 ②白 ③方 ④百

[설명] ◎母(어머니 모), 白(흰 백), 方(모 방).

15. 일천 천 (③) ①天 ②二 ③千 ④字

[설명] ◎天(하늘 천), 二(두 이), 字(글자 자).

16. 아홉 구 (④) ①寸 ②子 ③左 ④九

[설명] ◎寸(마디 촌), 子(아들 자), 左(왼 좌).

17. 세상 세 (④) ①内 ②西 ③姓 ④世

[설명] ◎内(안 내), 西(서녘 서), 姓(성씨 성).

18. 먹을 식 (①) ①食 ②兄 ③東 ④火

[설명] ◎兄(맏 형), 東(동녘 동), 火(불 화).

19. 귀 이 (③) ①中 ②目 ③耳 ④年

[설명] ◎中(가운데 중), 目(눈 목), 年(해 년).

20. 가운데 앙 (①) ①央 ②女 ③木 ④上

[설명] ◎女(여자 녀), 木(나무 목), 上(위 상).

※ 물음에 알맞은 답을 고르시오.

21. "흐르는 물의 모양"을 본떠 만든 한자는?(④)
①十 ②三 ③小 ④川

[설명] ◎川(내 천).

※ 물음에 알맞은 답을 고르시오.

22)<u>今日</u>은 징검다리 23)<u>休日</u>의 마지막 날입니다.

22. 위의 밑줄 친 '今日'을 바르게 읽은 것은?(②)
①월일 ②금일 ③요일 ④말일

[설명] ◎今(이제 금), 日(날 일). ◎今日(금일): 오늘.

23. 위의 밑줄 친 "休日"에서 '休'의 뜻과 음으로 바른 것은? (④)
①몸 체 ②몸 휴 ③쉴 체 ④쉴 휴

[설명] ◎休(쉴 휴), 日(날 일). ◎休日(휴일): 일요일이나 공휴일 따위의 일을 하지 아니하고 쉬는 날.

24. 밑줄 친 부분에 해당하는 한자가 <u>잘못</u> 쓰인 것은? (③)

①<u>저녁</u>에 온 가족이 모였다. : 夕

②옷에 장식용 <u>구슬</u>을 달았다. : 玉

③복도 맨 <u>끝</u>에 화장실이 있습니다. : 夫

④<u>오른쪽</u>으로 돌면 집이 보인다. : 右

[설명] ◎末(끝 말), 夫(지아비 부).

모|범|답|안 3회

25. 한자의 총획이 바르지 않은 것은? (③)
①南-총9획 ②馬-총10획 ③毋-총6획 ④父-총4획
[설명] ◎南(남녘 남): 十(열 십, 2획)부수의 7획, 총9획. ◎馬(말 마): 馬(말 마, 10획)부수의 0획, 총10획. ◎毋(어머니 모): 毋(말 무, 4획)부수의 1획, 총5획. ◎父(아버지 부): 父(아버지 부, 4획)부수의 0획, 총4획.
26. '同'의 유의자는? (④)
①山 ②五 ③生 ④一
[설명] ◎同(같을 동) = 一(한, 같을 일).

※ 어휘의 독음이 바른 것을 고르시오.

27. 天心 (①) ①천심 ②대심 ③천양 ④대양
[설명] ◎天心(천심): 「1」 눈에 보이는 하늘의 한가운데. 「2」 하늘의 뜻. 「3」 임금의 뜻. 「4」 선천적으로 타고난 마음씨. 「5」 『불교』 하늘의 마음. 「6」 『종교』 천도교에서, 한울님의 마음을 이르는 말.
28. 石工 (④) ①석수 ②우공 ③우수 ④석공
[설명] ◎石工(석공): 「1」 돌을 다루어 물건을 만드는 사람. 「2」 돌, 콘크리트, 벽돌 따위를 다루는 직업.
29. 古人 (②) ①남인 ②고인 ③목인 ④대인
[설명] ◎古人(고인): 옛날 사람.
30. 北門 (①) ①북문 ②동문 ③서문 ④남문
[설명] ◎北門(북문): 「1」 북쪽으로 난 문. 「2」 성곽의 북쪽에 있는 문.
31. 口文 (③) ①구대 ②우원 ③구문 ④우부
[설명] ◎口文(구문): 흥정을 붙여 주고 그 보수로 받는 돈.
32. 六月 (④) ①육월 ②뉴월 ③뉵월 ④유월
[설명] ◎六月(유월): 한 해 열두 달 가운데 여섯째 달.
33. 本土 (①) ①본토 ②목사 ③목토 ④본사
[설명] ◎本土(본토): 「1」 주가 되는 국토를 섬이나 속국에 상대하여 이르는 말. 「2」 본디의 고향. 「3」 바로 그 지방. 「4」 문화 따위의 근원지가 되는 땅.
34. 自己 (①) ①자기 ②목기 ③자사 ④목사
[설명] ◎自己(자기): 「1」 그 사람 자신. 「2」 『철학』 대상의 세계와 구별된 인식·행위의 주체이며, 체험 내용이 변화해도 동일성을 지속하여, 작용·반응·체험·사고·의욕의 작용을 하는 의식의 통일체.

※ 어휘의 뜻으로 알맞은 것을 고르시오.

35. 入金 (③)
①나가고 들어옴.
②들어오는 돈과 나가는 돈.
③돈을 들여놓거나 넣어줌.
④돈을 내어 쓰거나 내어 줌.
[설명] ◎入(들 입), 金(쇠 금).
36. 不正 (④)
①바른 자리. ②정해져 있지 않음.
③크게 올바름.
④올바르지 아니하거나 옳지 못함.
[설명] ◎不(아니 부), 正(바를 정).

※ 다음 면에 계속

※ 낱말을 한자로 바르게 쓴 것을 고르시오.

37. 역사: 뛰어나게 힘이 센 사람. (②)
①土力 ②力士 ③力土 ④士力
38. 외지: 자기가 사는 곳 밖의 다른 고장. (①)
①外地 ②天地 ③外出 ④夕地
39. 사방: 동, 서, 남, 북 네 방위. (④)
①西方 ②方向 ③一方 ④四方
40. 왕위: 임금의 자리. (③)
①五位 ②位五 ③王位 ④位王

※ 밑줄 친 어휘를 바르게 읽은 것을 고르시오.

41. <u>三寸</u>이 온다고 아이들은 들떠 있었다. (④)
①사촌 ②팔촌 ③이촌 ④삼촌
[설명] ◎三寸(삼촌): 「1」 아버지의 형제를 이르거나 부르는 말. 특히 결혼하지 않은 남자 형제를 이르거나 부른다. 「2」 방계로는 부모와 같은 항렬의 백부모·숙부모 또는 형제의 자녀와의 촌수.
42. 수영을 했더니 <u>內耳</u>에 물이 들어간 것 같다. (③)
①이일 ②나이 ③내이 ④내목
[설명] ◎內耳(내이): 속귀.
43. 막내아들을 <u>末子</u>라고 부르기도 한다. (②)
①미자 ②말자 ③목자 ④본자
[설명] ◎末子(말자): 막내아들.
44. 이 글을 머리말, <u>本文</u>, 맺음말로 나누어 보자. (③)
①부분 ②본분 ③본문 ④분문
[설명] ◎本文(본문): 「1」 문서에서 주가 되는 글. 「2」 원래 문장을 주석(註釋), 강의(講義) 따위와 상대하여 이르는 말. 「3」 번역 또는 가감을 하지 아니한 본디

그대로의 원문(原文). 「4」 『언어』 반절본문.

※ 밑줄 친 부분을 한자로 바르게 쓴 것을 고르시오.

쌍둥이 45)형제가 같은 색의 46)상의를 입었다.

45. 형제 (②)
①弟兄 ②兄弟 ③兄左 ④弟左
[설명] ◎兄弟(형제): 「1」 형과 아우를 아울러 이르는 말. 「2」 형제와 자매, 남매를 통틀어 이르는 말. =동기(同氣). 「3」 『기독교』 하나님을 믿는 신자끼리 스스로를 이르는 말.

46. 상의 (②)
①世上 ②上衣 ③下衣 ④上下
[설명] ◎上衣(상의): 윗옷. 위에 입는 옷

※ 물음에 알맞은 답을 고르시오.

47. '火食'의 반의어는? (①)
①生食 ②主食 ③玉食 ④中食
[설명] ◎火食(화식): 불에 익힌 음식을 먹음. 또는 그 음식. ↔ ◎生食(생식): 익히지 아니하고 날로 먹음. 또는 그런 음식.

48. 우리 몸의 일부를 나타내는 한자가 아닌 것은? (③)
①手 ②口 ③馬 ④目
[설명] ◎手(손 수), 口(입 구), 目(눈 목). ◎馬(말 마).

49. "正心工夫"의 뜻이 문장에서 가장 알맞게 쓰인 것은? (①)
①한자를 배울 때는 正心工夫해야 한다.
②경치 좋고 이름난 산천을 正心工夫라 한다.
③正心工夫는 좋은 옷과 맛있는 음식을 말한다.
④책을 보며 자꾸 한눈을 파니 正心工夫할 수 있었다.
[설명] ◎正心工夫(정심공부): 마음을 바르게 가다듬어 배우고 익히는 데 힘씀.

50. 평소의 행동으로 바르지 않은 것은? (③)
①父母님의 말씀을 잘 듣는다.
②門을 조심스럽게 열고 닫는다.
③집밖으로 갈 때에는 누구에게도 알리지 않는다.
④밖에 나갔다 들어와서는 손발을 깨끗이 씻는다.

모 | 범 | 답 | 안 4회

■ 다음 물음에 맞는 답의 번호를 골라 답안지의 해당 답란에 표시하시오.

※ 한자의 훈음으로 바른 것을 고르시오.

1. 末 (③) ①아래 하 ②나무 목 ③끝 말 ④수풀 림

[설명] ◎下(아래 하), 木(나무 목), 林(수풀 림).

2. 南 (②) ①동녘 동 ②남녘 남 ③사내 남 ④서녘 서

[설명] ◎東(동녘 동), 男(사내 남), 西(서녘 서).

3. 夫 (②) ①물 수 ②지아비 부 ③석 삼 ④내 천

[설명] ◎水(물 수), 三(석 삼), 川(내 천).

4. 同 (③) ①문 문 ②안 내 ③한가지 동 ④바를 정

[설명] ◎門(문 문), 内(안 내), 正(바를 정).

5. 兄 (④) ①발 족 ②수레 거 ③이름 명 ④맏 형

[설명] ◎足(발 족), 車(수레 거), 名(이름 명).

6. 立 (③) ①두 이 ②강 강 ③설 립 ④글월 문

[설명] ◎二(두 이), 江(강 강), 文(글월 문).

7. 王 (①) ①임금 왕 ②한 일 ③다섯 오 ④손 수

[설명] ◎一(한 일), 五(다섯 오), 手(손 수).

8. 古 (①) ①예 고 ②입 구 ③열 십 ④돌 석

[설명] ◎口(입 구), 十(열 십), 石(돌 석).

9. 巾 (①) ①수건 건 ②가운데 중 ③몸 기 ④아홉 구

[설명] ◎中(가운데 중), 己(몸 기), 九(아홉 구).

10. 衣 (③) ①오른 우 ②여섯 륙 ③옷 의 ④왼 좌

[설명] ◎右(오른 우), 六(여섯 륙), 左(왼 좌).

※ 훈음에 맞는 한자를 고르시오.

11. 근본 본 (③) ①西 ②日 ③本 ④白

[설명] ◎西(서녘 서), 日(날 일), 白(흰 백).

12. 해 년 (①) ①年 ②馬 ③水 ④弟

[설명] ◎馬(말 마), 水(물 수), 弟(아우 제).

13. 힘 력 (②) ①下 ②力 ③上 ④三

[설명] ◎下(아래 하), 上(위 상), 三(석 삼).

14. 가운데 앙 (②) ①六 ②央 ③主 ④千

[설명] ◎六(여섯 륙), 主(주인 주), 千(일천 천).

15. 자리 위 (①) ①位 ②中 ③姓 ④心

[설명] ◎中(가운데 중), 姓(성씨 성), 心(마음 심).

16. 저녁 석 (①) ①夕 ②外 ③口 ④月

[설명] ◎外(바깥 외), 口(입 구), 月(달 월).

17. 구슬 옥 (③) ①五 ②百 ③玉 ④犬

[설명] ◎五(다섯 오), 百(일백 백), 犬(개 견).

18. 장인 공 (②) ①自 ②工 ③左 ④九

[설명] ◎自(스스로 자), 左(왼 좌), 九(아홉 구).

19. 선비 사 (④) ①八 ②火 ③十 ④士

[설명] ◎八(여덟 팔), 火(불 화), 十(열 십).

20. 이제 금 (④) ①正 ②女 ③子 ④今

[설명] ◎正(바를 정), 女(여자 녀), 子(아들 자).

※ 물음에 알맞은 답을 고르시오.

21. "사람이 나무 그늘 아래서 쉼"을 나타내는 한자는? (④)

①大 ②木 ③林 ④休

[설명] ◎休(쉴 휴).

※ 물음에 알맞은 답을 고르시오.

체중 조절을 위해 음식을 22)<u>부족</u>한 듯 먹으며 23)<u>小食</u>하기로 했다.

22. 위의 밑줄 친 '부족'을 한자로 바르게 쓴 것은? (②)

①不方 ②不足 ③足不 ④方足

[설명] ◎不(아니 불), 足(발 족). ◎不足(부족): 필요한 양이나 기준에 미치지 못해 충분하지 아니함. ◎不(불)은 글자 다음에 ㄷ과 ㅈ이 오는 경우에는 '부'로 읽는다.

23. 위의 밑줄 친 '小食'의 뜻으로 바른 것은? (②)

①음식이 빨리 소화됨. ②음식을 적게 먹음. ③음식을 짜게 먹음. ④음식을 맛있게 먹음.

[설명] ◎小(작을 소), 食(먹을 식). ◎小食(소식): 음식을 적게 먹음.

24. 밑줄 친 부분에 해당하는 한자로 바르지 <u>않은</u> 것은? (③)

모|범|답|안 4회

①동쪽에서 해가 떠서 서쪽으로 진다. : 東
②형은 아우를 잘 보살펴야 한다. : 弟
③땅 위에 누워 하늘과 구름을 바라보았다. : 江
④욕심을 부리지 말고 마음을 비워야 한다. : 心
[설명] ◎地(땅 지), 江(강 강).

25. 한자는 글자마다 고유한 3요소를 갖고 있다. 이 '한자의 3요소'로 바르지 않은 것은? (④)
①모양 ②소리 ③뜻 ④맛
[설명] ◎한자의 3요소는 '모양, 소리, 뜻'이다.

26. '字'의 유의자는? (③)
①六 ②女 ③文 ④先
[설명] ◎字(글자 자) = 文(글월 문).

※ 어휘의 독음이 바른 것을 고르시오.

27. 名犬 (③) ①명문 ②외대 ③명견 ④외견
[설명] ◎名犬(명견): 혈통이 좋은 개.

28. 白土 (③) ①백목 ②백사 ③백토 ④일토
[설명] ◎白土(백토): 「1」 빛깔이 희고 부드러우며 고운 흙. 「2」 잔모래가 많이 섞인 흰 빛깔의 흙.

29. 七寸 (①) ①칠촌 ②사촌 ③팔촌 ④일촌
[설명] ◎七寸(칠촌): 「1」 일곱 치. 「2」 아버지의 육촌이나 자기 육촌의 자녀와의 촌수.

30. 木石 (④) ①목구 ②목좌 ③목우 ④목석
[설명] ◎木石(목석): 「1」 나무와 돌을 아울러 이르는 말. 「2」 나무나 돌처럼 아무런 감정도 없는 사람을 비유적으로 이르는 말.

31. 父母 (①) ①부모 ②팔모 ③제모 ④부녀
[설명] ◎父母(부모): 아버지와 어머니를 아울러 이르는 말.

32. 内耳 (④) ①내외 ②내의 ③우이 ④내이
[설명] ◎内耳(내이): 속귀.

33. 右手 (②) ①좌우 ②우수 ③좌수 ④우좌
[설명] ◎右手(우수): 오른손.

34. 入門 (②) ①인문 ②입문 ③인간 ④입구
[설명] ◎入門(입문): 「1」 무엇을 배우는 길에 처음 들어섬. 또는 그 길. 「2」 (주로 학문을 뜻하는 명사 뒤에 쓰여) 어떤 학문의 길에 처음 들어섬. 또는 그때 초보적으로 배우는 과정. 「3」 스승의 문하(門下)에 들어가 제자가 됨. 「4」 『역사』 유생(儒生)이 과거를 보기 위하여 과장(科場)에 들어감. 또는 그 들어가는 문(門).

※ 어휘의 뜻으로 알맞은 것을 고르시오.

35. 自己 (③)
①남을 가리킴. ②중심이 되는 힘.
③그 사람 자신. ④자기 혼자의 힘.
[설명] ◎自(스스로 자), 己(몸 기).

36. 世上 (④)
①하늘 위. ②하늘 아래.
③사물의 한가운데.
④사람이 살고 있는 모든 사회.
[설명] ◎世(세상 세), 上(위 상).

※ 다음 면에 계속

※ 낱말을 한자로 바르게 쓴 것을 고르시오.

37. 산수: 산과 물이라는 뜻으로, 경치를 이르는 말. (④)
①水山 ②山川 ③川水 ④山水

38. 정월: 음력으로 한 해의 첫째 달. (①)
①正月 ②十月 ③五月 ④正子

39. 외출: 집이나 근무지 따위에서 벗어나 잠시 밖으로 나감. (③)
①耳外 ②出外 ③外出 ④外耳

40. 주인: 대상이나 물건 따위를 소유한 사람. (①)
①主人 ②千心 ③主心 ④千人

※ 밑줄 친 어휘를 바르게 읽은 것을 고르시오.

41. 先金을 내고 물건을 주문했다. (④)
①생금 ②목금 ③선생 ④선금
[설명] ◎先金(선금): 무엇을 사거나 세낼 때에 먼저 치르는 돈.

42. 말린 명태를 北魚라고 한다. (③)
①대어 ②반어 ③북어 ④복어
[설명] ◎北魚(북어): 말린 명태.

43. 그는 二男 이녀 중에 첫째이다. (①)
①이남 ②이람 ③이력 ④이전
[설명] ◎二男(이남): 둘째 아들.

44. 그는 馬車에 짐을 실었다. (④)
①마거 ②양거 ③우차 ④마차
[설명] ◎馬車(마차): 말이 끄는 수레.

※ 밑줄 친 부분을 한자로 바르게 쓴 것을 고르시오.

광활한 45)대지의 목장에서 46)우양이 한가롭게 풀을 뜯고 있다.

45. 대지 (③)

①土地 ②八地 ③大地 ④天地

[설명] ◎大地(대지): 「1」 대자연의 넓고 큰 땅. 「2」 좋은 묏자리.

46. 우양 (④)

①五羊 ②羊牛 ③牛五 ④牛羊

[설명] ◎牛羊(우양): 소와 양을 아울러 이르는 말.

※ 물음에 알맞은 답을 고르시오.

47. '入口'의 반의어는? (②)

①食口 ②出口 ③生一 ④火生

[설명] ◎入口(입구): 들어가는 통로. ↔ ◎出口(출구): 밖으로 나갈 수 있는 통로.

48. "방위, 바야흐로, 바르다"라는 뜻을 지녔고, '□向, 四□'의 □안에 공통으로 들어갈 수 있는 한자는? (④)

①九 ②東 ③西 ④方

[설명] ◎方向(방향): 「1」 어떤 방위(方位)를 향한 쪽. 「2」 어떤 뜻이나 현상이 일정한 목표를 향하여 나아가는 쪽. ◎四方(사방): 「1」 동, 서, 남, 북 네 방위를 통틀어 이르는 말. 「2」 동서남북의 주위 일대. 「3」 여러 곳.

49. 한자의 필순으로 바르지 <u>않은</u> 것은? (③)

①'三'은 위에서 아래로 쓴다.

②'川'은 왼쪽에서 오른쪽으로 쓴다.

③'小'의 가운데 획은 가장 나중에 쓴다.

④'子'의 가로를 꿰뚫는 획은 가장 나중에 쓴다.

[설명] ◎'小'의 가운데 획은 가장 먼저 쓴다.

50. 버스를 기다리고 있을 때의 태도로 바른 것은? (④)

①줄을 서지 않고 새치기를 한다.

②친구들과 크게 떠들며 서 있는다.

③휴지를 버리고 주위를 살핀다.

④차도로 나가거나 손을 흔들지 않는다.

♣ 수고하셨습니다.

모|범|답|안 5회

■ 다음 물음에 맞는 답의 번호를 골라 답안지의 해당 답란에 표시하시오.

※ 한자의 훈음으로 바른 것을 고르시오.

1. 食 (①) ①먹을 식 ②메 산 ③푸를 청 ④수레 거

[설명] ◎山(메/뫼 산), 靑(푸를 청), 車(수레 거).

2. 央 (①) ①가운데 앙 ②말 마 ③날 출 ④먼저 선

[설명] ◎馬(말 마), 出(날 출), 先(먼저 선).

3. 位 (④) ①양 양 ②손 수 ③여섯 륙 ④자리 위

[설명] ◎羊(양 양), 手(손 수), 六(여섯 륙).

4. 士 (②) ①글월 문 ②선비 사 ③설 립 ④모 방

[설명] ◎文(글월 문), 立(설 립), 方(모 방).

5. 夕 (③) ①일곱 칠 ②큰 대 ③저녁 석 ④아홉 구

[설명] ◎七(일곱 칠), 大(큰 대), 九(아홉 구).

6. 世 (③) ①쇠 금 ②돌 석 ③세상 세 ④일천 천

[설명] ◎金(쇠 금), 石(돌 석), 千(일천 천).

7. 少 (③) ①다섯 오 ②마음 심 ③적을 소 ④발 족

[설명] ◎五(다섯 오), 心(마음 심), 足(발 족).

8. 今 (②) ①왼 좌 ②이제 금 ③작을 소 ④구슬 옥

[설명] ◎左(왼 좌), 小(작을 소), 玉(구슬 옥).

9. 工 (④) ①사내 남 ②개 견 ③흙 토 ④장인 공

[설명] ◎男(사내 남), 犬(개 견), 土(흙 토).

10. 本 (①) ①근본 본 ②가운데 중 ③여자 녀 ④일백 백

[설명] ◎中(가운데 중), 女(여자 녀), 百(일백 백).

※ 훈음에 맞는 한자를 고르시오.

11. 주인 주 (③) ①地 ②北 ③主 ④四

[설명] ◎地(땅 지), 北(북녘 북), 四(넉 사).

12. 글자 자 (③) ①南 ②年 ③字 ④水

[설명] ◎南(남녘 남), 年(해 년), 水(물 수).

13. 끝 말 (①) ①末 ②休 ③天 ④父

[설명] ◎休(쉴 휴), 天(하늘 천), 父(아버지 부).

14. 마디 촌 (③) ①不 ②牛 ③寸 ④九

[설명] ◎不(아니 불), 牛(소 우), 九(아홉 구).

15. 임금 왕 (①) ①王 ②石 ③名 ④衣

[설명] ◎石(돌 석), 名(이름 명), 衣(옷 의).

16. 한가지 동 (④) ①目 ②白 ③自 ④同

[설명] ◎目(눈 목), 白(흰 백), 自(스스로 자).

17. 예 고 (②) ①正 ②古 ③兄 ④八

[설명] ◎正(바를 정), 兄(맏 형), 八(여덟 팔).

18. 수건 건 (②) ①外 ②巾 ③玉 ④川

[설명] ◎外(바깥 외), 玉(구슬 옥), 川(내 천).

19. 지아비 부 (④) ①月 ②手 ③母 ④夫

[설명] ◎月(달 월), 手(손 수), 母(어머니 모).

20. 향할 향 (④) ①內 ②耳 ③西 ④向

[설명] ◎內(안 내), 耳(귀 이), 西(서녘 서).

※ 물음에 알맞은 답을 고르시오.

21. "여자가 자식을 낳아 한 조상에서 태어난 사람을 다른 사람과 구별하기 위하여 쓴 것"으로 '성씨'를 뜻하는 한자는? (④)

①人 ②生 ③女 ④姓

[설명] ◎姓(성씨 성).

※ 물음에 알맞은 답을 고르시오.

> 이 22)<u>名車</u>의 23)<u>馬力</u>은 160馬力이라 한다. 즉 한꺼번에 말 160마리가 끄는 힘이란 뜻이다.

22. 위의 밑줄 친 "名車"에서 '車'의 훈음으로 가장 알맞은 것은? (②)

①수래 거 ②수레 차 ③수래 차 ④수레 거

[설명] ◎車(거·차): 수레, 수레바퀴, 수레를 모는 사람, 이틀(이가 박혀 있는 위턱 아래턱의 구멍이 뚫린 뼈), 치은(잇몸) (거·차) / 장기의 말 (차). ◎名車(명차): 품질이 좋은 훌륭한 자동차.

23. 위의 밑줄 친 '馬力'을(를) 바르게 읽은 것은? (④)

①마구 ②마도 ③말력 ④마력

[설명] ◎馬(말 마), 力(힘 력). ◎馬力(마력): 동력이나 단위 시간당 일의 양을 나타내는 실용 단위. 말 한 마리의 힘에 해당하는 일의 양이다. 1마력은 1초당 746줄(joule)에 해당하는 노동량으로 746와트의 전력

에 해당한다. 기호는 hp.

24. 밑줄 친 부분에 해당하는 한자로 바르지 않은 것은? (④)
①왼쪽으로 가면 우체국이 있다. : 左
②손과 발을 깨끗이 씻어야 한다. : 足
③구름 한 점 없는 높고 푸른 하늘이다. : 青
④바구니 안에 사과 여덟 개가 있다. : 入
[설명] ◎八(여덟 팔), 入(들 입).

25. 한자의 총획이 바르지 않은 것은? (③)
①手-총4획 ②六-총4획 ③男-총6획 ④己-총3획
[설명] ◎男(사내 남): 田(밭 전, 5획)부수의 2획, 총7획.

26. '大'의 반의자는? (②)
①兄 ②小 ③上 ④下
[설명] ◎大(큰 대) ↔ 小(작을 소).

※ 어휘의 독음이 바른 것을 고르시오.

27. 中外 (④) ①중시 ②중세 ③중석 ④중외
[설명] ◎中外(중외): 「1」 안과 밖을 아울러 이르는 말. 「2」 나라 안팎을 아울러 이르는 말. 「3」 조정(朝廷)과 민간을 아울러 이르는 말.

28. 千金 (③) ①십금 ②천석 ③천금 ④십석
[설명] ◎千金(천금): 「1」 많은 돈이나 비싼 값을 비유적으로 이르는 말. 「2」 아주 귀중한 것을 비유적으로 이르는 말.

29. 女子 (①) ①여자 ②모녀 ③자녀 ④모자
[설명] ◎女子(여자): 「1」 여성으로 태어난 사람. 「2」 여자다운 여자.

30. 火口 (②) ①인화 ②화구 ③화금 ④인구
[설명] ◎火口(화구): 「1」 불을 때는 아궁이의 아가리. 「2」 불을 내뿜는 아가리.

31. 右耳 (④) ①석이 ②내이 ③이목 ④우이
[설명] ◎右耳(우이): 오른쪽 귀.

32. 土地 (②) ①공지 ②토지 ③천지 ④대지
[설명] ◎土地(토지): 경지나 주거지 따위의 사람의 생활과 활동에 이용하는 땅.

33. 北門 (②) ①서문 ②북문 ③동구 ④문중
[설명] ◎北門(북문): 「1」 북쪽으로 난 문. 「2」 성곽의 북쪽에 있는 문.

34. 己出 (①) ①기출 ②기토 ③미출 ④미산
[설명] ◎己出(기출): 자기가 낳은 자식.

※ 어휘의 뜻으로 알맞은 것을 고르시오.

35. 玉石 (③)
①맑은 샘물. ②임금의 자리.
③좋은 것과 나쁜 것을 구분함.
④힘이나 기량 등이 모자람.
[설명] ◎玉(구슬 옥), 石(돌 석).

36. 月末 (②)
①일의 처음과 끝. ②그달의 끝 무렵.
③한 달 안. ④한 해의 마지막 무렵.
[설명] ◎月(달 월), 末(끝 말).

※ 다음 면에 계속

※ 낱말을 한자로 바르게 쓴 것을 고르시오.

37. 하의: 바지나 치마 따위를 이름. (②)
①上衣 ②下衣 ③内衣 ④寸衣

38. 선생: 학생을 가르치는 사람. (④)
①先天 ②天人 ③天生 ④先生

39. 임목: 숲의 나무. (②)
①水木 ②林木 ③水林 ④木林

40. 부정: 올바르지 아니하거나 옳지 못함. (①)
①不正 ②不立 ③子正 ④正子

※ 밑줄 친 어휘를 바르게 읽은 것을 고르시오.

41. 자신의 잘못을 自白하고 용서를 구했다. (①)
①자백 ②반성 ③목백 ④자일
[설명] ◎自白(자백): 자기가 저지른 죄나 자기의 허물을 남들 앞에서 스스로 고백함. 또는 그 고백.

42. 나룻배는 점점 江心(으)로 접근했다. (③)
①강물 ②수명 ③강심 ④강수
[설명] ◎江心(강심): 강의 한복판. 또는 그 물속.

43. 그는 休日 아침마다 늦잠을 잔다. (③)
①목일 ②연휴 ③휴일 ④휴가
[설명] ◎休日(휴일): 일요일이나 공휴일 따위의 일을 하지 아니하고 쉬는 날.

44. 人魚공주는 안데르센이 지은 동화이다. (④)
①양어 ②대어 ③목어 ④인어
[설명] ◎人魚(인어): 상반신은 사람과 같고 하반신은 물고기와 같다는 상상의 바다 동물.

※ 밑줄 친 부분을 한자로 바르게 쓴 것을 고르시오.

45)산남에 위치한 우리 집은 46)사방이 확 트여 전망이 좋다.

45. 산남 (④)

①南山　②山東　③東山　④山南

[설명] ◎山南(산남): 산의 양지. 곧 산의 남쪽 편.

46. 사방 (③)

①西方　②西九　③四方　④四九

[설명] ◎四方(사방): 「1」 동, 서, 남, 북 네 방위를 통틀어 이르는 말. 「2」 동서남북의 주위 일대. 「3」 여러 곳.

※ 물음에 알맞은 답을 고르시오.

47. '年上'의 반의어는? (④)

①年日　②小年　③中年　④年下

[설명] ◎年上(연상): 자기보다 나이가 많음. 또는 그런 사람. ↔ ◎年下(연하): 나이가 적음. 또는 그런 사람.

48. 동물을 나타내는 한자가 아닌 것은? (③)

①牛　②羊　③木　④魚

[설명] ◎木(나무 목). ◎牛(소 우), 羊(양 양), 魚(물고기 어).

49. "東西古今"의 뜻이 문장에서 가장 알맞게 쓰인 것은? (③)

①출생한 해와 달과 날을 東西古今이라 한다.
②모든 방면을 東西古今이라 한다.
③좋은 책에는 東西古今의 진리가 담겨 있다.
④견우와 직녀는 東西古今일에 만났다.

[설명] ◎東西古今(동서고금): 동양과 서양, 옛날과 지금을 통틀어 이르는 말.

50. 어린이들이 어른께 인사드리는 태도로 바르지 않은 것은? (①)

①그냥 대충 고개만 숙여 인사를 한다.
②고개를 바르고 정중하게 숙여 인사를 한다.
③얼굴에 가득 미소를 띠면서 인사를 한다.
④손과 발을 가지런히 모으고 한다.

♣ 수고하셨습니다.

모 | 범 | 답 | 안 6회

■ 다음 물음에 맞는 답의 번호를 골라 답안지의 해당 답란에 표시하시오.

※ 한자의 훈음으로 바른 것을 고르시오.

1. 末 (②) ①문 문 ②끝 말 ③흙 토 ④일곱 칠

[설명] ◎門(문 문), 土(흙 토), 七(일곱 칠).

2. 休 (③) ①자리 위 ②여자 녀 ③쉴 휴 ④쇠 금

[설명] ◎位(자리 위), 女(여자 녀), 金(쇠 금).

3. 力 (④) ①흰 백 ②여섯 륙 ③넉 사 ④힘 력

[설명] ◎白(흰 백), 六(여섯 륙), 四(넉 사).

4. 同 (①) ①한가지 동 ②강 강 ③먹을 식 ④서녘 서

[설명] ◎江(강 강), 食(먹을 식), 西(서녘 서).

5. 千 (②) ①아홉 구 ②일천 천 ③마디 촌 ④글월 문

[설명] ◎九(아홉 구), 寸(마디 촌), 文(글월 문).

6. 古 (②) ①남녘 남 ②예 고 ③수레 거 ④달 월

[설명] ◎南(남녘 남), 車(수레 거), 月(달 월).

7. 夫 (④) ①아니 불 ②어머니 모 ③주인 주 ④지아비 부

[설명] ◎不(아니 불), 母(어머니 모), 主(주인 주).

8. 百 (③) ①다섯 오 ②스스로 자 ③일백 백 ④임금 왕

[설명] ◎五(다섯 오), 自(스스로 자), 王(임금 왕).

9. 木 (③) ①사내 남 ②동녘 동 ③나무 목 ④바를 정

[설명] ◎男(사내 남), 東(동녘 동), 正(바를 정).

10. 先 (②) ①아버지 부 ②먼저 선 ③옷 의 ④북녘 북

[설명] ◎父(아버지 부), 衣(옷 의), 北(북녘 북).

※ 훈음에 맞는 한자를 고르시오.

11. 이제 금 (④) ①金 ②目 ③入 ④今

[설명] ◎金(쇠 금), 目(눈 목), 入(들 입).

12. 장인 공 (②) ①白 ②工 ③川 ④世

[설명] ◎白(흰 백), 川(내 천), 世(세상 세).

13. 가운데 앙 (①) ①央 ②十 ③口 ④南

[설명] ◎十(열 십), 口(입 구), 南(남녘 남).

14. 선비 사 (④) ①六 ②土 ③八 ④士

[설명] ◎六(여섯 륙), 土(흙 토), 八(여덟 팔).

15. 저녁 석 (②) ①七 ②夕 ③青 ④天

[설명] ◎七(일곱 칠), 青(푸를 청), 天(하늘 천).

16. 근본 본 (①) ①本 ②中 ③三 ④林

[설명] ◎中(가운데 중), 三(석 삼), 林(수풀 림).

17. 양 양 (③) ①五 ②足 ③羊 ④魚

[설명] ◎五(다섯 오), 足(발 족), 魚(물고기 어).

18. 적을 소 (④) ①西 ②火 ③己 ④少

[설명] ◎西(서녘 서), 火(불 화), 己(몸 기).

19. 귀 이 (②) ①二 ②耳 ③右 ④牛

[설명] ◎二(두 이), 右(오른 우), 牛(소 우).

20. 설 립 (②) ①北 ②立 ③正 ④生

[설명] ◎北(북녘 북), 正(바를 정), 生(날 생).

※ 물음에 알맞은 답을 고르시오.

21. 태양이 나무 사이에 걸쳐 있는 모양으로 '동쪽'을 뜻하는 한자는? (②)

①川 ②東 ③二 ④青

[설명] ◎東(동녘 동).

※ 물음에 알맞은 답을 고르시오.

> 요즘 22)<u>世上</u>에는 여러 분야에서 23)<u>男女</u>의 역할이 제한적이지 않다.

22. 위의 밑줄 친 '**世上**'의 뜻으로 바른 것은?(④)

①타고난 성질이나 체질.
②교육에 종사하는 사람.
③등급의 위와 가운데와 아래.
④사람이 살고 있는 모든 사회.

[설명] ◎世上(세상): 「1」 사람이 살고 있는 모든 사회를 통틀어 이르는 말. 「2」 사람이 태어나서 죽을 때까지의 기간. 또는 그 기간의 삶. 「3」 어떤 개인이나 단체가 마음대로 활동할 수 있는 시간이나 공간. 「4」 절, 수도원, 감옥 따위에서 바깥 사회를 이르는 말.

23. 위의 밑줄 친 '**男女**'를 바르게 읽은 것은?(④)

①남자 ②남어 ③여자 ④남녀

[설명] ◎男女(남녀): 남자와 여자를 아울러 이르는 말.

24. 밑줄 친 부분에 해당하는 한자로 바르지 <u>않은</u> 것

은? (①)

①아이들이 바깥에서 뛰어논다. : 位

②물고기를 잡으러 강으로 갔다. : 魚

③앞머리를 빗어 왼쪽으로 넘겼다. : 左

④나무에 불을 피워서 추위를 이겼다. : 火

[설명] ◎外(바깥 외), 位(자리 위).

25. 한자의 총획이 바르지 않은 것은? (②)

①地-총6획 ②不-총3획 ③足-총7획 ④生-총5획

[설명] ◎不(아니 불): 一(한 일, 1획)부수의 3획, 총4획.

26. '兄'의 반의자는? (②)

①五 ②弟 ③四 ④八

[설명] ◎兄(맏 형) ↔ 弟(아우 제).

※ 어휘의 독음이 바른 것을 고르시오.

27. 姓名 (④) ①명명 ②생명 ③명부 ④성명

[설명] ◎姓名(성명): 성과 이름을 아울러 이르는 말. 성은 가계(家系)의 이름이고, 명은 개인의 이름이다.

28. 玉門 (③) ①왕문 ②왕간 ③옥문 ④옥간

[설명] ◎玉門(옥문): 옥으로 장식한 문.

29. 犬馬 (①) ①견마 ②개마 ③태마 ④타마

[설명] ◎犬馬(견마): 「1」 개와 말을 아울러 이르는 말. 「2」 개나 말과 같이 천하고 보잘것없다는 뜻으로, 자신에 관한 것을 낮추어 이르는 말.

30. 上衣 (④) ①토복 ②상복 ③칠의 ④상의

[설명] ◎上衣(상의): 윗옷. 위에 입는 옷.

31. 江水 (②) ①강산 ②강수 ③공산 ④공수

[설명] ◎江水(강수): 강물. 강에 흐르는 물.

32. 三寸 (④) ①사촌 ②구촌 ③팔촌 ④삼촌

[설명] ◎三寸(삼촌): 「1」 아버지의 형제를 이르거나 부르는 말. 특히 결혼하지 않은 남자 형제를 이르거나 부른다. 「2」 방계로는 부모와 같은 항렬의 백부모·숙부모 또는 형제의 자녀와의 촌수.

33. 車主 (③) ①거왕 ②차왕 ③차주 ④동주

[설명] ◎車主(차주): 차의 주인.

34. 王子 (①) ①왕자 ②주위 ③옥위 ④왕위

[설명] ◎王子(왕자): 「1」 임금의 아들. 「2」 어린 사내아이를 귀엽게 이르는 말.

※ 어휘의 뜻으로 알맞은 것을 고르시오.

35. 不正 (②)

①자식에 대한 아버지의 정.

②바르지 않음. ③애정이 없음.

④정직함.

36. 九月(③)

①한 해 열두 달 가운데 둘째 달.

②한 해 열두 달 가운데 일곱째 달.

③한 해 열두 달 가운데 아홉째 달.

④한 해 열두 달 가운데 열째 달.

※ 다음 면에 계속

※ 낱말을 한자로 바르게 쓴 것을 고르시오.

37. 인심: 사람의 마음. (②)

①心入 ②人心 ③心人 ④入心

38. 대소: 크고 작음. (④)

①天大 ②小大 ③天小 ④大小

39. 연하: 나이가 적음. 또는 그런 사람. (④)

①弟下 ②下年 ③年上 ④年下

40. 자기: 그 사람 자신. (①)

①自己 ②自足 ③己自 ④足自

※ 밑줄 친 어휘를 바르게 읽은 것을 고르시오.

41. 石山에서 채석 작업이 진행 중이다. (①)

①석산 ②우산 ③명산 ④대산

[설명] ◎石山(석산): 돌산. 돌이나 바위가 많은 산.

42. 日出을 보며 새해 소망을 빌었다. (③)

①구출 ②일산 ③일출 ④백산

[설명] ◎日出(일출): 해가 뜸.

43. 몸을 깨끗이 씻고 手巾(으)로 닦았다. (②)

①두건 ②수건 ③수중 ④수하

[설명] ◎手巾(수건): 얼굴이나 몸을 닦기 위하여 만든 천 조각. 주로 면으로 만든다.

44. 한글은 우리나라 고유의 文字이다. (④)

①교자 ②팔자 ③글자 ④문자

[설명] ◎文字(문자): 「1」 『언어』 인간의 의사소통을 위한 시각적인 기호 체계. 한자 따위의 표의 문자와 로마자, 한글 따위의 표음 문자로 대별된다. 「2」 학식이나 학문을 비유적으로 이르는 말. 「3」 『수학』 수, 양, 도형 따위의 여러 가지 대상을 나타내기 위하여 쓰는 숫자 밖의 글자. 「4」 『컴퓨터』 키보드를 눌러서 화면에 나타낼 수 있는 한글, 알파벳, 한자, 숫자, 구두점 따위를 통틀어 이르는 말.

※ 밑줄 친 부분을 한자로 바르게 쓴 것을 고르시오.

> 45)부모님과 함께 온 46)식구가 즐겁게 식사를 했다.

45. 부모 (①)
①父母 ②父兄 ③母子 ④母父
[설명] ◎父母(부모): 아버지와 어머니를 아울러 이르는 말.

46. 식구 (④)
①口食 ②右九 ③食九 ④食口
[설명] ◎食口(식구): 「1」 한집에서 함께 살면서 끼니를 같이하는 사람. 「2」 한조직에 속하여 함께 일하는 사람을 비유적으로 이르는 말.

※ 물음에 알맞은 답을 고르시오.

47. '內地'의 반의어는? (②)
①中川 ②外地 ③地外 ④內中
[설명] ◎內地(내지): 「1」 해안이나 변두리로부터 깊숙이 들어간 안쪽 지역. 「2」 변두리가 아닌 중심 지역. 「3」 외국이나 식민지에서 본국을 이르는 말. 「4」 한 나라의 영토 안. ↔ ◎外地(외지): 「1」 자기가 사는 곳 밖의 다른 고장. 「2」 나라 밖의 땅. 「3」 식민지를 본국(本國)에 상대하여 이르는 말.

48. '방향'을 나타내는 한자로 바르지 않은 것은? (②)
①北 ②牛 ③南 ④西
[설명] ◎方向(방향): 「1」 어떤 방위(方位)를 향한 쪽. 「2」 어떤 뜻이나 현상이 일정한 목표를 향하여 나아가는 쪽. ◎北(북녘 북), 南(남녘 남), 西(서녘 서). ◎牛(소 우).

49. "青天白日"의 뜻이 문장에서 가장 알맞게 쓰인 것은? (②)
①건강을 위해서는 青天白日이 있어야 한다.
②青天白日에 난데없이 소나기가 내렸다.
③견우와 직녀는 青天白日에서 만났다.
④사람마다 青天白日이 있다.
[설명] ◎青天白日(청천백일): 「1」 하늘이 맑게 갠 대낮. 「2」 맑은 하늘에 뜬 해. 「3」 혐의나 원죄가 풀리어 무죄가 됨.

50. 학교에서의 행동으로 바르지 않은 것은? (④)
①바른 자세로 선생님의 말씀을 듣는다.
②선생님을 만나면 반갑게 인사를 한다.
③선생님과의 약속을 잘 지키도록 한다.
④친구의 작은 실수도 선생님께 일러바친다.

♣ 수고하셨습니다.

*準五級漢字

실전대비문제

모|범|답|안 7회

■ 다음 물음에 맞는 답의 번호를 골라 답안지의 해당 답란에 표시하시오.

※ 한자의 훈음으로 바른 것을 고르시오.

1. 巾 (③) ①열 십 ②양 양 ③수건 건 ④아래 하

[설명] ◎十(열 십), 羊(양 양), 下(아래 하).

2. 立 (②) ①아홉 구 ②설 립 ③사내 남 ④맏 형

[설명] ◎九(아홉 구), 男(사내 남), 兄(맏 형).

3. 本 (①) ①근본 본 ②북녘 북 ③강 강 ④돌 석

[설명] ◎北(북녘 북), 江(강 강), 石(돌 석).

4. 世 (③) ①흰 백 ②다섯 오 ③세상 세 ④작을 소

[설명] ◎白(흰 백), 五(다섯 오), 小(작을 소).

5. 今 (④) ①마음 심 ②소 우 ③어머니 모 ④이제 금

[설명] ◎心(마음 심), 牛(소 우), 母(어머니 모).

6. 外 (②) ①내 천 ②바깥 외 ③가운데 중 ④예 고

[설명] ◎川(내 천), 中(가운데 중), 古(예 고).

7. 夕 (③) ①나무 목 ②큰 대 ③저녁 석 ④하늘 천

[설명] ◎木(나무 목), 大(큰 대), 天(하늘 천).

8. 耳 (③) ①해 년 ②말 마 ③귀 이 ④사람 인

[설명] ◎年(해 년), 馬(말 마), 人(사람 인).

9. 魚 (④) ①개 견 ②아우 제 ③먹을 식 ④물고기 어

[설명] ◎犬(개 견), 弟(아우 제), 食(먹을 식).

10.文 (①) ①글월 문 ②아들 자 ③눈 목 ④한 일

[설명] ◎子(아들 자), 目(눈 목), 一(한 일).

※ 훈음에 맞는 한자를 고르시오.

11. 구슬 옥 (②) ①五 ②玉 ③八 ④正

[설명] ◎五(다섯 오), 八(여덟 팔), 正(바를 정).

12. 향할 향 (④) ①足 ②内 ③月 ④向

[설명] ◎足(발 족), 内(안 내), 月(달 월).

13. 글자 자 (③) ①江 ②方 ③字 ④白

[설명] ◎江(강 강), 方(모 방), 白(흰 백).

14. 쉴 휴 (①) ①休 ②主 ③姓 ④羊

[설명] ◎主(주인 주), 姓(성씨 성), 羊(양 양).

15. 한가지 동 (③) ①地 ②力 ③同 ④二

[설명] ◎地(땅 지), 力(힘 력), 二(두 이).

16. 수풀 림 (②) ①犬 ②林 ③左 ④目

[설명] ◎犬(개 견), 左(왼 좌), 目(눈 목).

17. 자리 위 (④) ①士 ②父 ③生 ④位

[설명] ◎士(선비 사), 父(아버지 부), 生(날 생).

18. 일백 백 (①) ①百 ②牛 ③己 ④名

[설명] ◎牛(소 우), 己(몸 기), 名(이름 명).

19. 스스로 자 (②) ①四 ②自 ③大 ④男

[설명] ◎四(넉 사), 大(큰 대), 男(사내 남).

20. 오른 우 (①) ①右 ②青 ③口 ④木

[설명] ◎青(푸를 청), 口(입 구), 木(나무 목).

※ 물음에 알맞은 답을 고르시오.

21. '수레의 모양'을 본떠 만든 한자는? (③)
①東 ②千 ③車 ④北

[설명] ◎車(수레 거).

※ 물음에 알맞은 답을 고르시오.

22)<u>三寸</u>께서는 부족한 영어 23)<u>工夫</u>를 위해 어학 연수를 신청하셨다고 한다.

22. 위의 밑줄 친 '三寸'을 바르게 읽은 것은?(②)
①삼춘 ②삼촌 ③사촌 ④삼칠

[설명] ◎三寸(삼촌): 「1」 아버지의 형제를 이르거나 부르는 말. 특히 결혼하지 않은 남자 형제를 이르거나 부른다. 「2」 방계로는 부모와 같은 항렬의 백부모 · 숙부모 또는 형제의 자녀와의 촌수.

23. 위의 밑줄 친 '工夫'의 뜻으로 바른 것은?(③)
①토목 따위의 일. ②물건을 만들어 내는 곳.
③학문 등을 배우고 익힘. ④여럿이 힘을 합침.

[설명] ◎工夫(공부): 학문이나 기술을 배우고 익힘.

24. 밑줄 친 부분에 해당하는 한자로 바르지 <u>않은</u> 것은? (②)
①시원한 <u>물</u> 한잔을 마셨다. : 水
②손에 묻은 <u>흙</u>을 털어내었다. : 七
③"벌거벗은 <u>임금</u>님"이라는 책을 읽었다. : 王

모|범|답|안 7회

④그는 아버지 말씀을 잘 따른다. : 父

[설명] ◎土(흙 토), 七(일곱 칠).

25. 한자를 바르게 쓰기 위한 필순으로 바르지 못한 것은? (④)

①위에서 아래로 쓴다.

②오른쪽 위의 점은 맨 나중에 쓴다.

③꿰뚫는 획은 맨 나중에 쓴다.

④오른쪽에서 왼쪽으로 쓴다.

[설명] ◎한자는 왼쪽에서 오른쪽으로 쓴다.

26. '川'의 반의자는? (③)

①犬 ②子 ③山 ④九

[설명] ◎川(내 천) ↔ 山(메,뫼 산).

※ 어휘의 독음이 바른 것을 고르시오.

27. 千古 (②) ①천년 ②천고 ③천일 ④천생

[설명] ◎千古(천고): 「1」 아주 먼 옛적. 「2」 아주 오랜 세월 동안. 「3」 오랜 세월을 통하여 그 종류가 드문 일.

28. 不正 (③) ①부왕 ②분정 ③부정 ④불왕

[설명] ◎不正(부정): 올바르지 아니하거나 옳지 못함.

29. 東門 (①) ①동문 ②북문 ③서문 ④중문

[설명] ◎東門(동문): 「1」 동쪽으로 난 문. 「2」 성곽의 동쪽에 있는 문.

30. 左足 (④) ①우수 ②좌우 ③우족 ④좌족

[설명] ◎左足(좌족): 왼발.

31. 六十 (③) ①팔십 ②칠십 ③육십 ④오십

[설명] ◎六十(육십): 「1」 십의 여섯 배가 되는 수. 「2」 그 수량이 예순임을 나타내는 말. 「3」 그 순서가 예순 번째임을 나타내는 말.

32. 內心 (②) ①내필 ②내심 ③외심 ④내면

[설명] ◎內心(내심): 속마음.

33. 石工 (①) ①석공 ②우공 ③석수 ④공석

[설명] ◎石工(석공): 돌을 다루어 물건을 만드는 사람.

34. 天主 (④) ①대주 ②천왕 ③주인 ④천주

[설명] ◎天主(천주): 하느님.

※ 어휘의 뜻으로 알맞은 것을 고르시오.

35. 中央 (①)

①사방의 한 가운데. ②중심이 되는 세력.

③한해의 가장 첫 번째 달. ④땅의 임자.

36. 小食 (④)

①즐겁게 음식을 먹음. ②맛있게 먹음.

③음식을 많이 먹음. ④음식을 적게 먹음.

※ 다음 면에 계속

※ 낱말을 한자로 바르게 쓴 것을 고르시오.

37. 서남: 서쪽과 남쪽을 아울러 이르는 말. (①)

①西南 ②南北 ③西北 ④南西

38. 말일: 어느 기간의 마지막 날. (②)

①末年 ②末日 ③月日 ④月末

39. 역사: 뛰어나게 힘이 센 사람. (③)

①四力 ②四大 ③力士 ④力己

40. 선수: 남이 하기 전에 앞서 하는 일. (①)

①先手 ②姓手 ③先生 ④先姓

※ 밑줄 친 어휘를 바르게 읽은 것을 고르시오.

41. 마을 <u>入口</u>에 꽃이 활짝 폈다. (③)

①입출 ②팔구 ③입구 ④출구

[설명] ◎入口(입구): 들어가는 통로.

42. <u>一金</u> 만 원을 정확히 받았다. (④)

①일김 ②생금 ③일당 ④일금

[설명] ◎一金(일금): 전부의 돈.

43. 반장을 뽑는데 여러 명이 <u>出馬</u>했다. (③)

①출입 ②입출 ③출마 ④견마

[설명] ◎出馬(출마): 「1」 말을 타고 나감. 「2」 선거에 입후보함. 「3」 어떤 일에 나섬.

44. 이곳은 <u>火山</u>활동이 활발한 지역이다. (①)

①화산 ②강산 ③공산 ④화토

[설명] ◎火山(화산): 땅속에 있는 가스, 마그마 따위가 지각의 터진 틈을 통하여 지표로 분출하는 지점. 또는 그 결과로 생기는 구조. 분출물이 쌓여 생겨난 화산체(火山體), 폭발이나 함몰에 의하여 생기는 오목한 땅, 균열 따위의 지형을 만든다. 활화산, 휴화산, 사화산으로 나눈다.

※ 밑줄 친 부분을 한자로 바르게 쓴 것을 고르시오.

노란색 45)<u>상의</u>를 걸쳐 입은 저 46)<u>소녀</u>가 내 동생이다.

45. 상의 (③)

①下衣 ②上下 ③上衣 ④上二

[설명] ◎上衣(상의): 윗옷.

46. 소녀 (②)

①少子　②少女　③女子　④子女

[설명] ◎少女(소녀): 아직 완전히 성숙하지 아니한 어린 여자아이.

※ 물음에 알맞은 답을 고르시오.

47. '弟夫'의 반의어는? (②)

①夫人　②兄夫　③兄弟　④弟兄

[설명] ◎弟夫(제부): 언니가 여동생의 남편을 이르거나 부르는 말. ↔ ◎兄夫(형부): 언니의 남편을 이르거나 부르는 말.

48. 한자의 총획이 바르지 <u>않은</u> 것은? (③)

①年-총6획　②青-총8획　③央-총6획　④門-총8획

[설명] ◎央(가운데 앙): 大(큰 대, 3획)부수의 2획, 총5획.

49. "四方八方"의 뜻이 문장에서 가장 알맞게 쓰인 것은? (①)

①<u>四方八方</u> 안 가본 곳이 없다.

②<u>四方八方</u>이 목숨을 구해주었다.

③우리 학급의 학생들은 <u>四方八方</u>이 아침을 거른다.

④나와 고모는 <u>四方八方</u> 지간이다.

[설명] ◎四方八方(사방팔방): 여기저기 모든 방향이나 방면.

50. 평소 생활하는 태도로 가장 바른 것은? (④)

①동생과 자주 말다툼을 한다.

②손과 발을 잘 씻지 않는다.

③남들 앞에서만 부모님께 존댓말을 쓴다.

④혼자서 할 수 있는 일은 스스로 하려고 노력한다.

♣ 수고하셨습니다.

모|범|답|안 8회

■ 다음 물음에 맞는 답의 번호를 골라 답안지의 해당 답란에 표시하시오.

※ 한자의 훈음으로 바른 것을 고르시오.

1. 林 (④) ①흙 토 ②자리 위 ③강 강 ④수풀 림
[설명] ◎土(흙 토), 位(자리 위), 江(강 강).
2. 工 (③) ①들 입 ②위 상 ③장인 공 ④땅 지
[설명] ◎入(들 입), 上(위 상), 地(땅 지).
3. 馬 (④) ①사내 남 ②동녘 동 ③다섯 오 ④말 마
[설명] ◎男(사내 남), 東(동녘 동), 五(다섯 오).
4. 生 (④) ①넉 사 ②한가지 동 ③안 내 ④날 생
[설명] ◎四(넉 사), 同(한가지 동), 内(안 내).
5. 天 (③) ①날 출 ②입 구 ③하늘 천 ④발 족
[설명] ◎出(날 출), 口(입 구), 足(발 족).
6. 不 (④) ①석 삼 ②주인 주 ③이름 명 ④아니 불
[설명] ◎三(석 삼), 主(주인 주), 名(이름 명).
7. 少 (③) ①수건 건 ②큰 대 ③적을 소 ④사람 인
[설명] ◎巾(수건 건), 大(큰 대), 人(사람 인).
8. 車 (①) ①수레 거 ②푸를 청 ③바깥 외 ④바를 정
[설명] ◎青(푸를 청), 外(바깥 외), 正(바를 정).
9. 自 (④) ①오른 우 ②내 천 ③옷 의 ④스스로 자
[설명] ◎右(오른 우), 川(내 천), 衣(옷 의).
10. 姓 (①) ①성씨 성 ②선비 사 ③일곱 칠 ④두 이
[설명] ◎士(선비 사), 七(일곱 칠), 二(두 이).

※ 훈음에 맞는 한자를 고르시오.

11. 저녁 석 (③) ①山 ②食 ③夕 ④小
[설명] ◎山(메(뫼) 산), 食(먹을 식), 小(작을 소).
12. 개 견 (②) ①足 ②犬 ③大 ④五
[설명] ◎足(발 족), 大(큰 대), 五(다섯 오).
13. 먼저 선 (③) ①字 ②母 ③先 ④古
[설명] ◎字(글자 자), 母(어머니 모), 古(예 고).
14. 지아비 부 (①) ①夫 ②木 ③川 ④左
[설명] ◎木(나무 목), 川(내 천), 左(왼 좌).
15. 마음 심 (③) ①八 ②末 ③心 ④水
[설명] ◎八(여덟 팔), 末(끝 말), 水(물 수).
16. 글월 문 (①) ①文 ②西 ③火 ④出
[설명] ◎西(서녘 서), 火(불 화), 出(날 출).
17. 돌 석 (②) ①女 ②石 ③士 ④右
[설명] ◎女(여자 녀), 士(선비 사), 右(오른 우).
18. 일천 천 (①) ①千 ②己 ③十 ④子
[설명] ◎己(몸 기), 十(열 십), 子(아들 자).
19. 마디 촌 (②) ①門 ②寸 ③父 ④七
[설명] ◎門(문 문), 父(아버지 부), 七(일곱 칠).
20. 설 립 (④) ①下 ②月 ③六 ④立
[설명] ◎下(아래 하), 月(달 월), 六(여섯 륙).

※ 물음에 알맞은 답을 고르시오.

21. "하늘과 땅과 사람을 두루 꿰뚫어 다스리는 모양"으로 '임금'이라는 뜻을 나타내는 한자는? (①)
①王 ②兄 ③巾 ④西
[설명] ◎王(임금 왕).

※ 물음에 알맞은 답을 고르시오.

> 22)<u>中央</u>에서 23)<u>南方</u>으로 옮겼다.

22. 위의 밑줄 친 '中央'을(를) 바르게 읽은 것은? (①)
①중앙 ②앙중 ③중고 ④중영
[설명] ◎中央(중앙): 사방의 중심이 되는 한가운데.
23. 위의 밑줄 친 '南方'의 뜻으로 바른 것은?(④)
①남자 방. ②낮은 위치.
③학문과 기술을 닦는 일. ④남쪽 지방.
[설명] ◎南(남녘 남), 方(모 방). ◎南方(남방):「1」남쪽. 네 방위의 하나. 나침반의 에스(S) 극이 가리키는 방위이다.「2」남쪽 지방.
24. 밑줄 친 부분에 해당하는 한자가 바르지 <u>않은</u> 것은? (④)
①한 <u>달</u>에 한번 요금을 지불 한다. : 月
②옷에 신발에 장식용 <u>구슬</u>을 달았다. : 玉
③마을 앞으로 큰 <u>강</u>이 흐른다. : 江

④나무 그늘 아래에서 책을 보다. : 左
[설명] ◎下(아래 하), 左(왼 좌).
25. 한자의 총획이 바르지 않은 것은? (②)
①魚-총11획 ②毋-총6획 ③世-총5획 ④己-총3획
[설명] ◎母(어머니 모): 毋(말 무, 4획)부수의 1획, 총5획.
26. '末'의 반의자는? (①)
①本 ②山 ③四 ④羊
[설명] ◎末(끝 말) ↔ 本(근본 본).

※ 어휘의 독음이 바른 것을 고르시오.

27. 同一 (④) ①토위 ②대지 ③일동 ④동일
[설명] ◎同一(동일): 어떤 것과 비교하여 똑같음.
28. 耳目 (①) ①이목 ②이눈 ③명구 ④명목
[설명] ◎耳目(이목): 귀와 눈을 아울러 이르는 말.
29. 土力 (③) ①목마 ②촌토 ③토력 ④토촌
[설명] ◎土力(토력): 농작물을 길러 낼 수 있는 땅의 힘.
30. 白羊 (③) ①백수 ②견양 ③백양 ④견수
[설명] ◎白羊(백양): 털빛이 흰 양.
31. 手巾 (④) ①수중 ②왕건 ③왕중 ④수건
[설명] ◎手巾(수건): 얼굴이나 몸을 닦기 위하여 만든 천 조각.

※ 어휘의 뜻으로 알맞은 것을 고르시오.

32. 食口 (②)
①나무를 심음.
②한집에서 함께 살면서 끼니를 같이하는 사람.
③많은 돈. ④같은 이름.
[설명] ◎食(먹을 식), 口(입 구).
33. 文士 (③)
①남의 아내의 높임말. ②인류의 문명이나 문물.
③문학에 뛰어나고 시문을 잘 짓는 사람.
④스스로 서는 것.
[설명] ◎文(글월 문), 士(선비 사).
34. 大門 (④)
①작은 문. ②큰물고기.
③제자. ④큰 문.
[설명] ◎大(큰 대), 門(문 문).

※ 낱말을 한자로 바르게 쓴 것을 고르시오.

35. 향일: 지난번. 저번 때. (②)
①向外 ②向日 ③外向 ④日向
[설명] ◎向(향할 향), 日(날 일).
36. 주인: 대상이나 물건 따위를 소유한 사람.(①)
①主人 ②王人 ③人主 ④人王
[설명] ◎主(주인 주), 人(사람 인).

※ 다음 면에 계속

※ 낱말을 한자로 바르게 쓴 것을 고르시오.

37. 연휴: 해마다 종업원에게 주도록 정하여진 유급 휴가. (②)
①休年 ②年休 ③九年 ④年九
[설명] ◎年(해 년), 休(쉴 휴).
38. 화목: 땔감으로 쓸 나무. (①)
①火木 ②火金 ③木火 ④金火
[설명] ◎火(불 화), 木(나무 목).

※ 밑줄 친 어휘를 바르게 읽은 것을 고르시오.

39. 사람은 <u>地位</u>이(가) 높아질수록 겸손해야 하는 법이다. (③)
①하위 ②하립 ③지위 ④중립
[설명] ◎地位(지위): 개인의 사회적 신분에 따르는 위치나 자리.
40. <u>本名</u>을(를) 쓰는 연예인들은 많지 않다. (④)
①우수 ②상하 ③명수 ④본명
[설명] ◎本名(본명): 가명이나 별명이 아닌 본디 이름.
41. 자신의 이름을 <u>正字</u>(으)로 써 보았다. (①)
①정자 ②정확 ③활자 ④정심
[설명] ◎正字(정자): 서체가 바르고 또박또박 쓴 글자.
42. <u>青魚</u>은(는) 가을부터 봄까지 잡힌다. (④)
①전어 ②정어 ③어청 ④청어
[설명] ◎青魚(청어): 청어과의 바닷물고기.
43. 딸을 <u>金玉</u>와(과) 같이 애지중지 길렀다. (④)
①금왕 ②금석 ③왕금 ④금옥
[설명] ◎金玉(금옥): 금과 옥을 아울러 이르는 말.
44. <u>內衣</u>은(는) 피부보호와 체온을 유지시켜준다. (③)
①심내 ②소심 ③내의 ④내외
[설명] ◎內衣(내의): 속옷. 겉옷의 안쪽에 몸에 직접 닿게 입는 옷.

※ 밑줄 친 부분을 한자로 바르게 쓴 것을 고르시오.

45)<u>세상</u>에는 많은 46)<u>남녀</u>들이 살고 있다.

45. 세상 (③)

①三世 ②上世 ③世上 ④世三

[설명] ◎世上(세상): 사람이 살고 있는 모든 사회를 통틀어 이르는 말.

46. 남녀 (②)

①女子 ②男女 ③男子 ④子女

[설명] ◎男女(남녀): 남자와 여자를 아울러 이르는 말.

※ 물음에 알맞은 답을 고르시오.

47. '出力'의 반의어는? (①)

①入力 ②力出 ③入出 ④出入

[설명] ◎出力(출력): 「1」 어떤 일에 필요한 돈이나 물자 따위를 내놓음. 「2」 『기계』 엔진, 전동기, 발전기 따위가 외부에 공급하는 기계적·전기적 힘. 「3」 『물리』 원동기, 펌프 따위 기계나 장치가 입력을 받아 외부로 해낼 수 있는 일의 양. 「4」 『컴퓨터』 컴퓨터 따위의 기기(機器)나 장치가 입력을 받아 일을 하고 외부로 결과를 내는 일. 또는 그 결과. '냄', '빼냄'으로 순화. ↔ ◎入力(입력): 「1」 『물리』 전기적·기계적 에너지를 발생 또는 변환하는 장치가 단위 시간 동안 받은 에너지의 양(量). 「2」 『컴퓨터』 문자나 숫자를 컴퓨터가 기억하게 하는 일.

48. "方□, □方, □日"은 '이제, 바로 이때 또는 오늘'을 이르는 말이다. □안에 공통으로 들어갈 알맞은 한자는? (①)

①今 ②十 ③金 ④小

[설명] ◎今(이제 금). ◎方今(방금)·今方(금방): 말하고 있는 시점보다 바로 조금 전. ◎今日(금일): 오늘.

49. "東西古今"의 뜻이 문장에서 가장 알맞게 쓰인 것은? (②)

①우리 선생님은 <u>東西古今</u>에 사신다.

②<u>東西古今</u>을 봐도 진리는 통하게 되어 있다.

③친구들과 <u>東西古今</u>에서 놀았다.

④우리가 사는 이곳은 <u>東西古今</u>이다.

[설명] ◎東西古今(동서고금): 동양과 서양, 옛날과 지금을 통틀어 이르는 말.

50. 평소의 행동으로 바르지 <u>않는</u> 것은? (①)

①어리광을 피우고 떼를 쓰는 同生을 때렸다.

②自己 일에 항상 최선을 다한다.

③父母님께서 말씀하시면 공손히 듣는다.

④外出할 때는 가는 곳을 알리고 나간다.

♣ 수고하셨습니다.

모|범|답|안 9회

■ 다음 물음에 맞는 답의 번호를 골라 답안지의 해당 답란에 표시하시오.

※ 한자의 훈음으로 바른 것을 고르시오.

1. 王 (③) ①근본 본 ②여덟 팔 ③임금 왕 ④사람 인
[설명] ◎本(근본 본), 八(여덟 팔), 人(사람 인).
2. 文 (①) ①글월 문 ②마디 촌 ③여자 녀 ④힘 력
[설명] ◎寸(마디 촌), 女(여자 녀), 力(힘 력).
3. 衣 (②) ①서녘 서 ②옷 의 ③오른 우 ④위 상
[설명] ◎西(서녘 서), 右(오른 우), 上(위 상).
4. 出 (③) ①석 삼 ②맏 형 ③날 출 ④작을 소
[설명] ◎三(석 삼), 兄(맏 형), 小(작을 소).
5. 字 (②) ①바깥 외 ②글자 자 ③자리 위 ④문 문
[설명] ◎外(바깥 외), 位(자리 위), 門(문 문).
6. 玉 (①) ①구슬 옥 ②일백 백 ③한가지 동 ④사내 남
[설명] ◎百(일백 백), 同(한가지 동), 男(사내 남).
7. 方 (①) ①모 방 ②일곱 칠 ③눈 목 ④발 족
[설명] ◎七(일곱 칠), 目(눈 목), 足(발 족).
8. 地 (④) ①동녘 동 ②어머니 모 ③북녘 북 ④땅 지
[설명] ◎東(동녘 동), 母(어머니 모), 北(북녘 북).
9. 林 (④) ①날 일 ②메 산 ③내 천 ④수풀 림
[설명] ◎日(날 일), 山(메 산), 川(내 천).
10. 士 (②) ①다섯 오 ②선비 사 ③안 내 ④몸 기
[설명] ◎五(다섯 오), 内(안 내), 己(몸 기).

※ 훈음에 맞는 한자를 고르시오.

11. 먹을 식 (④) ①四 ②川 ③月 ④食
[설명] ◎四(넉 사), 川(내 천), 月(달 월).
12. 강 강 (①) ①江 ②足 ③魚 ④中
[설명] ◎足(발 족), 魚(물고기 어), 中(가운데 중).
13. 수레 거 (④) ①立 ②八 ③夕 ④車
[설명] ◎立(설 립), 八(여덟 팔), 夕(저녁 석).
14. 말 마 (③) ①白 ②弟 ③馬 ④左
[설명] ◎白(흰 백), 弟(아우 제), 左(왼 좌).
15. 수건 건 (④) ①十 ②九 ③目 ④巾
[설명] ◎十(열 십), 九(아홉 구), 目(눈 목).
16. 세상 세 (③) ①山 ②名 ③世 ④六
[설명] ◎山(메 산), 名(이름 명), 六(여섯 륙).
17. 적을 소 (④) ①大 ②位 ③央 ④少
[설명] ◎大(큰 대), 位(자리 위), 央(가운데 앙).
18. 소 우 (②) ①千 ②牛 ③末 ④男
[설명] ◎千(일천 천), 末(끝 말), 男(사내 남).
19. 성씨 성 (①) ①姓 ②北 ③工 ④古
[설명] ◎北(북녘 북), 工(장인 공), 古(예 고).
20. 아니 불 (②) ①兄 ②不 ③外 ④二
[설명] ◎兄(맏 형), 外(바깥 외), 二(두 이).

※ 물음에 알맞은 답을 고르시오.

21. "사람의 머리 위에 하늘이 있어 끝없이 넓은 것"으로 '하늘'이라는 뜻을 나타내는 한자는? (①)
①天 ②大 ③末 ④木
[설명] ◎天(하늘 천).

※ 물음에 알맞은 답을 고르시오.

삼촌은 22)<u>今日</u> 난로의 23)<u>火力</u>을 조절하였다.

22. 윗글의 밑줄 친 '今日'의 뜻으로 바른 것은? (②)
①어제 ②오늘 ③내일 ④미래
[설명] ◎今日(금일):「1」오늘.「2」요사이.
23. 윗글의 밑줄 친 '火力'을 바르게 읽은 것은? (④)
①수역 ②수력 ③화역 ④화력
[설명] ◎火力(화력): 불이 탈 때에 내는 열의 힘.
24. 밑줄 친 부분에 해당하는 한자가 바르지 <u>않은</u> 것은? (④)
①<u>손</u>과 발을 항상 깨끗이 해야 한다. : 手
②내 <u>동생</u>은 귀여운 개구쟁이다. : 弟
③수족관에는 <u>물고기</u>들이 헤엄치고 있다. : 魚
④할머니는 <u>아들</u>을 꼭 껴안았다. : 母
[설명] ◎母(어머니 모), 子(아들 자).
25. 한자의 총획이 바르지 <u>않은</u> 것은? (④)
①百-총6획 ②金-총8획 ③右-총5획 ④東-총9획

[설명] ◎東(동녘 동): 木(나무 목, 4획)부수의 4획, 총8획.

26. '中'의 유의자는? (③)
①立 ②日 ③央 ④口
[설명] ◎中(가운데 중) = 央(가운데 앙).

※ 어휘의 독음이 바른 것을 고르시오.

27. 水心 (③) ①목심 ②물심 ③수심 ④소심
[설명] ◎水心(수심): 「1」 수면(水面)의 중심. 「2」 강이나 호수 따위의 한가운데.

28. 青天 (①) ①청천 ②청지 ③천의 ④청대
[설명] ◎青天(청천): 푸른 하늘.

※ 다음 면에 계속

29. 左右 (④) ①우생 ②구생 ③좌성 ④좌우
[설명] ◎左右(좌우): 왼쪽과 오른쪽.

30. 主人 (③) ①왕인 ②주입 ③주인 ④왕상
[설명] ◎主人(주인): 「1」 대상이나 물건 따위를 소유한 사람. 「2」 집안이나 단체 따위를 책임감을 가지고 이끌어 가는 사람. 「3」 '남편'을 간접적으로 이르는 말. 「4」 손님을 맞아 상대하는 사람. 「5」 고용 관계에서 고용하는 사람.

31. 四寸 (①) ①사촌 ②사춘 ③사년 ④삼녀
[설명] ◎四寸(사촌): 아버지의 친형제자매의 아들이나 딸과의 촌수.

※ 어휘의 뜻으로 알맞은 것을 고르시오.

32. 同一 (④)
①같은 시기. ②같은 날.
③겨울날.
④어떤 것과 비교하여 똑같음.

33. 白月 (①)
①밝고 흰 달. ②그달의 처음 무렵.
③흰 눈에 비친 달빛. ④백번째 보름달.

34. 土木 (①)
①흙과 나무. ②심은 나무.
③나뭇가지. ④산속에 나무.

※ 낱말을 한자로 바르게 쓴 것을 고르시오.

35. 상위: 높은 위치나 지위. (④)
①末上 ②上下 ③下位 ④上位

36. 남향: 남쪽으로 향함. (③)
①男五 ②南五 ③南向 ④男向

37. 명견: 혈통이 좋은 개. (②)
①子正 ②名犬 ③犬名 ④正子

38. 연년: 해마다. (③)
①手年 ②入年 ③年年 ④年入

※ 밑줄 친 어휘를 바르게 읽은 것을 고르시오.

39. <u>七夕</u>은 음력으로 칠월 초이렛날의 밤이다. (②)
①칠일 ②칠석 ③구일 ④구석
[설명] ◎七夕(칠석): 「1」 음력으로 칠월 초이렛날의 밤. 이때에 은하의 서쪽에 있는 직녀와 동쪽에 있는 견우가 오작교에서 일 년에 한 번 만난다는 전설이 있다. 「2」 칠석이 되는 날.

40. 아버지와 딸을 <u>父女</u> 사이라고 한다. (②)
①부자 ②부녀 ③모녀 ④부형
[설명] ◎父女(부녀): 아버지와 딸을 아울러 이르는 말.

41. <u>先生</u>은(는) 학생을 가르치는 사람이다. (①)
①선생 ②선상 ③강사 ④교사
[설명] ◎先生(선생): 「1」 학생을 가르치는 사람. 「2」 학예가 뛰어난 사람을 높여 이르는 말. 「3」 성(姓)이나 직함 따위에 붙여 남을 높여 이르는 말. 「4」 어떤 일에 경험이 많거나 잘 아는 사람을 비유적으로 이르는 말. 「5」 자기보다 나이가 적은 남자 어른을 높여 이르는 말.

42. <u>石耳</u>버섯은 당뇨, 고혈압, 신경통 치료에 효능이 있다. (②)
①송이 ②석이 ③목이 ④영지
[설명] ◎石耳(석이): 석이버섯. 지의류 석이과의 버섯. 몸은 평평한 지름이 3~10cm이고 원반형이며, 겉은 번들번들하고 잿빛인데 안쪽은 검고 거칠거칠하다. 부드러우나 말리면 가죽처럼 되며 식용한다. 깊은 산에서 나는데 한국, 일본 등지에 분포한다.

43. <u>小羊</u>들이 모여 풀을 뜯어 먹고 있다. (④)
①백양 ②견양 ③목양 ④소양
[설명] ◎小羊(소양): 새끼 양.

44. 나는 서울 <u>本土</u> 사람이다. (①)
①본토 ②목토 ③목상 ④본상
[설명] ◎本土(본토): 「1」 주가 되는 국토를 섬이나 속국에 상대하여 이르는 말. 「2」 본향(本鄕). 「3」 바로 그 지방. 「4」 문화 따위의 근원지가 되는 땅.

※ 밑줄 친 부분을 한자로 바르게 쓴 것을 고르시오.

행복은 45)천금을 주고도 살 수 없는 것이며, 46)자기 스스로 만족할 때 비로소 얻어지는 것이다.

45. 천금 (④)
①九千 ②百千 ③金千 ④千金
[설명] ◎千金(천금): 「1」 많은 돈이나 비싼 값을 비유적으로 이르는 말. 「2」 아주 귀중한 것을 비유적으로 이르는 말.

46. 자기 (②)
①古己 ②自己 ③己自 ④自古
[설명] ◎自己(자기): 「명사」 그 사람 자신. 「대명사」 앞에서 이미 말하였거나 나온 바 있는 사람을 도로 가리키는 삼인칭 대명사.

※ 물음에 알맞은 답을 고르시오.

47. '門內'의 반의어는? (②)
①內門 ②門外 ③入外 ④門入
[설명] ◎門內(문내): 대문의 안. ↔ ◎門外(문외): 문의 바깥쪽.

48. "□火山"은 '화산 활동이 잠시 멈춘 산'을 이르는 말이다. □안에 들어갈 알맞은 한자는? (③)
①口 ②十 ③休 ④兄
[설명] ◎休火山(휴화산): 옛날에는 분화하였으나 지금은 분화를 멈춘 화산.

49. "正心工夫"의 뜻이 문장에서 가장 알맞게 쓰인 것은? (①)
①한자를 배울 때는 正心工夫를 해야 한다.
②경치 좋고 이름난 산천을 正心工夫라 한다.
③正心工夫는 좋은 옷과 맛있는 음식을 말한다.
④책을 건성으로 보는 것을 正心工夫라 한다.
[설명] ◎正心工夫(정심공부): 마음을 바르게 가다듬어 배우고 익히는 데 힘씀.

50. 버스를 기다리고 있을 때의 바른 자세는?(④)
①친구들과 크게 떠들며 서 있는다.
②줄을 서지 않고 새치기를 한다.
③휴지를 버리고 주위를 살핀다.
④차도로 나가거나 손을 흔들지 않는다.

♣ 수고하셨습니다.

※準五級漢字 실전대비문제

모 | 범 | 답 | 안 10회

■ 다음 물음에 맞는 답의 번호를 골라 답안지의 해당 답란에 표시하시오.

※ 한자의 훈음으로 바른 것을 고르시오.

1. 同 (③) ①흰 백 ②푸를 청 ③한가지 동 ④수레 거

[설명] ◎白(흰 백), 青(푸를 청), 車(수레 거).

2. 位 (①) ①자리 위 ②말 마 ③날 출 ④먼저 선

[설명] ◎馬(말 마), 出(날 출), 先(먼저 선).

3. 向 (④) ①남녘 남 ②손 수 ③다섯 오 ④향할 향

[설명] ◎南(남녘 남), 手(손 수), 五(다섯 오).

4. 千 (②) ①오른 우 ②일천 천 ③입 구 ④모 방

[설명] ◎右(오른 우), 口(입 구), 方(모 방).

5. 犬 (③) ①일곱 칠 ②큰 대 ③개 견 ④아홉 구

[설명] ◎七(일곱 칠), 大(큰 대), 九(아홉 구).

6. 末 (①) ①끝 말 ②돌 석 ③동녘 동 ④내 천

[설명] ◎石(돌 석), 東(동녘 동), 川(내 천).

7. 名 (③) ①아버지 부 ②마음 심 ③이름 명 ④발 족

[설명] ◎父(아버지 부), 心(마음 심), 足(발 족).

8. 主 (②) ①왼 좌 ②주인 주 ③설 립 ④구슬 옥

[설명] ◎左(왼 좌), 立(설 립), 玉(구슬 옥).

9. 寸 (④) ①사내 남 ②맏 형 ③흙 토 ④마디 촌

[설명] ◎男(사내 남), 兄(맏 형), 土(흙 토).

10. 夫 (①) ①지아비 부 ②근본 본 ③나무 목 ④쉴 휴

[설명] ◎本(근본 본), 木(나무 목), 休(쉴 휴).

※ 훈음에 맞는 한자를 고르시오.

11. 임금 왕 (③) ①南 ②北 ③王 ④四

[설명] ◎南(남녘 남), 北(북녘 북), 四(넉 사).

12. 힘 력 (③) ①地 ②年 ③力 ④水

[설명] ◎地(땅 지), 年(해 년), 水(물 수).

13. 선비 사 (①) ①士 ②天 ③七 ④父

[설명] ◎天(하늘 천), 七(일곱 칠), 父(아버지 부).

14. 일백 백 (②) ①白 ②百 ③内 ④川

[설명] ◎白(흰 백), 内(안 내), 川(내 천).

15. 장인 공 (②) ①二 ②工 ③少 ④石

[설명] ◎二(두 이), 少(적을 소), 石(돌 석).

16. 바를 정 (④) ①自 ②西 ③目 ④正

[설명] ◎自(스스로 자), 西(서녘 서), 目(눈 목).

17. 몸 기 (②) ①魚 ②己 ③弟 ④八

[설명] ◎魚(물고기 어), 弟(아우 제), 八(여덟 팔).

18. 이제 금 (③) ①食 ②牛 ③今 ④九

[설명] ◎食(먹을 식), 牛(소 우), 九(아홉 구).

19. 귀 이 (④) ①月 ②十 ③母 ④耳

[설명] ◎月(달 월), 十(열 십), 母(어머니 모).

20. 가운데 앙 (①) ①央 ②中 ③東 ④羊

[설명] ◎中(가운데 중), 東(동녘 동), 羊(양 양).

※ 물음에 알맞은 답을 고르시오.

21. "여자가 자식을 낳아 한 조상에서 태어난 사람을 다른 사람과 구별하기 위하여 쓴 것"으로 '성씨'를 뜻하는 한자는? (④)

①人 ②生 ③文 ④姓

[설명] ◎姓(성씨 성).

※ 물음에 알맞은 답을 고르시오.

체중 조절을 위해 22)<u>小食</u>을 하고 있으나, 목표에 도달하기에는 아직 23)<u>부족</u>하다.

22. 윗글에서 밑줄 친 '小食'의 뜻으로 바른 것은? (②)

①음식이 빨리 먹음. ②음식을 적게 먹음.
③음식을 싱겁게 먹음. ④음식을 맛있게 먹음.

[설명] ◎小(작을 소), 食(먹을 식). ◎小食(소식): 음식을 적게 먹음.

23. 윗글에서 밑줄 친 '부족'을 한자로 바르게 쓴 것은? (②)

①不方 ②不足 ③足不 ④方足

[설명] ◎不(아니 불), 足(발 족). ◎不足(부족): 필요한 양이나 기준에 미치지 못해 충분하지 아니함. ◎不(불)은 글자 다음에 ㄷ과 ㅈ이 오는 경우에는 '부'로 읽는다.

24. 밑줄 친 부분에 해당하는 한자로 바르지 <u>않은</u> 것은? (②)

①<u>왼쪽</u>으로 가면 은행이 있다. : 左

모|범|답|안 10회

②상자에 복숭아가 여덟 개 있다. : 入
③푸른 하늘에 흰 구름이 떠 있다. : 青
④저녁에 약속이 있다. : 夕
[설명] ◎八(여덟 팔), 入(들 입).

25. 한자의 총획이 바르지 않은 것은? (④)
①巾-총3획 ②世-총5획 ③男-총7획 ④林-총7획
[설명] ◎林(수풀 림): 木(나무 목, 4획)부수의 4획, 총8획.

26. '大'의 반의자는? (②)
①上 ②小 ③下 ④母
[설명] ◎大(큰 대) ↔ 小(작을 소).

※ 어휘의 독음이 바른 것을 고르시오.

27. 右手 (②) ①좌수 ②우수 ③좌우 ④우좌
[설명] ◎右手(우수): 오른손.

28. 本土 (①) ①본토 ②목사 ③목토 ④본사
[설명] ◎本土(본토): 「1」 주가 되는 국토를 섬이나 속국에 상대하여 이르는 말. 「2」 본디의 고향. 「3」 바로 그 지방. 「4」 문화 따위의 근원지가 되는 땅.

29. 女子 (①) ①여자 ②모녀 ③자녀 ④모자
[설명] ◎女子(여자): 「1」 여성으로 태어난 사람. 「2」 여자다운 여자.

30. 三世 (③) ①오세 ②금세 ③삼세 ④세상
[설명] ◎三世(삼세): 「1」 아버지, 아들, 손자의 세 대. 「2」 『불교』 전세(前世), 현세(現世), 내세(來世)의 세 가지.

31. 青木 (③) ①청휴 ②청본 ③청목 ④청백
[설명] ◎青木(청목): 검푸른 물을 들인 무명.

※ 어휘의 뜻으로 알맞은 것을 고르시오.

32. 月末 (②)
①일의 처음과 끝 ②그달의 끝 무렵
③한 달 안 ④한 해의 마지막 무렵
[설명] ◎月(달 월), 末(끝 말).

33. 石山 (④)
①오른쪽에 있는 산 ②왼쪽에 있는 산
③돌로 만든 사람 형상 ④돌로 이루어진 산
[설명] ◎石(돌 석), 山(메 산).

34. 古人 (②)
①학문에 종사하는 사람 ②옛날 사람
③벼슬하는 사람 ④흙으로 만든 인형
[설명] ◎古(예 고), 人(사람 인).

※ 다음 면에 계속

※ 낱말을 한자로 바르게 쓴 것을 고르시오.

35. 화구: 불을 때는 아궁이의 아가리. (②)
①火九 ②火口 ③江口 ④目口

36. 선생: 학생을 가르치는 사람. (④)
①先天 ②天人 ③天生 ④先生

37. 하의: 바지나 치마 따위를 이름. (③)
①牛衣 ②內衣 ③下衣 ④上衣

38. 외지: 자기가 사는 곳 밖의 다른 고장. (①)
①外地 ②夕出 ③外出 ④夕地

※ 밑줄 친 어휘를 바르게 읽은 것을 고르시오.

39. 나는 休日에도 일찍 일어나 운동한다. (①)
①휴일 ②목가 ③목일 ④휴가
[설명] ◎休日(휴일): 일요일이나 공휴일 따위의 일을 하지 아니하고 쉬는 날.

40. 年金 제도는 노후 복지를 위한 것이다. (③)
①임금 ②년김 ③연금 ④연김
[설명] ◎年金(연금): 국가나 사회에 특별한 공로가 있거나 일정 기간 동안 국가 기관에 복무한 사람에게 해마다 주는 돈. 무상 연금, 유상 연금, 종신 연금, 유기 연금 따위로 나뉜다.

41. 자신의 잘못을 自白하고 용서를 구했다. (①)
①자백 ②반성 ③목백 ④백배
[설명] ◎自白(자백): 자기가 저지른 죄나 자기의 허물을 남들 앞에서 스스로 고백함. 또는 그 고백.

42. 나룻배는 점점 江心(으)로 접근했다. (③)
①수심 ②수명 ③강심 ④강수
[설명] ◎江心(강심): 강의 한복판. 또는 그 물속.

43. 적군들은 성 뒤의 北門을 뚫고 들어갔다.(④)
①남문 ②동문 ③패문 ④북문
[설명] ◎北門(북문): 「1」 북쪽으로 난 문. 「2」 성곽의 북쪽에 있는 문.

44. 공주는 馬車에서 내려 손을 흔들며 인사했다. (②)
①말차 ②마차 ③우차 ④마동
[설명] ◎馬車(마차): 말이 끄는 수레.

※ 밑줄 친 부분을 한자로 바르게 쓴 것을 고르시오.

45)산남에 위치한 우리 집은 46)사방이 확 트여 전망이 좋다.

45. 산남 (④)
①山男 ②山口 ③山內 ④山南
[설명] ◎山南(산남): 산의 양지. 곧 산의 남쪽 편.

46. 사방 (③)
①四九 ②西方 ③四方 ④西九
[설명] ◎四方(사방): 「1」 동, 서, 남, 북 네 방위를 통틀어 이르는 말. 「2」 동서남북의 주위 일대. 「3」 여러 곳.

※ 물음에 알맞은 답을 고르시오.

47. '年上'의 반의어는? (④)
①年日 ②小年 ③中年 ④年下
[설명] ◎年上(연상): 자기보다 나이가 많음. 또는 그런 사람. ↔ ◎年下(연하): 나이가 적음. 또는 그런 사람.

48. 동물을 나타내는 한자가 <u>아닌</u> 것은? (③)
①馬 ②羊 ③水 ④魚
[설명] ◎水(물 수). ◎馬(말 마), 羊(양 양), 魚(물고기 어).

49. "玉衣玉食"의 뜻이 문장에서 가장 알맞게 쓰인 것은? (①)
①사람들은 대부분 <u>玉衣玉食</u>을 좋아 한다.
②사람이 죄를 지으면 <u>玉衣玉食</u>을 해야 한다.
③만약 <u>玉衣玉食</u>을 하면 누구든지 살아남기 어렵다.
④가난한 사람들을 일컬어 <u>玉衣玉食</u>이라고 한다.
[설명] ◎玉衣玉食(옥의옥식): 좋은 옷을 입고 맛있는 음식을 먹음.

50. 어린이들이 어른께 인사드리는 태도로 바르지 <u>않은</u> 것은? (④)
①인사말은 고개를 숙였다 든 상태에서 한다.
②고개를 바르고 정중하게 숙여 인사를 한다.
③얼굴에 온화한 미소를 띠면서 인사를 한다.
④인사할 때의 시선은 항상 발끝에 둔다.

♣ 수고하셨습니다.

※ 準五級漢字 실전대비문제

모|범|답|안 11회

■ 다음 물음에 맞는 답의 번호를 골라 답안지의 해당 답란에 표시하시오.

※ 한자의 훈음으로 바른 것을 고르시오.

1. 世 (②) ①오른 우 ②세상 세 ③쇠 금 ④끝 말

[설명] ◎右(오른 우), 金(쇠 금), 末(끝 말).

2. 男 (①) ①사내 남 ②귀 이 ③수건 건 ④맏 형

[설명] ◎耳(귀 이), 巾(수건 건), 兄(맏 형).

3. 工 (④) ①강 강 ②물 수 ③성씨 성 ④장인 공

[설명] ◎江(강 강), 水(물 수), 姓(성씨 성).

4. 川 (③) ①석 삼 ②작을 소 ③내 천 ④수풀 림

[설명] ◎三(석 삼), 小(작을 소), 林(수풀 림).

5. 車 (③) ①사람 인 ②눈 목 ③수레 거 ④여덟 팔

[설명] ◎人(사람 인), 目(눈 목), 八(여덟 팔).

6. 士 (④) ①위 상 ②흙 토 ③일곱 칠 ④선비 사

[설명] ◎上(위 상), 土(흙 토), 七(일곱 칠).

7. 本 (③) ①먼저 선 ②열 십 ③근본 본 ④나무 목

[설명] ◎先(먼저 선), 十(열 십), 木(나무 목).

8. 正 (②) ①돌 석 ②바를 정 ③푸를 청 ④왼 좌

[설명] ◎石(돌 석), 青(푸를 청), 左(왼 좌).

9. 己 (③) ①말 마 ②문 문 ③몸 기 ④향할 향

[설명] ◎馬(말 마), 門(문 문), 向(향할 향).

10. 立 (①) ①설 립 ②해 년 ③개 견 ④마음 심

[설명] ◎年(해 년), 犬(개 견), 心(마음 심).

※ 훈음에 맞는 한자를 고르시오.

11. 물고기 어 (③) ①年 ②月 ③魚 ④生

[설명] ◎年(해 년), 月(달 월), 生(날 생).

12. 양 양 (④) ①左 ②金 ③馬 ④羊

[설명] ◎左(왼 좌), 金(쇠 금), 馬(말 마).

13. 스스로 자 (③) ①目 ②方 ③自 ④牛

[설명] ◎目(눈 목), 方(모 방), 牛(소 우).

14. 가운데 앙 (②) ①右 ②央 ③外 ④玉

[설명] ◎右(오른 우), 外(바깥 외), 玉(구슬 옥).

15. 예 고 (①) ①古 ②東 ③日 ④同

[설명] ◎東(동녘 동), 日(날 일), 同(한가지 동).

16. 날 출 (②) ①青 ②出 ③木 ④山

[설명] ◎青(푸를 청), 木(나무 목), 山(메 산).

17. 마디 촌 (①) ①寸 ②西 ③六 ④四

[설명] ◎西(서녘 서), 六(여섯 륙), 四(넉 사).

18. 쉴 휴 (④) ①夕 ②小 ③内 ④休

[설명] ◎夕(저녁 석), 小(작을 소), 内(안 내).

19. 지아비 부 (②) ①地 ②夫 ③父 ④王

[설명] ◎地(땅 지), 父(아버지 부), 王(임금 왕).

20. 발 족 (③) ①字 ②犬 ③足 ④中

[설명] ◎字(글자 자), 犬(개 견), 中(가운데 중).

※ 물음에 알맞은 답을 고르시오.

21. 나무에 나무를 겹쳐 "나무가 많은 수풀"을 뜻하는 한자는? (④)

①木 ②央 ③十 ④林

[설명] ◎林(수풀 림).

※ 물음에 알맞은 답을 고르시오.

지구온난화로 22)<u>百年</u> 전보다 바다 23)<u>水位</u>이(가) 상승하였다.

22. 위의 밑줄 친 '百年'에서 '年'의 뜻과 음으로 바른 것은? (④)

①낮 오 ②일천 천 ③소 우 ④해 년

[설명] ◎百年(백년): 100년.

23. 위의 밑줄 친 '水位'을(를) 바르게 읽은 것은? (④)

①부입 ②우이 ③수립 ④수위

[설명] ◎水位(수위):「1」강, 바다, 호수, 저수지 따위의 물의 높이.「2」어떤 일이 진행되는 정도를 비유적으로 이르는 말.

24. 밑줄 친 부분에 해당하는 한자가 <u>잘못</u> 쓰인 것은? (②)

①입을 <u>귀</u>에 대고 속삭였다. : 耳

②학교의 <u>주인</u>은 학생 여러분입니다. : 王

③우리 민족은 예부터 <u>흰</u> 옷을 즐겨 입었다. : 白

④손에 묻은 <u>흙</u>을 털었다. : 土

[설명] ◎主(주인 주), 王(임금 왕).

25. 한자의 총획이 6획이 <u>아닌</u> 것은? (②)

①自 ②北 ③先 ④休

[설명] ◎自(스스로 자): 6획, 北(북녘 북): 5획, 先(먼저 선): 6획, 休(쉴 휴): 6획.

26. '天'의 반의자는? (①)

모|범|답|안 11회

①地　②九　③食　④千

[설명] ◎天(하늘 천) ↔ 地(땅 지).

※ 어휘의 독음이 바른 것을 고르시오.

27. 五月 (④) ①구일 ②오일 ③구월 ④오월

[설명] ◎五月(오월): 한 해 열두 달 가운데 다섯째 달.

28. 玉石 (①) ①옥석 ②옥일 ③옥수 ④옥식

[설명] ◎玉石(옥석): 「1」 옥돌. 「2」 옥과 돌이라는 뜻으로, 좋은 것과 나쁜 것을 아울러 이르는 말.

29. 大母 (②) ①대녀 ②대모 ③소모 ④대부

[설명] ◎大母(대모): 할아버지와 같은 항렬인, 유복친 외의 친척의 아내.

30. 末日 (①) ①말일 ②매일 ③주말 ④주일

[설명] ◎末日(말일): 「1」 어떤 시기나 기간의 맨 마지막 날. 「2」 그믐날.

31. 南北 (③) ①난배 ②동북 ③남북 ④서북

[설명] ◎南北(남북): 남쪽과 북쪽을 아울러 이르는 말.

※ 어휘의 뜻으로 알맞은 것을 고르시오.

32. 內心 (②)
①매우 중요한 부분　②속마음
③안과 밖　④속옷

[설명] ◎內(안 내), 心(마음 심).

33. 七夕 (①)
①견우와 직녀가 만나는 음력 7월 7일
②한 해의 일곱 째 달
③칠십년의 세월을 이르는 말
④칠일 밤을 지새운 그 다음날 저녁

[설명] ◎七(일곱 칠), 夕(저녁 석).

34. 石火 (④)
①동굴　②번갯불
③돌에 그린 그림
④돌과 쇠가 맞부딪칠 때 일어나는 불

[설명] ◎石(돌 석), 火(불 화).

※ 다음 면에 계속

※ 낱말을 한자로 바르게 쓴 것을 고르시오.

35. 중천: 하늘의 한가운데. (③)
①中千　②天中　③中天　④九千

36. 형제: 형과 아우. (②)
①兄口　②兄弟　③弟兄　④先兄

37. 동일: 다른 데가 없이 똑같음. (①)
①同一　②日同　③同日　④同心

38. 수력: 물의 힘. (④)
①江力　②火力　③入力　④水力

※ 밑줄 친 어휘를 바르게 읽은 것을 고르시오.

39. 아버지와 나는 친구 같은 <u>父子</u> 사이이다.(④)
①부모　②모녀　③부녀　④부자

[설명] ◎父子(부자): 아버지와 아들을 아울러 이르는 말.

40. 나는 선생님 <u>門下</u>의 수제자이다. (③)
①하문　②동문　③문하　④문상

[설명] ◎門下(문하): 가르침을 받는 스승의 아래.

41. 건조한 <u>中東</u> 지역에 수로를 건설한다. (①)
①중동　②중국　③남동　④영동

[설명] ◎中東(중동): 유럽의 관점에서 본 극동(極東)과 근동(近東)의 중간 지역. 제이 차 세계 대전 후에 널리 쓰게 된 말로, 일반적으로 서아시아 일대를 이른다. 아프가니스탄, 이란, 사우디아라비아, 파키스탄 따위의 국가를 포함한다.

42. 귀엽던 <u>少女</u>은(는) 어느새 숙녀가 되었다.(③)
①수녀　②소인　③소녀　④수인

[설명] ◎少女(소녀): 아직 완전히 성숙하지 아니한 어린 여자아이.

43. 사용한 <u>手巾</u>을(를) 제자리에 걸었다. (④)
①수화　②견양　③수내　④수건

[설명] ◎手巾(수건): 얼굴이나 몸을 닦기 위하여 만든 천 조각. 주로 면으로 만든다.

44. 동생은 <u>外向</u>적이고 활달한 성격이다. (③)
①석향　②내향　③외향　④내성

[설명] ◎外向(외향): 「1」 바깥으로 드러남. 「2」 마음의 움직임이 적극적으로 밖으로 나타남.

※ 밑줄 친 부분을 한자로 바르게 쓴 것을 고르시오.

응시생들은 반드시 수험번호와 45)<u>성명</u>을 쓰고, 46)<u>부정</u>한 방법으로 시험을 봐서는 안 된다.

45. 성명 (②)
①今姓　②姓名　③名姓　④今名

[설명] ◎姓名(성명): 성과 이름을 아울러 이르는 말. 성은 가계(家系)의 이름이고, 명은 개인의 이름이다.

46. 부정 (①)
①不正　②不王　③王不　④正不

[설명] ◎不正(부정): 올바르지 아니하거나 옳지 못함.

※ 물음에 알맞은 답을 고르시오.

47. '上衣'의 반의어는? (④)
①青衣　②白衣　③上下　④下衣

[설명] ◎上衣(상의): 윗옷. ↔ ◎下衣(하의): 아래옷.

48. '□木, □小, □文字'에서 □안에 공통으로 들어갈 '크다'라는 뜻을 지닌 한자로 바른 것은? (④)
①本　②人　③十　④大

모|범|답|안 11회

[설명] ◎大木(대목): 「1」 큰 건축물을 잘 짓는 목수. 「2」 '목수(木手)'를 높여 이르는 말. ◎大小(대소): 크고 작음. ◎大文字(대문자): 서양 글자에서, 큰 체로 된 글자. 영어 따위에서 글의 첫머리나 고유 명사의 첫 자 따위에 쓰는 글자이다.

49. 문장에서 성어의 쓰임이 바르지 않은 것은? (①)
①우리가 사는 곳은 四方八方이다.
②옆 반 철수와 나는 同姓同本이다.
③요즘의 많은 직장인들은 十中八九 아침을 거른다.
④玉衣玉食도 좋지만 무엇보다 건강이 제일이다.

[설명] ◎四方八方(사방팔방): 여기저기 모든 방향이나 방면.

50. 父母님을 대하는 태도로 바르지 않은 것은? (④)
①父母님께 항상 감사한 마음을 갖는다.
②父母님께 공손한 태도로 이야기한다.
③父母님께 물건을 드릴 때는 두 손으로 드린다.
④父母님께서 나가고 들어오실 때 모른 척 한다.

♣ 수고하셨습니다.

모|범|답|안 12회

■ 다음 물음에 맞는 답의 번호를 골라 답안지의 해당 답란에 표시하시오.

※ 한자의 훈음으로 바른 것을 고르시오.

1. 巾 (③) ①해 년 ②아래 하 ③수건 건 ④열 십

[설명] ◎年(해 년), 下(아래 하), 十(열 십).

2. 耳 (②) ①여덟 팔 ②귀 이 ③아홉 구 ④들 입

[설명] ◎八(여덟 팔), 九(아홉 구), 入(들 입).

3. 夕 (②) ①돌 석 ②저녁 석 ③나무 목 ④일백 백

[설명] ◎石(돌 석), 木(나무 목), 百(일백 백).

4. 足 (①) ①발 족 ②아우 제 ③주인 주 ④몸 기

[설명] ◎弟(아우 제), 主(주인 주), 己(몸 기).

5. 央 (③) ①날 출 ②가운데 중 ③가운데 앙 ④스스로 자

[설명] ◎出(날 출), 中(가운데 중), 自(스스로 자).

6. 食 (①) ①먹을 식 ②맏 형 ③여섯 륙 ④오른 우

[설명] ◎兄(맏 형), 六(여섯 륙), 右(오른 우).

7. 少 (①) ①적을 소 ②큰 대 ③다섯 오 ④아버지 부

[설명] ◎大(큰 대), 五(다섯 오), 父(아버지 부).

8. 玉 (③) ①예 고 ②남녘 남 ③구슬 옥 ④동녘 동

[설명] ◎古(예 고), 南(남녘 남), 東(동녘 동).

9. 姓 (②) ①선비 사 ②성씨 성 ③쉴 휴 ④한 일

[설명] ◎士(선비 사), 休(쉴 휴), 一(한 일).

10. 方 (④) ①흰 백 ②장인 공 ③왼 좌 ④모 방

[설명] ◎白(흰 백), 工(장인 공), 左(왼 좌).

※ 훈음에 맞는 한자를 고르시오.

11. 수풀 림 (①) ①林 ②九 ③士 ④北

[설명] ◎九(아홉 구), 士(선비 사), 北(북녘 북).

12. 근본 본 (③) ①火 ②子 ③本 ④今

[설명] ◎火(불 화), 子(아들 자), 今(이제 금).

13. 옷 의 (③) ①江 ②王 ③衣 ④手

[설명] ◎江(강 강), 王(임금 왕), 手(손 수).

14. 세상 세 (④) ①心 ②川 ③地 ④世

[설명] ◎心(마음 심), 川(내 천), 地(땅 지).

15. 먼저 선 (③) ①末 ②牛 ③先 ④犬

[설명] ◎末(끝 말), 牛(소 우), 犬(개 견).

16. 눈 목 (①) ①目 ②魚 ③名 ④百

[설명] ◎魚(물고기 어), 名(이름 명), 百(일백 백).

17. 바깥 외 (④) ①父 ②女 ③千 ④外

[설명] ◎父(아버지 부), 女(여자 녀), 千(일천 천).

18. 글월 문 (①) ①文 ②金 ③門 ④男

[설명] ◎金(쇠 금), 門(문 문), 男(사내 남).

19. 양 양 (②) ①向 ②羊 ③月 ④内

[설명] ◎向(향할 향), 月(달 월), 内(안 내).

20. 자리 위 (③) ①人 ②立 ③位 ④口

[설명] ◎人(사람 인), 立(설 립), 口(입 구).

※ 물음에 알맞은 답을 고르시오.

21. "흐르는 물의 모양"을 본떠 만든 한자는?(④)

①十 ②三 ③小 ④川

[설명] ◎川(내 천).

※ 물음에 알맞은 답을 고르시오.

탈 것을 넘어 예술의 경지를 보여주는 세계 22)<u>名車</u> 테마파크는 전세계 자동차 마니아들의 심장을 최대 23)<u>馬力</u>(으)로 뛰게 한다.

22. 위의 밑줄 친 "名車"에서 '車'의 훈음으로 바른 것은? (②)

①수레 명 ②수레 차 ③수래 차 ④수레 동

[설명] ◎車(차·거): 수레, 수레바퀴, 수레를 모는 사람, 이틀(이가 박혀 있는 위턱 아래턱의 구멍이 뚫린 뼈), 치은(잇몸), 장기(將棋·將碁)의 말 (차) / 수레, 수레바퀴, 수레를 모는 사람, 이틀, 치은 (거). ◎名車(명차): 품질이 좋은 훌륭한 자동차.

23. 위의 밑줄 친 '馬力'을(를) 바르게 읽은 것은? (③)

①마구 ②마도 ③마력 ④바력

[설명] ◎馬力(마력): 동력이나 단위 시간당 일의 양을 나타내는 실용 단위. 말 한 마리의 힘에 해당하는 일의 양이다.

24. 밑줄 친 부분에 해당하는 한자가 <u>잘못</u> 쓰인 것은? (④)

①<u>하늘</u>은 더없이 푸르고 높았다. : 天

모|범|답|안 12회

②이제부터 돈을 아껴 써야 한다. : 今
③집 안으로 들어갔다. : 內
④바구니에 노란 참외가 네 개 있었다. : 西
[설명] ◎西(서녘 서), 四(넉 사).

25. 한자의 총획이 바르지 않은 것은? (①)
①東-총9획 ②右-총5획 ③男-총7획 ④左-총5획
[설명] ◎東(동녘 동): 木(나무 목, 4획)부수의 4획, 총8획.

26. '同'의 유의자는? (③)
①口 ②山 ③一 ④火
[설명] ◎同(한가지, 같을 동) = 一(한, 같을 일).

※ 어휘의 독음이 바른 것을 고르시오.

27. 不正 (③) ①부왕 ②분정 ③부정 ④불왕
[설명] ◎不正(부정): 올바르지 아니하거나 옳지 못함.
28. 六月 (①) ①유월 ②륙일 ③뉴월 ④육일
[설명] ◎六月(유월): 한 해 열두 달 가운데 여섯째 달.
29. 中立 (②) ①시립 ②중립 ③시위 ④중위
[설명] ◎中立(중립):「1」어느 편에도 치우치지 아니하고 공정하게 처신함.「2」국가 사이의 분쟁이나 전쟁에 관여하지 아니하고 중간 입장을 지킴.
30. 七八 (④) ①구칠 ②팔칠 ③칠구 ④칠팔
[설명] ◎七八(칠팔): 그 수량이 일곱이나 여덟임을 나타내는 말.
31. 自己 (④) ①백신 ②백기 ③자신 ④자기
[설명] ◎自己(자기): 그 사람 자신.

※ 어휘의 뜻으로 알맞은 것을 고르시오.

32. 下向 (②)
①방향이 없음 ②아래로 향함
③위에 머물러 있음 ④기세가 강해짐
33. 年末 (③)
①해마다 반복함 ②해마다 시작함
③한 해의 마지막 때 ④한 해가 시작된 때
34. 同心 (④)
①고향 생각 ②바른 마음
③어린이의 마음 ④마음을 같이함

※ 다음 면에 계속

※ 낱말을 한자로 바르게 쓴 것을 고르시오.

35. 서남: 서쪽과 남쪽을 아울러 이르는 말. (①)
①西南 ②西北 ③南西 ④北西
36. 사촌: 아버지의 친형제자매의 아들이나 딸과의 촌수. (④)
①二寸 ②三寸 ③人寸 ④四寸
37. 형부: 언니의 남편. (②)
①兄弟 ②兄夫 ③弟夫 ④弟兄
38. 토지: 경지나 주거지 따위의 사람의 생활과 활동에 이용하는 땅. (③)
①土江 ②金土 ③土地 ④地土

※ 밑줄 친 어휘를 바르게 읽은 것을 고르시오.

39. 字母은(는) 한글의 초성에 해당한다. (④)
①자음 ②모음 ③자부 ④자모
[설명] ◎字母(자모):「1」『언어』한 개의 음절을 자음과 모음으로 갈라서 적을 수 있는 낱낱의 글자. 자음 자모와 모음 자모, 쌍자모와 복자모 따위가 있다.「2」『언어』중국 음운학에서 동일한 성모(聲母)를 가진 글자들 가운데에서 한 글자를 골라 그 대표로 삼은 글자. 한글의 초성에 해당하는데, 한자의 절음(切音)을 보이는 36 글자이다.
40. 日出을 보며 새해 소망을 빌었다. (③)
①일산 ②백산 ③일출 ④구출
[설명] ◎日出(일출): 해가 뜸.
41. 낙랑공주와 호동王子는 서로 좋아했다. (④)
①옥자 ②태자 ③세자 ④왕자
[설명] ◎王子(왕자):「1」임금의 아들.「2」어린 사내아이를 귀엽게 이르는 말.
42. 그는 休日 아침마다 늦잠을 잔다. (①)
①휴일 ②목일 ③휴가 ④연휴
[설명] ◎休日(휴일): 일요일이나 공휴일 따위의 일을 하지 아니하고 쉬는 날.
43. 生水를 사 먹는 가정이 점점 늘고 있다. (③)
①상수 ②정수 ③생수 ④생화
[설명] ◎生水(생수): 샘구멍에서 솟아 나오는 맑은 물.
44. 千古에 길이 빛날 역사적인 사건이다. (②)
①대고 ②천고 ③대우 ④천우
[설명] ◎千古(천고):「1」아주 먼 옛적.「2」아주 오랜 세월 동안.「3」오랜 세월을 통하여 그 종류가 드문 일.

※ 밑줄 친 부분을 한자로 바르게 쓴 것을 고르시오.

"45)주상전하 납시오"라는 말과 함께 궁전의 46)대문이 열리고 신하들이 북쪽을 향하여 꿇어앉았다.

45. 주상 (③)
①左上 ②左小 ③主上 ④主小
[설명] ◎主上(주상): 군주 국가에서 나라를 다스리는

우두머리.

46. 대문 (①)

①大門 ②木青 ③木門 ④大青

[설명] ◎大門(대문): 큰 문. 주로, 한 집의 주가 되는 출입문을 이른다.

※ 물음에 알맞은 답을 고르시오.

47. '石手'의 유의어는? (②)

①水石 ②石工 ③金手 ④水工

[설명] ◎石手(석수)·石工(석공): 돌을 다루어 물건을 만드는 사람.

48. 동물을 나타내는 한자가 아닌 것은? (④)

①犬 ②牛 ③魚 ④五

[설명] ◎犬(개 견), 牛(소 우), 魚(물고기 어), 五(다섯 오).

49. "青天白日"의 뜻이 문장에서 가장 알맞게 쓰인 것은? (①)

①青天白日에 난데없이 소나기가 쏟아졌다.

②견우가 직녀가 만나는 날은 青天白日이다.

③경치 좋고 이름난 青天白日을 돌아다녔다.

④출생한 해와 달과 날은 青天白日이다.

[설명] ◎青天白日(청천백일):「1」하늘이 맑게 갠 대낮.「2」맑은 하늘에 뜬 해.

50. 평소의 행동으로 바르지 않은 것은? (④)

①문을 조심스럽게 열고 닫는다.

②부모님의 말씀을 잘 듣는다.

③밖에 나갔다 들어와서는 손발을 깨끗이 씻는다.

④집밖으로 갈 때에는 누구에게도 알리지 않는다.

♣ 수고하셨습니다.

*準五級漢字 실전대비문제

모 | 범 | 답 | 안 13회

■ 다음 물음에 맞는 답의 번호를 골라 답안지의 해당 답란에 표시하시오.

※ 한자의 훈음으로 바른 것을 고르시오.

1. 魚 (②) ①마디 촌 ②물고기 어 ③말 마 ④개 견
[설명] ◎寸(마디 촌), 馬(말 마), 犬(개 견).
2. 百 (④) ①흰 백 ②수풀 림 ③성씨 성 ④일백 백
[설명] ◎白(흰 백), 林(수풀 림), 姓(성씨 성).
3. 末 (④) ①먼저 선 ②구슬 옥 ③강 강 ④끝 말
[설명] ◎先(먼저 선), 玉(구슬 옥), 江(강 강).
4. 央 (③) ①사내 남 ②양 양 ③가운데 앙 ④동녘 동
[설명] ◎男(사내 남), 羊(양 양), 東(동녘 동).
5. 左 (②) ①해 년 ②왼 좌 ③다섯 오 ④날 생
[설명] ◎年(해 년), 五(다섯 오), 生(날 생).
6. 衣 (③) ①이름 명 ②선비 사 ③옷 의 ④저녁 석
[설명] ◎名(이름 명), 士(선비 사), 夕(저녁 석).
7. 向 (①) ①향할 향 ②어머니 모 ③모 방 ④몸 기
[설명] ◎母(어머니 모), 方(모 방), 己(몸 기).
8. 牛 (①) ①소 우 ②마음 심 ③아들 자 ④지아비 부
[설명] ◎心(마음 심), 子(아들 자), 夫(지아비 부).
9. 立 (③) ①안 내 ②만 형 ③설 립 ④여자 녀
[설명] ◎內(안 내), 兄(만 형), 女(여자 녀).
10. 外 (③) ①불 화 ②돌 석 ③바깥 외 ④이제 금
[설명] ◎火(불 화), 石(돌 석), 今(이제 금).

※ 훈음에 맞는 한자를 고르시오.

11. 먹을 식 (③) ①人 ②月 ③食 ④字
[설명] ◎人(사람 인), 月(달 월), 字(글자 자).
12. 아니 불 (④) ①弟 ②一 ③今 ④不
[설명] ◎弟(아우 제), 一(한 일), 今(이제 금).
13. 바를 정 (③) ①己 ②西 ③正 ④目
[설명] ◎己(몸 기), 西(서녘 서), 目(눈 목).
14. 일천 천 (④) ①犬 ②天 ③二 ④千
[설명] ◎犬(개 견), 天(하늘 천), 二(두 이).
15. 장인 공 (①) ①工 ②三 ③北 ④九
[설명] ◎三(석 삼), 北(북녘 북), 九(아홉 구).
16. 힘 력 (③) ①士 ②土 ③力 ④八
[설명] ◎士(선비 사), 土(흙 토), 八(여덟 팔).
17. 수건 건 (①) ①巾 ②右 ③姓 ④林
[설명] ◎右(오른 우), 姓(성씨 성), 林(수풀 림).
18. 예 고 (④) ①羊 ②南 ③十 ④古
[설명] ◎羊(양 양), 南(남녘 남), 十(열 십).
19. 적을 소 (③) ①青 ②世 ③少 ④車
[설명] ◎青(푸를 청), 世(세상 세), 車(수레 거).
20. 한가지 동 (③) ①方 ②五 ③同 ④足
[설명] ◎方(모 방), 五(다섯 오), 足(발 족).

※ 물음에 알맞은 답을 고르시오.

21. "코의 모양"을 본떠 만든 한자로 사람들이 자기 코를 가리켜 자기를 의미한 것에서 "스스로"라는 뜻을 가진 한자는? (①)
①自 ②口 ③男 ④三
[설명] ◎自(스스로 자).

※ 물음에 알맞은 답을 고르시오.

오늘 읽어 줄 동화책에는 22)<u>木手</u>와(과) 23)<u>馬夫</u>가 등장한다.

22. 위의 밑줄 친 '木手'을(를) 바르게 읽은 것은? (③)
①목손 ②휴수 ③목수 ④휴손
[설명] ◎木手(목수): 나무를 다루어 집을 짓거나 가구, 기구 따위를 만드는 일을 업으로 하는 사람.
23. 위의 밑줄 친 '馬夫'의 뜻으로 바른 것은?(③)
①매우 우수한 말 ②말이 끄는 수레
③말을 부려 마차나 수레를 모는 사람
④품삯을 받고 육체노동을 하는 사람
[설명] ◎馬夫(마부): 말을 부려 마차나 수레를 모는 사람.
24. 밑줄 친 부분에 해당하는 한자가 <u>잘못</u> 쓰인 것은? (②)
①<u>형</u>은 아우를 잘 보살펴야 한다. : 兄
②비가 온 후 <u>강</u>의 물이 불어났다. : 己

③물건을 책상 가운데에 놓았다. : 中
④흰 옷이 너한테 잘 어울린다. : 白
[설명] ◎江(강 강), 己(몸 기).
25. 한자의 총획이 8획이 아닌 것은? (①)
①食 ②姓 ③門 ④靑
[설명] ◎食(먹을 식): 제부수, 총9획.
26. '川'의 반의자는? (④)
①犬 ②九 ③子 ④山
[설명] ◎川(내 천) ↔ 山(메/뫼 산).

※ 어휘의 독음이 바른 것을 고르시오.

27. 天主 (④) ①주인 ②대주 ③천왕 ④천주
[설명] ◎天主(천주): 하느님.
28. 內耳 (④) ①내의 ②내외 ③우이 ④내이
[설명] ◎內耳(내이): 속귀.
29. 年休 (②) ①연목 ②연휴 ③년목 ④연림
[설명] ◎年休(연휴): 연차 유급 휴가.
30. 本土 (②) ①목토 ②본토 ③본상 ④목상
[설명] ◎本土(본토): 주가 되는 국토를 섬이나 속국에 상대하여 이르는 말.
31. 日出 (④) ①월산 ②월출 ③일산 ④일출
[설명] ◎日出(일출): 해가 뜸.

※ 어휘의 뜻으로 알맞은 것을 고르시오.

32. 玉石 (③)
①임금의 자리 ②힘이나 기량이 모자람
③옥과 돌이라는 뜻으로 좋은 것과 나쁜 것
④맑은 샘물
33. 四寸 (②)
①할아버지 형제의 자녀의 촌수
②아버지의 친형제의 자녀의 촌수
③작은 아버지 ④큰아버지
34. 右足 (②)
①왼쪽 발 ②오른쪽에 있는 발
③스스로 서는 것 ④손과 발이 되어 일함

※ 다음 면에 계속

※ 낱말을 한자로 바르게 쓴 것을 고르시오.

35. 오월: 한 해 열두 달 가운데 다섯째 달. (②)
①十月 ②五月 ③目月 ④六月
36. 지위: 개인의 사회적 신분에 따르는 위치나 자리. (①)
①地位 ②弟位 ③位地 ④地字
37. 세상: 사람이 살고 있는 모든 사회를 통틀어 이르는 말. (④)
①四上 ②二世 ③世右 ④世上
38. 화산: 땅속에 있는 가스, 마그마 따위가 지각의 터진 틈을 통하여 지표로 분출하는 지점. (③)
①山火 ②南山 ③火山 ④人火

※ 밑줄 친 어휘를 바르게 읽은 것을 고르시오.

39. 그는 시인으로 文名이 높다. (④)
①문인 ②우명 ③문장 ④문명
[설명] ◎文名(문명): 글을 잘하여 세상에 알려진 이름.
40. 大東은 '우리나라'를 이르는 말이다. (②)
①남동 ②대동 ③정남 ④정동
[설명] ◎大東(대동): 동방의 큰 나라라는 뜻으로, '우리나라'를 이르는 말.
41. 七夕날은 견우와 직녀가 만나는 날이다. (①)
①칠석 ②칠월 ③구석 ④구월
[설명] ◎七夕(칠석): 음력으로 칠월 초이렛날의 밤. 이때에 은하의 서쪽에 있는 직녀와 동쪽에 있는 견우가 오작교에서 일 년에 한 번 만난다는 전설이 있다.
42. 은행에서 入金된 돈을 확인했다. (④)
①입김 ②인금 ③선금 ④입금
[설명] ◎入金(입금): 「1」 돈을 들여놓거나 넣어 줌. 또는 그 돈. 「2」 은행 따위에 예금하거나 빚을 갚기 위하여 돈을 들여놓는 일.
43. 이웃 나라의 王女를 만났다. (①)
①왕녀 ②모녀 ③옥녀 ④왕자
[설명] ◎王女(왕녀): 왕의 딸.
44. 강이나 호수 따위의 한가운데를 水心이라 한다. (②)
①목심 ②수심 ③중심 ④수중
[설명] ◎水心(수심): 「1」 수면(水面)의 중심. 「2」 강이나 호수 따위의 한가운데.

※ 밑줄 친 부분을 한자로 바르게 쓴 것을 고르시오.

45)선생님께서 "46)부모님 말씀을 잘 들어야 한다"고 말씀하셨다.

45. 선생 (④)
①小生 ②生先 ③小先 ④先生
[설명] ◎先生(선생): 「1」 학생을 가르치는 사람. 「2」 학예가 뛰어난 사람을 높여 이르는 말. 「3」 성(姓)이나 직함 따위에 붙여 남을 높여 이르는 말. 「4」 어떤 일에 경험이 많거나 잘 아는 사람을 비유적으로 이르는 말. 「5」 자기보다 나이가 적은 남자 어른을 높여 이르는 말.

46. 부모 (④)
①母父 ②父子 ③子母 ④父母
[설명] ◎父母(부모): 아버지와 어머니를 아울러 이르는 말.

※ 물음에 알맞은 답을 고르시오.

47. '上水'의 반의어는? (②)
①小字 ②下水 ③中水 ④下口
[설명] ◎上水(상수): 음료수나 사용수 따위로 쓰기 위하여 수도관을 통하여 보내는 맑은 물. ↔ ◎下水(하수): 빗물이나 집, 공장, 병원 따위에서 쓰고 버리는 더러운 물.

48. '방향'을 나타내는 한자가 아닌 것은? (②)
①北 ②夫 ③西 ④南
[설명] ◎北(북녘 북), 西(서녘 서), 南(남녘 남)은 '방향'을 이르는 말이다. 夫(지아비 부).

49. 문장에서 성어의 쓰임이 바른 것은? (①)
①四方八方 안 가본 곳이 없다.
②四方八方이 목숨을 구해주었다.
③우리 학급의 학생들은 四方八方이 아침을 거른다.
④그는 이 일에서 四方八方하여 결국 성공했다.
[설명] ◎四方八方(사방팔방): 여기저기 모든 방향이나 방면.

50. 평소의 행동으로 바르지 않은 것은? (④)
①出入을 할 때에는 반드시 부모님께 인사를 드린다.
②품행을 바르게 한다.
③今日에 해야 할 일은 今日에 해결한다.
④부모님으로부터 自立하지 않도록 노력한다.

♣ 수고하셨습니다.

*準五級漢字 실전대비문제

모|범|답|안 14회

■ 다음 물음에 맞는 답의 번호를 골라 답안지의 해당 답란에 표시하시오.

※ 한자의 훈음으로 바른 것을 고르시오.

1. 位 (①) ①자리 위 ②다섯 오 ③날 출 ④흙 토

[설명] ◎五(다섯 오), 出(날 출), 土(흙 토).

2. 工 (①) ①장인 공 ②일곱 칠 ③오른 우 ④가운데 중

[설명] ◎七(일곱 칠), 右(오른 우), 中(가운데 중).

3. 林 (④) ①입 구 ②날 생 ③바를 정 ④수풀 림

[설명] ◎口(입 구), 生(날 생), 正(바를 정).

4. 同 (②) ①적을 소 ②한가지 동 ③글월 문 ④여섯 륙

[설명] ◎少(적을 소), 文(글월 문), 六(여섯 륙).

5. 本 (③) ①아홉 구 ②왼 좌 ③근본 본 ④몸 기

[설명] ◎九(아홉 구), 左(왼 좌), 己(몸 기).

6. 主 (①) ①주인 주 ②서녘 서 ③달 월 ④아들 자

[설명] ◎西(서녘 서), 月(달 월), 子(아들 자).

7. 古 (③) ①발 족 ②땅 지 ③예 고 ④나무 목

[설명] ◎足(발 족), 地(땅 지), 木(나무 목).

8. 先 (③) ①일백 백 ②말 마 ③먼저 선 ④마디 촌

[설명] ◎百(일백 백), 馬(말 마), 寸(마디 촌).

9. 車 (④) ①눈 목 ②힘 력 ③남녘 남 ④수레 거

[설명] ◎目(눈 목), 力(힘 력), 南(남녘 남).

10. 石 (②) ①여덟 팔 ②돌 석 ③귀 이 ④북녘 북

[설명] ◎八(여덟 팔), 耳(귀 이), 北(북녘 북).

※ 훈음에 맞는 한자를 고르시오.

11. 임금 왕 (③) ①小 ②立 ③王 ④巾

[설명] ◎小(작을 소), 立(설 립), 巾(수건 건).

12. 글자 자 (③) ①弟 ②右 ③字 ④內

[설명] ◎弟(아우 제), 右(오른 우), 內(안 내).

13. 동녘 동 (①) ①東 ②木 ③二 ④目

[설명] ◎木(나무 목), 二(두 이), 目(눈 목).

14. 끝 말 (①) ①末 ②入 ③自 ④六

[설명] ◎入(들 입), 自(스스로 자), 六(여섯 륙).

15. 개 견 (②) ①玉 ②犬 ③少 ④兄

[설명] ◎玉(구슬 옥), 少(적을 소), 兄(맏 형).

16. 선비 사 (④) ①左 ②白 ③五 ④士

[설명] ◎左(왼 좌), 白(흰 백), 五(다섯 오).

17. 저녁 석 (②) ①九 ②夕 ③正 ④子

[설명] ◎九(아홉 구), 正(바를 정), 子(아들 자).

18. 가운데 앙 (②) ①水 ②央 ③魚 ④中

[설명] ◎水(물 수), 魚(물고기 어), 中(가운데 중).

19. 성씨 성 (④) ①南 ②十 ③千 ④姓

[설명] ◎南(남녘 남), 十(열 십), 千(일천 천).

20. 푸를 청 (③) ①三 ②寸 ③青 ④手

[설명] ◎三(석 삼), 寸(마디 촌), 手(손 수).

※ 물음에 알맞은 답을 고르시오.

21. "상투를 튼 어엿한 어른, 즉 장가를 든 남자"라 하여 '지아비'를 뜻하는 한자는? (①)

①夫 ②土 ③立 ④衣

[설명] ◎夫(지아비 부).

※ 물음에 알맞은 답을 고르시오.

22. "흰 눈이 온 <u>世</u>上을 덮었다"에서 밑줄 친 '世'의 훈음으로 알맞은 것은? (①)

①세상 세 ②해 년 ③시대 세 ④다섯 오

[설명] ◎世上(세상): 「1」 사람이 살고 있는 모든 사회를 통틀어 이르는 말. 「2」 사람이 태어나서 죽을 때까지의 기간. 「3」 어떤 개인이나 단체가 마음대로 활동할 수 있는 시간이나 공간. 「4」 절, 수도원, 감옥 따위에서 바깥 사회를 이르는 말.

23. "<u>休</u>日에 푹 쉬었더니 몸이 개운하다"에서 밑줄 친 '休'의 훈음으로 알맞은 것은? (③)

①그칠 휴 ②행복 휴 ③쉴 휴 ④말 휴

[설명] ◎休日(휴일): 일요일이나 공휴일 따위의 일을 하지 아니하고 쉬는 날.

24. 한자의 총획이 바르지 <u>않은</u> 것은? (①)

①魚-총12획 ②青-총8획 ③方-총4획 ④巾-총3획

[설명] ◎魚(물고기 어): 魚(제부수), 총11획.

25. '江'의 유의자는? (②)

①山 ②川 ③一 ④白

[설명] ◎江(강 강) = 川(내 천).

26. '男'의 반의자는? (②)

①天 ②女 ③兄 ④弟

[설명] ◎男(사내 남) ↔ 女(여자 녀).

※ 어휘의 독음이 바른 것을 고르시오.

27. 北門 (③) ①남문 ②서문 ③북문 ④동문

[설명] ◎北門(북문):「1」북쪽으로 난 문.「2」성곽의 북쪽에 있는 문.

28. 外耳 (③) ①내귀 ②석이 ③외이 ④외귀

[설명] ◎外耳(외이): 바깥귀. 귀의 바깥쪽 부분. 귓바퀴와 바깥귀길로 이루어져 있고, 고막과 가운데귀를 보호하며, 음향을 받아 고막에 전한다.

29. 人心 (①) ①인심 ②성심 ③인정 ④인물

[설명] ◎人心(인심):「1」사람의 마음.「2」남의 딱한 처지를 헤아려 알아주고 도와주는 마음.「3」백성의 마음.「4」사사로운 마음.

30. 食口 (③) ①석구 ②음구 ③식구 ④식공

[설명] ◎食口(식구):「1」한집에서 함께 살면서 끼니를 같이하는 사람.「2」한 조직에 속하여 함께 일하는 사람을 비유적으로 이르는 말.

31. 火力 (②) ①수력 ②화력 ③수역 ④화도

[설명] ◎火力(화력):「1」불이 탈 때에 내는 열의 힘.「2」총포 따위의 무기의 위력.

※ 어휘의 뜻으로 알맞은 것을 고르시오.

32. 今日 (②)

①어제 ②오늘 ③내일 ④시간

33. 出入 (④)

①밖으로 나가는 통로 ②집안으로 들어옴

③땅속의 것을 파냄 ④나가고 들어감

34. 自己 (②)

①저절로 나서 자람 ②그 사람 자신

③스스로 만족하게 여김 ④자기 혼자의 힘

※ 다음 면에 계속

※ 낱말을 한자로 바르게 쓴 것을 고르시오.

35. 천금: 많은 돈의 비유. (③)

①千馬 ②天金 ③千金 ④天馬

36. 백세: 멀고 오랜 세월. (④)

①百正 ②今世 ③百今 ④百世

37. 소자: 자기를 낮추어 이르는 일인칭 대명사. (②)

①西小 ②小子 ③子小 ④西左

38. 생년: 태어난 해. (①)

①生年 ②弟年 ③四年 ④年生

※ 밑줄 친 어휘의 알맞은 독음을 고르시오.

39. 겨울에는 <u>內衣</u>을(를) 입는 것이 좋다. (④)

①내외 ②의식 ③의복 ④내의

[설명] ◎內衣(내의):「1」속옷.「2」내복.

40. 길을 잘못 들어 <u>方向</u>을(를) 잃고 한참 헤맸다. (②)

①방위 ②방향 ③동방 ④주인

[설명] ◎方向(방향):「1」어떤 방위(方位)를 향한 쪽.「2」어떤 뜻이나 현상이 일정한 목표를 향하여 나아가는 쪽.

41. 우리 모두는 <u>父母</u>님을 공경해야 한다. (①)

①부모 ②부부 ③무모 ④모녀

[설명] ◎父母(부모): 아버지와 어머니를 아울러 이르는 말.

42. 알고 보니 그녀는 판소리의 <u>名手</u>였다. (③)

①소수 ②식수 ③명수 ④가수

[설명] ◎名手(명수): 기능이나 기술 따위에서 소질과 솜씨가 뛰어난 사람.

43. <u>玉文</u>은 남의 글을 높여 이르는 말이다. (①)

①옥문 ②왕옥 ③옥글 ④왕문

[설명] ◎玉文(옥문): 아름다운 문장이라는 뜻으로, 남의 글을 높여 이르는 말.

44. 산소 <u>不足</u>으로 물고기가 떼죽음을 당했다.(③)

①부형 ②불형 ③부족 ④만족

[설명] ◎不足(부족): 필요한 양이나 기준에 미치지 못해 충분하지 아니함.

※ 밑줄 친 부분을 한자로 바르게 쓴 것을 고르시오.

광활한 45)<u>대지</u>의 목장에서 46)<u>우양</u>이 한가롭게 풀을 뜯고 있다.

45. 대지 (③)

①地大 ②八地 ③大地 ④八大

[설명] ◎大地(대지):「1」대자연의 넓고 큰 땅.「2」좋은 묏자리.

46. 우양 (①)

①牛羊 ②羊牛 ③五牛 ④牛五

[설명] ◎牛羊(우양): 소와 양을 아울러 이르는 말.

※ 물음에 알맞은 답을 고르시오.

47. '木手'의 유의어는? (②)

①三木　②大木　③木寸　④十手

[설명] ◎木手(목수): 나무를 다루어 집을 짓거나 가구, 기구 따위를 만드는 일을 직업으로 하는 사람. = ◎大木(대목): 「1」 큰 건축물을 잘 짓는 목수. 「2」 '목수(木手)'를 높여 이르는 말.

48. '年上'의 반의어는? (②)

①上下　②年下　③下水　④下上

[설명] ◎年上(연상): 자기보다 나이가 많음. 또는 그런 사람. ↔ ◎年下(연하): 나이가 적음. 또는 그런 사람.

49. "名山大川"의 뜻으로 바른 것은? (④)

①넓게 트인 땅　②모든 방면

③산과 강을 찾음　④경치 좋고 이름난 산천

[설명] ◎名山大川(명산대천): 이름난 산과 큰 내.

50. 인사하는 태도로 바르지 <u>않은</u> 것은? (①)

①그냥 대충 고개만 숙여 인사를 한다.

②손과 발을 가지런히 모으고 인사를 한다.

③얼굴에 가득 미소를 띠면서 인사를 한다.

④고개를 바르고 정중하게 숙여 인사를 한다.

♣ 수고하셨습니다.

모|범|답|안 15회

■ 다음 물음에 맞는 답의 번호를 골라 답안지의 해당 답란에 표시하시오.

※ 한자의 훈음으로 바른 것을 고르시오.

1. 不 (④) ①일백 백 ②향할 향 ③만 형 ④아니 불
[설명] ◎百(일백 백), 向(향할 향), 兄(만 형).
2. 位 (②) ①작을 소 ②자리 위 ③위 상 ④여섯 륙
[설명] ◎小(작을 소), 上(위 상), 六(여섯 륙).
3. 川 (①) ①내 천 ②오른 우 ③먹을 식 ④수풀 림
[설명] ◎右(오른 우), 食(먹을 식), 林(수풀 림).
4. 千 (①) ①일천 천 ②여덟 팔 ③불 화 ④북녘 북
[설명] ◎八(여덟 팔), 火(불 화), 北(북녘 북).
5. 心 (②) ①구슬 옥 ②마음 심 ③끝 말 ④다섯 오
[설명] ◎玉(구슬 옥), 末(끝 말), 五(다섯 오).
6. 古 (③) ①열 십 ②들 입 ③예 고 ④날 출
[설명] ◎十(열 십), 入(들 입), 出(날 출).
7. 士 (④) ①동녘 동 ②옷 의 ③세상 세 ④선비 사
[설명] ◎東(동녘 동), 衣(옷 의), 世(세상 세).
8. 己 (①) ①몸 기 ②돌 석 ③큰 대 ④한가지 동
[설명] ◎石(돌 석), 大(큰 대), 同(한가지 동).
9. 地 (③) ①마디 촌 ②흙 토 ③땅 지 ④임금 왕
[설명] ◎寸(마디 촌), 土(흙 토), 王(임금 왕).
10.正 (④) ①흰 백 ②달 월 ③먼저 선 ④바를 정
[설명] ◎白(흰 백), 月(달 월), 先(먼저 선).

※ 훈음에 맞는 한자를 고르시오.

11. 물고기 어 (②) ①林 ②魚 ③南 ④六
[설명] ◎林(수풀 림), 南(남녘 남), 六(여섯 륙).
12. 수레 거 (①) ①車 ②力 ③東 ④年
[설명] ◎力(힘 력), 東(동녘 동), 年(해 년).
13. 말 마 (②) ①口 ②馬 ③金 ④犬
[설명] ◎口(입 구), 金(쇠 금), 犬(개 견).
14. 근본 본 (③) ①九 ②夕 ③本 ④士
[설명] ◎九(아홉 구), 夕(저녁 석), 士(선비 사).
15. 설 립 (④) ①山 ②四 ③女 ④立
[설명] ◎山(메 산), 四(넉 사), 女(여자 녀).
16. 주인 주 (①) ①主 ②五 ③左 ④手
[설명] ◎五(다섯 오), 左(왼 좌), 手(손 수).
17. 향할 향 (①) ①向 ②足 ③門 ④西
[설명] ◎足(발 족), 門(문 문), 西(서녘 서).
18. 이제 금 (③) ①字 ②古 ③今 ④巾
[설명] ◎字(글자 자), 古(예 고), 巾(수건 건).
19. 아우 제 (④) ①母 ②兄 ③父 ④弟
[설명] ◎母(어머니 모), 兄(만 형), 父(아버지 부).
20. 지아비 부 (②) ①羊 ②夫 ③外 ④七
[설명] ◎羊(양 양), 外(바깥 외), 七(일곱 칠).

※ 물음에 알맞은 답을 고르시오.

21. "사람이 나무 밑에서 쉰다"에서 '쉬다'의 뜻을 나타내는 한자는? (③)
①木 ②巾 ③休 ④青
[설명] ◎休(쉴 휴).

※ 물음에 알맞은 답을 고르시오.

22. "때에 맞는 말 한마디가 <u>千金</u>보다 귀하다"에서 밑줄 친 '金'의 훈음으로 알맞은 것은? (④)
①성 금 ②성 김 ③쇠 김 ④쇠 금
[설명] ◎千金(천금):「1」많은 돈이나 비싼 값을 비유적으로 이르는 말.「2」아주 귀중한 것을 비유적으로 이르는 말.
23. "관중들은 경기장 <u>内外</u>를 가득 메웠다"에서 밑줄 친 '内'의 훈음으로 알맞은 것은? (①)
①안 내 ②바깥 외 ③여관 나 ④아내 내
[설명] ◎内外(내외): 안과 밖을 아울러 이르는 말.
24. 한자의 총획이 바르지 <u>않은</u> 것은? (③)
①夕-총3획 ②火-총4획 ③先-총5획 ④耳-총6획
[설명] ◎先(먼저 선): 儿(어진사람 인, 2획)부수의 4획, 총6획.
25. '文'의 유의자는? (①)
①字 ②九 ③目 ④食
[설명] ◎文(글월 문) = 字(글자 자).
26. '江'의 반의자는? (②)

모|범|답|안 15회

①南 ②山 ③月 ④日

[설명] ◎江(강 강) ↔ 山(메 산).

※ 어휘의 독음이 바른 것을 고르시오.

27. 門下 (②) ①문상 ②문하 ③부상 ④부하

[설명] ◎門下(문하): 가르침을 받는 스승의 아래.

28. 出入 (①) ①출입 ②산입 ③산출 ④출인

[설명] ◎出入(출입): 「1」 어느 곳을 드나듦. 「2」 잠깐 다녀오려고 집 밖으로 나감.

29. 白土 (④) ①목토 ②목상 ③본상 ④백토

[설명] ◎白土(백토): 「1」 빛깔이 희고 부드러우며 고운 흙. 「2」 잔모래가 많이 섞인 흰 빛깔의 흙.

30. 北西 (②) ①서북 ②북서 ③북문 ④자서

[설명] ◎北西(북서): 북서쪽.

31. 中央 (③) ①건앙 ②건대 ③중앙 ④중대

[설명] ◎中央(중앙): 「1」 사방의 중심이 되는 한가운데. 「2」 양쪽 끝에서 같은 거리에 있는 지점. 「3」 중심이 되는 중요한 곳. 「4」 지방에 상대하여 수도를 이르는 말.

※ 어휘의 뜻으로 알맞은 것을 고르시오.

32. 左右 (④)

①오른 손 ②오른 발

③왼발 ④왼쪽과 오른쪽

[설명] ◎左右(좌우).

33. 水力 (①)

①물의 힘 ②불의 힘

③나무의 힘 ④뛰어난 힘

[설명] ◎水力(수력).

34. 牛羊 (③)

①소와 개 ②날짐승

③소와 양 ④소의 고기

[설명] ◎牛羊(우양).

※ 다음 면에 계속

※ 낱말을 한자로 바르게 쓴 것을 고르시오.

35. 명견: 이름난 개. (②)

①目犬 ②名犬 ③休名 ④犬名

36. 자족: 스스로 넉넉함을 느낌. (①)

①自足 ②子足 ③足子 ④足自

37. 옥석: 옥과 돌. (④)

①石玉 ②玉金 ③耳玉 ④玉石

38. 대왕: 훌륭하고 업적이 뛰어난 임금을 높여 이름. (①)

①大王 ②大央 ③大工 ④王口

※ 밑줄 친 어휘의 알맞은 독음을 고르시오.

39. <u>三寸</u>과 함께 여행을 다녀왔다. (①)

①삼촌 ②삼춘 ③사촌 ④사춘

[설명] ◎三寸(삼촌): 아버지의 형제를 이르거나 부르는 말.

40. '<u>木青</u>'은 '초록색'과 같은 말이다. (③)

①수청 ②목정 ③목청 ④수정

[설명] ◎木青(목청): 초록색.

41. 모든 상황은 지난번과 <u>同一</u>했다. (④)

①동심 ②동인 ③동이 ④동일

[설명] ◎同一(동일): 「1」 어떤 것과 비교하여 똑같음. 「2」 각각 다른 것이 아니라 하나임.

42. 이달 <u>末日</u>까지 서류를 제출해야 한다. (①)

①말일 ②미일 ③본말 ④월말

[설명] ◎末日(말일): 어떤 시기나 기간의 맨 마지막 날.

43. 그들 부부는 <u>天生</u>연분으로 만났다. (②)

①천성 ②천생 ③천심 ④대성

[설명] ◎天生(천생): 하늘로부터 타고남. 또는 그런 바탕.

44. 우리나라가 <u>百世</u>토록 번영하기를 기원해본다. (②)

①일세 ②백세 ③세상 ④수세

[설명] ◎百世(백세): 멀고 오랜 세월.

※ 밑줄 친 부분을 한자로 바르게 쓴 것을 고르시오.

검정색 45)<u>상의</u>를 입은 저 46)<u>남자</u>가 주인공이다.

45. 상의 (③)

①下衣 ②下水 ③上衣 ④上下

[설명] ◎上衣(상의): 윗옷.

46. 남자 (④)

①男自 ②子男 ③自男 ④男子

[설명] ◎男子(남자): 남성(男性)으로 태어난 사람.

※ 물음에 알맞은 답을 고르시오.

47. '石工'의 유의어는? (②)

①父工 ②石手 ③先工 ④古手

[설명] ◎石工(석공)·石手(석수): 돌을 다루어 물건을 만드는 사람.

모|범|답|안 15회

48. '少年'의 반의어는? (④)
①小女 ②年少 ③少人 ④少女
[설명] ◎少年(소년): 아직 완전히 성숙하지 아니한 어린 사내아이. ↔ ◎少女(소녀): 아직 완전히 성숙하지 아니한 어린 여자아이.

49. "四方八方"의 뜻으로 바른 것은? (①)
①모든 방면 ②모든 방법
③동양과 서양 ④물체의 가장자리
[설명] ◎四方八方(사방팔방): 여기저기 모든 방향이나 방면.

50. 학교에서의 행동으로 바르지 않은 것은? (②)
①선생님과의 약속을 잘 지키도록 한다.
②친구의 잘못을 선생님께 고자질한다.
③선생님을 만나면 반갑게 인사를 한다.
④바른 자세로 선생님의 말씀을 듣는다.

♣ 수고하셨습니다.

모 | 범 | 답 | 안 16회

■ 다음 물음에 맞는 답의 번호를 골라 답안지의 해당 답란에 표시하시오.

※ 한자의 훈음으로 바른 것을 고르시오.

1. 世 (②) ①오른 우 ②세상 세 ③쇠 금 ④일백 백
[설명] ◎右(오른 우), 金(쇠 금), 百(일백 백).
2. 巾 (①) ①수건 건 ②힘 력 ③아니 불 ④맏 형
[설명] ◎力(힘 력), 不(아니 불), 兄(맏 형).
3. 食 (①) ①먹을 식 ②문 문 ③성씨 성 ④소 우
[설명] ◎門(문 문), 姓(성씨 성), 牛(소 우).
4. 末 (③) ①석 삼 ②흰 백 ③끝 말 ④적을 소
[설명] ◎三(석 삼), 白(흰 백), 少(적을 소).
5. 玉 (④) ①사람 인 ②눈 목 ③여덟 팔 ④구슬 옥
[설명] ◎人(사람 인), 目(눈 목), 八(여덟 팔).
6. 央 (④) ①위 상 ②흙 토 ③일곱 칠 ④가운데 앙
[설명] ◎上(위 상), 土(흙 토), 七(일곱 칠).
7. 犬 (③) ①옷 의 ②열 십 ③개 견 ④서녘 서
[설명] ◎衣(옷 의), 十(열 십), 西(서녘 서).
8. 今 (②) ①돌 석 ②이제 금 ③푸를 청 ④왼 좌
[설명] ◎石(돌 석), 青(푸를 청), 左(왼 좌).
9. 耳 (③) ①말 마 ②안 내 ③귀 이 ④향할 향
[설명] ◎馬(말 마), 内(안 내), 向(향할 향).
10. 立 (①) ①설 립 ②근본 본 ③강 강 ④마음 심
[설명] ◎本(근본 본), 江(강 강), 心(마음 심).

※ 훈음에 맞는 한자를 고르시오.

11. 자리 위 (②) ①一 ②位 ③月 ④入
[설명] ◎一(한 일), 月(달 월), 入(들 입).
12. 양 양 (④) ①左 ②金 ③馬 ④羊
[설명] ◎左(왼 좌), 金(쇠 금), 馬(말 마).
13. 스스로 자 (③) ①目 ②足 ③自 ④牛
[설명] ◎目(눈 목), 足(발 족), 牛(소 우).
14. 몸 기 (②) ①右 ②己 ③外 ④林
[설명] ◎右(오른 우), 外(바깥 외), 林(수풀 림).
15. 글월 문 (①) ①文 ②東 ③男 ④同
[설명] ◎東(동녘 동), 男(사내 남), 同(한가지 동).
16. 먼저 선 (③) ①二 ②火 ③先 ④山
[설명] ◎二(두 이), 火(불 화), 山(메 산).
17. 마디 촌 (①) ①寸 ②西 ③六 ④四
[설명] ◎西(서녘 서), 六(여섯 륙), 四(넉 사).
18. 쉴 휴 (④) ①夕 ②小 ③内 ④休
[설명] ◎夕(저녁 석), 小(작을 소), 内(안 내).
19. 모 방 (②) ①母 ②方 ③父 ④王
[설명] ◎母(어머니 모), 父(아버지 부), 王(임금 왕).
20. 장인 공 (③) ①門 ②北 ③工 ④中
[설명] ◎門(문 문), 北(북녘 북), 中(가운데 중).

※ 물음에 알맞은 답을 고르시오.

21. 나무에 나무를 겹쳐 "나무가 많은 수풀"을 뜻하는 한자는? (②)
①木 ②林 ③本 ④主
[설명] ◎林(수풀 림).

※ 물음에 알맞은 답을 고르시오.

22. "공주는 馬車에서 내렸다"에서 밑줄 친 '車'의 훈음으로 알맞은 것은? (①)
①수레 차 ②군사 군 ③동녘 동 ④수레 동
[설명] ◎馬車(마차): 말이 끄는 수레.
23. "할머니는 百年동안 사셨다"에서 밑줄 친 '年'의 훈음으로 알맞은 것은? (④)
①낮 오 ②일천 천 ③소 우 ④해 년
[설명] ◎百年(백년): 100년.
24. 한자의 총획이 바르지 않은 것은? (③)
①名-총6획 ②士-총3획 ③正-총4획 ④目-총5획
[설명] ◎正(바를 정): 止(그칠 지, 4획)부수의 1획, 총5획.
25. '同'의 유의자(비슷한 뜻의 한자)는? (②)
①川 ②一 ③内 ④東
[설명] ◎同(한가지,같을 동) = 一(한,같을 일).
26. '天'의 반의자(상대 또는 반대되는 뜻의 한자)는? (①)
①地 ②九 ③牛 ④千

[설명] ◎天(하늘 천) ↔ 地(땅 지).

※ 어휘의 독음이 바른 것을 고르시오.

27. 大夫 (②) ①대목 ②대부 ③대보 ④수부

[설명] ◎大夫(대부): 「1」 중국에서 벼슬아치를 세 등급으로 나눈 품계의 하나. 주나라 때에는 경(卿)의 아래 사(士)의 위였다. 「2」 고려·조선 시대에, 벼슬의 품계에 붙이던 칭호. 고려 시대에는 종이품에서 종오품까지 또는 정이품에서 종사품까지의 벼슬에, 조선 시대에는 정일품에서 종사품까지의 벼슬에 붙였다.

28. 石山 (④) ①각산 ②명산 ③석출 ④석산

[설명] ◎石山(석산): 돌산. 돌이나 바위가 많은 산.

29. 青魚 (③) ①정어 ②청오 ③청어 ④정색

[설명] ◎青魚(청어): 청어과의 바닷물고기. 몸의 길이는 35cm 정도이고 늘씬하고 옆으로 납작하며, 등은 짙은 청색이고 옆구리와 배는 은빛을 띤 백색이다. 한국 동해, 미국 북부, 일본 등지의 근해에 분포한다.

30. 出生 (①) ①출생 ②산출 ③산성 ④출산

[설명] ◎出生(출생): 「1」 세상에 나옴. 「2」 『법률』 사람이 권리 능력을 취득하기 시작하는 시기를 이르는 말.

31. 五月 (④) ①구일 ②오일 ③구월 ④오월

[설명] ◎五月(오월): 한 해 열두 달 가운데 다섯째 달.

※ 어휘의 뜻으로 알맞은 것을 고르시오.

32. 古木 (②)
①과일이 열리는 나무 ②오래된 나무
③옮겨 심는 어린나무 ④오래된 물

[설명] ◎古木(고목).

33. 女王 (③)
①임금의 딸 ②남자 임금
③여자 임금 ④임금의 아내

[설명] ◎女王(여왕).

34. 七夕 (④)
①한 해의 일곱 째 달
②칠십년의 세월을 이르는 말
③칠일 밤을 지새운 그 다음날 저녁
④견우와 직녀가 만나는 음력 7월 7일

[설명] ◎七夕(칠석).

※ 다음 면에 계속

※ 낱말을 한자로 바르게 쓴 것을 고르시오.

35. 수중: 손의 안. (①)
①手中 ②中手 ③足中 ④九千

36. 수력: 물의 힘. (④)
①男力 ②火力 ③入力 ④水力

37. 소심: 대담하지 못하고 조심성이 지나치게 많음. (③)
①川心 ②江心 ③小心 ④白心

38. 형제: 형과 아우. (②)
①兄口 ②兄弟 ③弟兄 ④口兄

※ 밑줄 친 어휘의 알맞은 독음을 고르시오.

39. 기념식에 유명 <u>人士</u>들이 대거 참석했다. (②)
①입사 ②인사 ③인토 ④집사

[설명] ◎人士(인사): 사회적 지위가 높거나 사회적 활동이 많은 사람.

40. 그는 오랫동안 서울 <u>本土</u>에서 살았다. (①)
①본토 ②정토 ③본사 ④정사

[설명] ◎本土(본토): 「1」 주가 되는 국토를 섬이나 속국에 상대하여 이르는 말. 「2」 본향(本鄕). 「3」 바로 그 지방. 「4」 문화 따위의 근원지가 되는 땅.

41. 시험 <u>日字</u>가 다가오자 긴장이 됐다. (④)
①월가 ②일시 ③월자 ④일자

[설명] ◎日字/日子(일자): 「1」 어느 날이라고 정한 날. 「2」 어느 해의 어느 달 며칠에 해당하는 그날.

42. 귀엽던 <u>少女</u>는 어느새 숙녀가 되었다. (③)
①수녀 ②소모 ③소녀 ④수모

[설명] ◎少女(소녀): 아직 완전히 성숙하지 아니한 어린 여자아이.

43. 옆집 <u>父子</u>는 휴일마다 함께 등산을 한다. (②)
①부모 ②부자 ③모자 ④모녀

[설명] ◎父子(부자): 아버지와 아들을 아울러 이르는 말.

44. 언니는 <u>外向</u>적이고 활달한 성격이다. (③)
①석향 ②내향 ③외향 ④내성

[설명] ◎外向(외향): 「1」 바깥으로 드러남. 「2」 마음의 움직임이 적극적으로 밖으로 나타남.

※ 밑줄 친 부분을 한자로 바르게 쓴 것을 고르시오.

다른 수험자와 45)<u>성명</u> 또는 수험번호를 바꾸어 제출하는 행위는 46)<u>부정</u>행위에 해당됩니다.

45. 성명 (④)
①姓母 ②出名 ③名姓 ④姓名

[설명] ◎姓名(성명): 성과 이름을 아울러 이르는 말. 성은 가계(家系)의 이름이고, 명은 개인의 이름이다.

46. 부정 (②)
①不王 ②不正 ③王不 ④北正

[설명] ◎不正(부정): 올바르지 아니하거나 옳지 못함.

※ 물음에 알맞은 답을 고르시오.

47. '地主'의 유의어(비슷한 뜻의 어휘)는? (①)
①土主 ②江主 ③木地 ④人主
[설명] ◎地主(지주): 「1」 토지의 소유자. 「2」 자신이 소유한 토지를 남에게 빌려주고 지대(地代)를 받는 사람. 「3」 그 토지에서 사는 사람. = ◎土主(토주): 땅의 주인.

48. '上衣'의 반의어(상대 또는 반대되는 뜻의 어휘)는? (③)
①門上 ②白衣 ③下衣 ④上下
[설명] ◎上衣(상의): 윗옷. ↔ ◎下衣(하의): 아래옷.

49. "三日天下"의 뜻으로 바른 것은? (④)
①삼일간 천하를 돌아다님
②어진 임금이 잘 다스리어 태평한 세상이나 시대
③단단히 먹은 마음이 사흘을 가지 못함
④정권을 잡았다가 짧은 기간 내에 밀려남
[설명] ◎三日天下(삼일천하): 「1」 『역사』 개화당이 갑신정변으로 3일 동안 정권을 잡은 일. 「2」 정권을 잡았다가 짧은 기간 내에 밀려나게 됨을 이르는 말. 「3」 어떤 지위에 발탁·기용되었다가 며칠 못 가서 떨어지는 일을 비유적으로 이르는 말.

50. 사람을 만났을 때 인사예절로 바르지 않은 것은? (②)
①상대방의 얼굴을 보고 인사한다.
②무뚝뚝하게 아무 말 없이 지나친다.
③밝은 목소리로 명랑하게 인사한다.
④상황에 맞는 인사용어를 쓴다.

♣ 수고하셨습니다.

*準五級漢字 실전대비문제

모 | 범 | 답 | 안 17회

■ 다음 물음에 맞는 답의 번호를 골라 답안지의 해당 답란에 표시하시오.

※ 한자의 훈음으로 바른 것을 고르시오.

1. 天 (③) ①여섯 륙 ②손 수 ③하늘 천 ④큰 대
[설명] ◎六(여섯 륙), 手(손 수), 大(큰 대).

2. 日 (②) ①달 월 ②날 일 ③바깥 외 ④날 출
[설명] ◎月(달 월), 外(바깥 외), 出(날 출).

3. 古 (①) ①예 고 ②입 구 ③어머니 모 ④돌 석
[설명] ◎口(입 구), 母(어머니 모), 石(돌 석).

4. 牛 (③) ①강 강 ②일천 천 ③소 우 ④수건 건
[설명] ◎江(강 강), 千(일천 천), 巾(수건 건).

5. 夫 (④) ①끝 말 ②사람 인 ③흙 토 ④지아비 부
[설명] ◎末(끝 말), 人(사람 인), 土(흙 토).

6. 休 (②) ①눈 목 ②쉴 휴 ③나무 목 ④근본 본
[설명] ◎目(눈 목), 木(나무 목), 本(근본 본).

7. 犬 (④) ①푸를 청 ②석 삼 ③마디 촌 ④개 견
[설명] ◎青(푸를 청), 三(석 삼), 寸(마디 촌).

8. 文 (①) ①글월 문 ②마음 심 ③저녁 석 ④여덟 팔
[설명] ◎心(마음 심), 夕(저녁 석), 八(여덟 팔).

9. 羊 (①) ①양 양 ②왼 좌 ③아우 제 ④해 년
[설명] ◎左(왼 좌), 弟(아우 제), 年(해 년).

10. 生 (②) ①몸 기 ②날 생 ③일곱 칠 ④임금 왕
[설명] ◎己(몸 기), 七(일곱 칠), 王(임금 왕).

※ 훈음에 맞는 한자를 고르시오.

11. 세상 세 (①) ①世 ②少 ③二 ④石
[설명] ◎少(적을 소), 二(두 이), 石(돌 석).

12. 작을 소 (②) ①火 ②小 ③九 ④人
[설명] ◎火(불 화), 九(아홉 구), 人(사람 인).

13. 귀 이 (③) ①自 ②江 ③耳 ④内
[설명] ◎自(스스로 자), 江(강 강), 内(안 내).

14. 수풀 림 (①) ①林 ②衣 ③先 ④本
[설명] ◎衣(옷 의), 先(먼저 선), 本(근본 본).

15. 이제 금 (④) ①西 ②字 ③下 ④今
[설명] ◎西(서녘 서), 字(글자 자), 下(아래 하).

16. 설 립 (④) ①食 ②同 ③玉 ④立
[설명] ◎食(먹을 식), 同(한가지 동), 玉(구슬 옥).

17. 땅 지 (③) ①父 ②馬 ③地 ④北
[설명] ◎父(아버지 부), 馬(말 마), 北(북녘 북).

18. 오른 우 (②) ①力 ②右 ③川 ④兄
[설명] ◎力(힘 력), 川(내 천), 兄(맏 형).

19. 이름 명 (①) ①名 ②十 ③青 ④四
[설명] ◎十(열 십), 青(푸를 청), 四(넉 사).

20. 선비 사 (④) ①目 ②魚 ③千 ④士
[설명] ◎目(눈 목), 魚(물고기 어), 千(일천 천).

※ 물음에 알맞은 답을 고르시오.

21. "여자가 자식을 낳아 한 조상에서 태어난 사람을 다른 사람과 구별하기 위하여 쓴 것"으로 '성씨'를 뜻하는 한자는? (②)
①男 ②姓 ③母 ④寸
[설명] ◎姓(성씨 성).

※ 물음에 알맞은 답을 고르시오.

22. "百工"에서 밑줄 친 '工'의 훈음으로 알맞은 것은? (③)
①선비 사 ②흙 토 ③장인 공 ④한가지 동
[설명] ◎工(장인 공). ◎百工(백공): 온갖 종류의 장인(匠人).

23. "오늘 중으로 이 자료들을 모두 入力해야 한다"에서 밑줄 친 '入'의 훈음으로 알맞은 것은? (④)
①빠질 인 ②섬길 팔 ③간여할 인 ④들 입
[설명] ◎入(들 입). ◎入力(입력): 「1」 『물리』 전기적·기계적 에너지를 발생 또는 변환하는 장치가 단위 시간 동안 받은 에너지의 양(量). 「2」 『컴퓨터』 문자나 숫자를 컴퓨터가 기억하게 하는 일.

24. 한자의 총획이 바르지 않은 것은? (②)
①小-총3획 ②女-총4획 ③目-총5획 ④南-총9획
[설명] ◎女(여자 녀): 女(여자 녀, 3획)부수의 0획, 총3획.

25. '中'의 유의자(비슷한 뜻의 한자)는? (①)
①央 ②山 ③主 ④上
[설명] ◎中(가운데 중) = 央(가운데 앙).

모|범|답|안 17회

26. '內'의 반의자(상대 또는 반대되는 뜻의 한자)는? (③)
①西 ②先 ③外 ④巾
[설명] ◎內(안 내) ↔ 外(바깥 외).

※ 어휘의 독음이 바른 것을 고르시오.

27. 不足 (①) ①부족 ②불구 ③불촉 ④부촉
[설명] ◎不足(부족): 필요한 양이나 기준에 미치지 못해 충분하지 아니함.
28. 王位 (④) ①옥립 ②왕립 ③옥위 ④왕위
[설명] ◎王位(왕위): 임금의 자리.
29. 七夕 (②) ①칠명 ②칠석 ③구명 ④구석
[설명] ◎七夕(칠석): 음력으로 칠월 초이렛날의 밤. 이때에 은하의 서쪽에 있는 직녀와 동쪽에 있는 견우가 오작교에서 일 년에 한 번 만난다는 전설이 있다.
30. 女子 (③) ①모녀 ②모자 ③여자 ④자녀
[설명] ◎女子(여자): 「1」 여성으로 태어난 사람. 「2」 여자다운 여자.
31. 六月 (①) ①유월 ②뉵월 ③뉴월 ④육일
[설명] ◎六月(유월): 한 해 열두 달 가운데 여섯째 달.

※ 어휘의 뜻으로 알맞은 것을 고르시오.

32. 年末 (③)
①해마다 반복함 ②해마다 시작함
③한 해의 마지막 때 ④한 해가 시작된 때
[설명] ◎年末(연말).
33. 馬車 (④)
①소가 끄는 수레 ②말을 기르는 곳
③수레를 모는 사람 ④말이 끄는 수레
[설명] ◎馬車(마차).
34. 出土 (②)
①식물에 영양을 공급하는 흙
②땅속에 묻혀 있던 물건이 밖으로 나옴
③사람의 생활과 활동에 이용하는 땅
④흙으로 물건을 만들어냄
[설명] ◎出土(출토).

※ 다음 면에 계속

※ 낱말을 한자로 바르게 쓴 것을 고르시오.

35. 화목: 땔감으로 쓸 나무. (①)
①火木 ②金火 ③木火 ④火金
36. 동향: 동쪽으로 향함. (④)
①男向 ②男五 ③東五 ④東向
37. 동일: 다른 데가 없이 똑같음. (①)
①同一 ②日同 ③同日 ④一同
38. 주인: 대상이나 물건 따위를 소유한 사람.(③)
①千人 ②主心 ③主人 ④千心

※ 밑줄 친 어휘의 알맞은 독음을 고르시오.

39. 몸을 깨끗이 씻고 <u>手巾</u>(으)로 닦았다. (②)
①수중 ②수건 ③수하 ④두건
[설명] ◎手巾(수건): 얼굴이나 몸을 닦기 위하여 만든 천 조각. 주로 면으로 만든다.
40. 어머니는 시장에서 <u>青魚</u>을(를) 사오셨다. (③)
①이어 ②이목 ③청어 ④청목
[설명] ◎青魚(청어): 청어과의 바닷물고기. 몸의 길이는 35cm 정도이고 늘씬하고 옆으로 납작하며, 등은 짙은 청색이고 옆구리와 배는 은빛을 띤 백색이다. 한국 동해, 미국 북부, 일본 등지의 근해에 분포한다.
41. 그는 딸린 <u>食口</u>이(가) 많다. (④)
①식솔 ②사솔 ③사구 ④식구
[설명] ◎食口(식구): 한 집에서 함께 살면서 끼니를 같이하는 사람.
42. 자신의 잘못을 <u>自白</u>하고 용서를 구했다. (①)
①자백 ②반성 ③목백 ④자일
[설명] ◎自白(자백): 자기가 저지른 죄나 자기의 허물을 남들 앞에서 스스로 고백함. 또는 그 고백.
43. <u>大川</u> 바다도 건너 봐야 안다. (①)
①대천 ②대삼 ③부천 ④부삼
[설명] ◎大川(대천): 큰 내. 또는 이름난 내.
44. 휴일에 <u>兄弟</u>들과 함께 영화관에 갔다. (③)
①지제 ②구제 ③형제 ④제형
[설명] ◎兄弟(형제): 「1」 형과 아우를 아울러 이르는 말. 「2」 동기(同氣). 형제와 자매, 남매를 통틀어 이르는 말.

※ 밑줄 친 부분을 한자로 바르게 쓴 것을 고르시오.

45)<u>산남</u>에 위치한 우리 집은 46)<u>사방</u>이 확 트여 전망이 좋다.

45. 산남 (④)
①南山 ②山北 ③北山 ④山南
[설명] ◎山南(산남): 산의 양지. 곧 산의 남쪽 편.
46. 사방 (③)
①西方 ②西九 ③四方 ④四九
[설명] ◎四方(사방): 「1」 동,서,남,북 네 방위를 통틀어 이르는 말. 「2」 동서남북의 주위 일대. 「3」 여러 곳.

모|범|답|안 17회

※ 물음에 알맞은 답을 고르시오.

47. '正門'의 유의어(비슷한 뜻의 어휘)는? (①)
①本門 ②門正 ③己門 ④下門

[설명] ◎正門(정문)·本門(본문): 건물의 정면에 있는 주가 되는 출입문.

48. '上水'의 반의어(상대 또는 반대되는 뜻의 어휘)는? (②)
①上字 ②下水 ③字水 ④下寸

[설명] ◎上水(상수): 음료수나 사용수 따위로 쓰기 위하여 수도관을 통하여 보내는 맑은 물. ↔ ◎下水(하수): 빗물이나 집, 공장, 병원 따위에서 쓰고 버리는 더러운 물.

49. "玉衣玉食"의 뜻이 문장에서 가장 알맞게 쓰인 것은? (①)
①사람들은 대부분 玉衣玉食을 좋아 한다.
②사람이 죄를 지으면 玉衣玉食을 해야 한다.
③그들은 玉衣玉食 떼를 지어 함께 몰려다닌다.
④가난한 사람들을 일컬어 玉衣玉食이라고 한다.

[설명] ◎玉衣玉食(옥의옥식): 좋은 옷을 입고 맛있는 음식을 먹음.

50. 버스를 기다리고 있을 때의 바른 자세는?(②)
①친구들과 떠들며 서 있는다.
②차도로 나가거나 손을 흔들지 않는다.
③휴지를 땅에 버리고 주위를 살핀다.
④다리 한쪽을 떨며 서 있는다.

♣ 수고하셨습니다.

모 | 범 | 답 | 안 18회

■ 다음 물음에 맞는 답의 번호를 골라 답안지의 해당 답란에 표시하시오.

※ 한자의 훈음으로 바른 것을 고르시오.

1. 休 (①) ①쉴 휴 ②근본 본 ③쇠 금 ④자리 위
[설명] ◎本(근본 본), 金(쇠 금), 位(자리 위).
2. 寸 (③) ①열 십 ②글월 문 ③마디 촌 ④아니 불
[설명] ◎十(열 십), 文(글월 문), 不(아니 불).
3. 出 (④) ①석 삼 ②눈 목 ③작을 소 ④날 출
[설명] ◎三(석 삼), 目(눈 목), 小(작을 소).
4. 士 (①) ①선비 사 ②흙 토 ③왼 좌 ④여자 녀
[설명] ◎土(흙 토), 左(왼 좌), 女(여자 녀).
5. 羊 (②) ①날 생 ②양 양 ③메 산 ④지아비 부
[설명] ◎生(날 생), 山(메 산), 夫(지아비 부).
6. 父 (④) ①다섯 오 ②남녘 남 ③가운데 앙 ④아버지 부
[설명] ◎五(다섯 오), 南(남녘 남), 央(가운데 앙).
7. 衣 (①) ①옷 의 ②이름 명 ③먹을 식 ④아홉 구
[설명] ◎名(이름 명), 食(먹을 식), 九(아홉 구).
8. 外 (①) ①바깥 외 ②구슬 옥 ③오른 우 ④아들 자
[설명] ◎玉(구슬 옥), 右(오른 우), 子(아들 자).
9. 字 (③) ①큰 대 ②사람 인 ③글자 자 ④돌 석
[설명] ◎大(큰 대), 人(사람 인), 石(돌 석).
10.王 (②) ①말 마 ②임금 왕 ③먼저 선 ④아래 하
[설명] ◎馬(말 마), 先(먼저 선), 下(아래 하).

※ 훈음에 맞는 한자를 고르시오.

11. 한가지 동 (③) ①向 ②兄 ③同 ④右
[설명] ◎向(향할 향), 兄(맏 형), 右(오른 우).
12. 예 고 (④) ①四 ②日 ③月 ④古
[설명] ◎四(넉 사), 日(날 일), 月(달 월).
13. 적을 소 (③) ①下 ②十 ③少 ④上
[설명] ◎下(아래 하), 十(열 십), 上(위 상).
14. 개 견 (④) ①火 ②玉 ③左 ④犬
[설명] ◎火(불 화), 玉(구슬 옥), 左(왼 좌).
15. 발 족 (①) ①足 ②青 ③子 ④弟
[설명] ◎青(푸를 청), 子(아들 자), 弟(아우 제).
16. 성씨 성 (②) ①石 ②姓 ③西 ④先
[설명] ◎石(돌 석), 西(서녘 서), 先(먼저 선).
17. 수건 건 (②) ①自 ②巾 ③央 ④中
[설명] ◎自(스스로 자), 央(가운데 앙), 中(가운데 중).
18. 소 우 (①) ①牛 ②心 ③世 ④男
[설명] ◎心(마음 심), 世(세상 세), 男(사내 남).
19. 힘 력 (③) ①手 ②方 ③力 ④己
[설명] ◎手(손 수), 方(모 방), 己(몸 기).
20. 수풀 림 (④) ①文 ②地 ③馬 ④林
[설명] ◎文(글월 문), 地(땅 지), 馬(말 마).

※ 물음에 알맞은 답을 고르시오.

21. "사람의 머리 위에 하늘이 있어 끝없이 넓은 것"으로 '하늘'이라는 뜻을 나타내는 한자는? (①)
①天 ②山 ③夫 ④木
[설명] ◎天(하늘 천).
22. "이 물건 主人 없습니까?"에서 밑줄 친 '主'의 뜻과 음으로 바른 것은? (③)
①자신 주 ②주장할 주 ③주인 주 ④임금 주
[설명] ◎主(주인 주). ◎主人(주인): 대상이나 물건 따위를 소유한 사람.
23. "馬車"에서 밑줄 친 '車'의 뜻과 음으로 바른 것은? (②)
①수래 거 ②수레 차 ③동녘 동 ④수리 차
[설명] ◎車(차·거): 수레, 수레바퀴, 수레를 모는 사람, 이틀(이가 박혀 있는 위턱 아래턱의 구멍이 뚫린 뼈), 치은(잇몸), 장기(將棋·將碁)의 말 (차) / 수레, 수레바퀴, 수레를 모는 사람, 이틀, 치은 (거). ◎馬車(마차): 말이 끄는 수레.
24. 한자의 총획이 바르지 않은 것은? (①)
①魚-총12획 ②口-총3획 ③方-총4획 ④東-총8획
[설명] ◎魚(물고기 어): 魚(물고기 어, 11획)부수의 0획, 총11획.
25. '江'의 유의자(비슷한 뜻의 한자)는? (④)
①西 ②土 ③白 ④川
[설명] ◎江(강 강) = 川(내 천).
26. '本'의 반의자(상대 또는 반대되는 뜻의 한자)는? (②)
①五 ②末 ③九 ④六

모 | 범 | 답 | 안 18회

[설명] ◎本(근본 본) ↔ 末(끝 말).

※ 어휘의 독음이 바른 것을 고르시오.

27. 耳目 (④) ①명목 ②명구 ③이눈 ④이목
[설명] ◎耳目(이목): 귀와 눈을 아울러 이르는 말.
28. 工夫 (①) ①공부 ②공대 ③토대 ④토부
[설명] ◎工夫(공부): 학문이나 기술을 배우고 익힘.
29. 中立 (③) ①시립 ②시위 ③중립 ④중위
[설명] ◎中立(중립): 「1」 어느 편에도 치우치지 아니하고 공정하게 처신함. 「2」 국가 사이의 분쟁이나 전쟁에 관여하지 아니하고 중간 입장을 지킴.
30. 大母 (②) ①대녀 ②대모 ③소모 ④대부
[설명] ◎大母(대모): 할아버지와 같은 항렬인, 유복친 외의 친척의 아내.
31. 青木 (③) ①청백 ②청본 ③청목 ④청휴
[설명] ◎青木(청목): 검푸른 물을 들인 무명.

※ 어휘의 뜻으로 알맞은 것을 고르시오.

32. 今日 (①)
①오늘 ②방금 ③항상 ④시간
[설명] ◎今日(금일).
33. 白月 (②)
①흰 눈에 비친 달빛 ②밝고 흰 달
③그 달의 처음 무렵 ④백 번째 보름달
[설명] ◎白月(백월).
34. 下向 (②)
①방향이 없음 ②아래로 향함
③위에 머물러 있음 ④기세가 강해짐
[설명] ◎下向(하향).

※ 다음 면에 계속

※ 낱말을 한자로 바르게 쓴 것을 고르시오.

35. 백세: 멀고 오랜 세월. (④)
①百方 ②今世 ③百今 ④百世
36. 생년: 태어난 해. (①)
①生年 ②弟年 ③四年 ④年生
37. 오천: 동, 서, 남, 북 및 중앙의 다섯 하늘.(③)
①上天 ②央千 ③五天 ④五千
38. 지위: 개인의 사회적 신분에 따르는 위치나 자리. (①)
①地位 ②弟位 ③位地 ④四地

※ 밑줄 친 어휘의 알맞은 독음을 고르시오.

39. 지금 <u>南北</u>정상 회담이 진행 중이다. (④)
①북서 ②서북 ③북남 ④남북
[설명] ◎南北(남북): 「1」 남쪽과 북쪽을 아울러 이르는 말. 「2」 머리통의 앞과 뒤. 「3」 별스럽게 또는 격에 맞지 않게 툭 내민 부분.
40. <u>七夕</u>은 음력으로 칠월 초이렛날의 밤이다.(②)
①시월 ②칠석 ③구월 ④구석
[설명] ◎七夕(칠석): 「1」 음력으로 칠월 초이렛날의 밤. 이때에 은하의 서쪽에 있는 직녀와 동쪽에 있는 견우가 오작교에서 일 년에 한 번 만난다는 전설이 있다. 「2」 칠석이 되는 날.
41. 그는 수학의 세계에 <u>入門</u>하였다. (④)
①인문 ②출입 ③입실 ④입문
[설명] ◎入門(입문): 「1」 무엇을 배우는 길에 처음 들어섬. 또는 그 길. 「2」 (주로 학문을 뜻하는 명사 뒤에 쓰여) 어떤 학문의 길에 처음 들어섬. 또는 그때 초보적으로 배우는 과정. 「3」 스승의 문하(門下)에 들어가 제자가 됨. 「4」 『역사』 유생(儒生)이 과거를 보기 위하여 과장(科場)에 들어감. 또는 그 들어가는 문(門).
42. <u>不正</u>행위를 방지하기 위해 감독관을 더 배치하였다. (③)
①불족 ②불지 ③부정 ④부족
[설명] ◎不正(부정): 올바르지 아니하거나 옳지 못함.
43. 그는 <u>二男</u> 일녀 중에 첫째이다. (②)
①이력 ②이남 ③이람 ④이전
[설명] ◎二男(이남): 둘째 아들.
44. '<u>水心</u>'은 강이나 호수의 한가운데를 말한다. (②)
①목심 ②수심 ③중심 ④수중
[설명] ◎水心(수심): 「1」 수면(水面)의 중심. 「2」 강이나 호수 따위의 한가운데.

※ 밑줄 친 부분을 한자로 바르게 쓴 것을 고르시오.

행복은 45)<u>천금</u>을 주고도 살 수 없는 것이며, 46)<u>자기</u> 스스로 만족할 때 비로소 얻어지는 것이다.

45. 천금 (①)
①千金 ②金千 ③百千 ④六千
[설명] ◎千金(천금): 「1」 많은 돈이나 비싼 값을 비유적으로 이르는 말. 「2」 아주 귀중한 것을 비유적으로 이르는 말.
46. 자기 (③)

①自兄　②己自　③自己　④兄己

[설명] ◎自己(자기):「명사」그 사람 자신.「대명사」앞에서 이미 말하였거나 나온 바 있는 사람을 도로 가리키는 삼인칭 대명사.

※ 물음에 알맞은 답을 고르시오.

47. '石手'의 유의어(비슷한 뜻의 어휘)는? (②)

①木石　②石工　③金手　④工金

[설명] ◎石手(석수)·石工(석공): 돌을 다루어 물건을 만드는 사람.

48. '火食'의 반의어(상대 또는 반대되는 뜻의 어휘)는? (①)

①生食　②中食　③八食　④玉食

[설명] ◎火食(화식): 불에 익힌 음식을 먹음. 또는 그 음식. ↔ ◎生食(생식): 익히지 아니하고 날로 먹음. 또는 그런 음식.

49. "名山大川"의 뜻으로 알맞은 것은? (③)

①이름없는 산과 들　②모든 방면

③이름난 산과 큰 내　④산천을 두루 찾음

[설명] ◎名山大川(명산대천): 이름난 산과 큰 내.

50. 인사하는 태도로 바르지 <u>않은</u> 것은? (①)

①그냥 대충 고개만 숙여 인사를 한다.

②손과 발을 가지런히 모으고 인사를 한다.

③얼굴에 미소를 띠면서 인사를 한다.

④고개를 바르고 정중하게 숙여 인사를 한다.

♣ 수고하셨습니다.

모|범|답|안 19회

■ 다음 물음에 맞는 답의 번호를 골라 답안지의 해당 답란에 표시하시오.

※ 한자의 훈음으로 바른 것을 고르시오.

1. 正 (②) ①다섯 오 ②바를 정 ③여섯 륙 ④사내 남
[설명] ◎五(다섯 오), 六(여섯 륙), 男(사내 남).
2. 本 (④) ①큰 대 ②나무 목 ③쉴 휴 ④근본 본
[설명] ◎大(큰 대), 木(나무 목), 休(쉴 휴).
3. 千 (③) ①소 우 ②열 십 ③일천 천 ④해 년
[설명] ◎牛(소 우), 十(열 십), 年(해 년).
4. 己 (④) ①입 구 ②귀 이 ③손 수 ④몸 기
[설명] ◎口(입 구), 耳(귀 이), 手(손 수).
5. 北 (②) ①남녘 남 ②북녘 북 ③아우 제 ④서녘 서
[설명] ◎南(남녘 남), 弟(아우 제), 西(서녘 서).
6. 少 (①) ①적을 소 ②수풀 림 ③여자 녀 ④지아비 부
[설명] ◎林(수풀 림), 女(여자 녀), 夫(지아비 부).
7. 目 (①) ①눈 목 ②날 일 ③모 방 ④스스로 자
[설명] ◎日(날 일), 方(모 방), 自(스스로 자).
8. 工 (②) ①석 삼 ②장인 공 ③왼 좌 ④아버지 부
[설명] ◎三(석 삼), 左(왼 좌), 父(아버지 부).
9. 青 (④) ①양 양 ②흰 백 ③넉 사 ④푸를 청
[설명] ◎羊(양 양), 白(흰 백), 四(넉 사).
10. 夕 (②) ①달 월 ②저녁 석 ③일곱 칠 ④바깥 외
[설명] ◎月(달 월), 七(일곱 칠), 外(바깥 외).

※ 훈음에 맞는 한자를 고르시오.

11. 글자 자 (②) ①子 ②字 ③八 ④女
[설명] ◎子(아들 자), 八(여덟 팔), 女(여자 녀).
12. 가운데 앙 (④) ①世 ②兄 ③羊 ④央
[설명] ◎世(세상 세), 兄(만 형), 羊(양 양).
13. 돌 석 (②) ①口 ②石 ③右 ④西
[설명] ◎口(입 구), 右(오른 우), 西(서녘 서).
14. 일백 백 (③) ①牛 ②上 ③百 ④馬
[설명] ◎牛(소 우), 上(위 상), 馬(말 마).
15. 옷 의 (④) ①二 ②外 ③耳 ④衣
[설명] ◎二(두 이), 外(바깥 외), 耳(귀 이).
16. 먹을 식 (②) ①火 ②食 ③足 ④六
[설명] ◎火(불 화), 足(발 족), 六(여섯 륙).
17. 강 강 (②) ①大 ②江 ③南 ④方
[설명] ◎大(큰 대), 南(남녘 남), 方(모 방).
18. 내 천 (③) ①七 ②三 ③川 ④月
[설명] ◎七(일곱 칠), 三(석 삼), 月(달 월).
19. 구슬 옥 (④) ①今 ②主 ③王 ④玉
[설명] ◎今(이제 금), 主(주인 주), 王(임금 왕).
20. 끝 말 (④) ①父 ②犬 ③木 ④末
[설명] ◎父(아버지 부), 犬(개 견), 木(나무 목).

※ 물음에 알맞은 답을 고르시오.

21. "태양이 나무 사이에 걸쳐 있는 모양"으로 '동쪽'이라는 뜻을 나타내는 한자는? (②)
①木 ②東 ③母 ④夫
[설명] ◎東(동녘 동).
22. "농촌의 일손 <u>不足</u>이 심각하다"에서 밑줄 친 '不'의 뜻과 음으로 바른 것은? (②)
①없을 불 ②아닐 부 ③아버지 부 ④지아비 부
[설명] ◎不(불): 아니다, 아니하다, 못하다, 없다, 말라, 아니하냐, 이르지 아니하다, 크다, 불통(不通: 과거에서 불합격의 등급). ◎不足(부족): 필요한 양이나 기준에 미치지 못해 충분하지 아니함. '不' 뒤에 자음 ㄷ·ㅈ이 오는 경우에는 '부'로 발음 한다.
23. "<u>人力車</u>는 1894년 처음 들어왔다"에서 밑줄 친 '車'의 뜻과 음으로 바른 것은? (①)
①수레 거 ②수레 차 ③장기 거 ④수리 차
[설명] ◎車(차·거): 수레, 수레바퀴, 수레를 모는 사람, 이틀(이가 박혀 있는 위턱 아래턱의 구멍이 뚫린 뼈), 치은(잇몸), 장기(將棋·將碁)의 말 (차) / 수레, 수레바퀴, 수레를 모는 사람, 이틀, 치은 (거). ◎人力車(인력거): 사람이 끄는, 바퀴가 두 개 달린 수레. 주로 사람을 태운다.
24. 한자의 총획이 바르지 <u>않은</u> 것은? (②)
①央-총5획 ②世-총6획 ③男-총7획 ④門-총8획
[설명] ◎世(세상 세): 一(한 일, 1획)부수의 4획, 총5획.
25. '土'의 유의자(비슷한 뜻의 한자)는? (①)
①地 ②水 ③火 ④弟
[설명] ◎土(흙 토) = 地(땅 지).

모 | 범 | 답 | 안 19회

26. '左'의 반의자(상대 또는 반대되는 뜻의 한자)는? (②)
①五 ②右 ③九 ④石
[설명] ◎左(왼 좌) ↔ 右(오른 우).

※ 어휘의 독음이 바른 것을 고르시오.

27. 姓名 (④) ①명성 ②생명 ③생석 ④성명
[설명] ◎姓名(성명): 성과 이름을 아울러 이르는 말.
28. 手巾 (②) ①수염 ②수건 ③수사 ④수시
[설명] ◎手巾(수건): 얼굴이나 몸을 닦기 위하여 만든 천 조각.
29. 士林 (③) ①토림 ②토목 ③사림 ④지림
[설명] ◎士林(사림): 유학을 신봉하는 무리.
30. 四寸 (③) ①삼춘 ②삼촌 ③사촌 ④육촌
[설명] ◎四寸(사촌): 아버지의 친형제자매의 아들이나 딸과의 촌수.
31. 生水 (①) ①생수 ②샘수 ③수영 ④수생
[설명] ◎生水(생수): 샘구멍에서 솟아 나오는 맑은 물.

※ 어휘의 뜻으로 알맞은 것을 고르시오.

32. 馬夫 (④)
①말이 끄는 수레 ②말을 기르는 곳
③말 먹이를 담아주는 그릇
④말을 부려 마차나 수레를 모는 사람
[설명] ◎馬夫(마부).
33. 中年 (③)
①중고등학생 ②작은아버지
③마흔 살 안팎의 나이
④6월이나 7월을 이르는 말
[설명] ◎中年(중년).
34. 古今 (②)
①방금 ②예와 지금
③옛날 옛적에 ④머지않아서
[설명] ◎古今(고금).

※ 다음 면에 계속

※ 낱말을 한자로 바르게 쓴 것을 고르시오.

35. 동일: 서로 똑같음. (③)
①東一 ②一同 ③同一 ④同口
36. 입지: 어떤 지점에 자리를 잡음. (①)
①立地 ②地立 ③地位 ④位地
37. 선천: 타고난 성질이나 체질. (③)
38. 주상: 임금을 달리 일컫는 말. (①)
①主上 ②上主 ③主二 ④主一

※ 밑줄 친 어휘의 알맞은 독음을 고르시오.

39. <u>休日</u>에는 화창한 날씨가 예상된다. (③)
①목일 ②휴월 ③휴일 ④휴가
[설명] ◎休日(휴일): 일요일이나 공휴일 따위의 일을 하지 아니하고 쉬는 날.
40. <u>文魚</u>은(는) 몸의 길이가 3m 정도 된다. (②)
①대어 ②문어 ③대구 ④어문
[설명] ◎文魚(문어): 문어과의 연체동물. 몸의 길이는 발끝까지 3미터 정도이며, 붉은 갈색이고 연한 빛깔을 띤 그물 모양의 무늬가 있고 몸빛이 환경에 따라 변한다. 몸통은 공 모양이고 몸 표면에는 유두가 많다. 발은 여덟 개인데 빨판이 많이 있으며 수컷의 제3발은 생식의 역할을 한다. 한국, 일본, 알래스카, 북아메리카 등지에 널리 분포한다.
41. 그는 <u>自力</u>으로 독립생활을 시작했다. (④)
①실력 ②능력 ③체력 ④자력
[설명] ◎自力(자력): 자기 혼자의 힘.
42. 인생은 속도가 아니라 <u>方向</u>이라고 한다. (③)
①향방 ②향상 ③방향 ④상향
[설명] ◎方向(방향): 「1」 어떤 방위(方位)를 향한 쪽. 「2」 어떤 뜻이나 현상이 일정한 목표를 향하여 나아가는 쪽.
43. 바라던 대로 되어 <u>内心</u> 기뻤다. (②)
①진심 ②내심 ③성심 ④인심
[설명] ◎内心(내심): 속마음.
44. 우리는 <u>小白山</u> 비로봉에서 만났다. (①)
①소백산 ②지리산 ③태백산 ④소림산
[설명] ◎小白山(소백산): 충청북도 단양군과 경상북도 영주시, 봉화군에 걸쳐 있는 산. 소백산맥에 솟아 있으며 주봉은 비로봉이다. 웅장한 산세, 많은 계곡과 울창한 숲, 문화 유적이 조화를 이루고 사철 경관이 빼어나 1987년 부근 일대가 국립 공원으로 지정되었다. 높이는 1,439미터.

※ 밑줄 친 부분을 한자로 바르게 쓴 것을 고르시오.

45)<u>왕위</u>를 이을 아들을 46)<u>세자</u>라고 한다.

45. 왕위 (③)
①王立 ②玉位 ③王位 ④玉立

46. 세자 (①)
①世子 ②世字 ③犬子 ④天子
[설명] ◎世子(세자): 왕세자.

※ 물음에 알맞은 답을 고르시오.

47. '門人'의 유의어(비슷한 뜻의 어휘)는? (④)
①文生 ②人文 ③人門 ④門下生
[설명] ◎門人(문인)·門下生(문하생): 문하에서 배우는 제자.

48. '入金'의 반의어(상대 또는 반대되는 뜻의 어휘)는? (②)
①七金 ②出金 ③先金 ④母金
[설명] ◎入金(입금): 돈을 들여놓거나 넣어 줌. ↔ ◎出金(출금): 돈을 내어 쓰거나 내어 줌.

49. "十中八九"의 뜻으로 알맞은 것은? (④)
①나이 팔구순의 노인
②산천을 두루 찾아다님
③몇 번의 죽을 고비를 넘김
④거의 대부분이거나 거의 틀림없음
[설명] ◎十中八九(십중팔구): 열 가운데 여덟이나 아홉 정도로 거의 대부분이거나 거의 틀림없음.

50. 학교에서의 행동으로 바르지 않은 것은? (④)
①바른 자세로 선생님의 말씀을 듣는다.
②선생님을 만나면 반갑게 인사를 드린다.
③선생님과의 약속을 잘 지키도록 한다.
④친구의 작은 실수도 선생님께 일러바친다.

♣ 수고하셨습니다.

*準五級漢字 기출문제

모|범|답|안 1회

■ 다음 물음에 맞는 답의 번호를 골라 답안지의 해당 답란에 표시하시오.

※ 한자의 훈음으로 바른 것을 고르시오.

1. 今 (③) ①달 월 ②사람 인 ③이제 금 ④사내 남

[설명] ◎月(달 월), 人(사람 인), 男(사내 남).

2. 立 (③) ①글자 자 ②개 견 ③설 립 ④바를 정

[설명] ◎字(글자 자), 犬(개 견), 正(바를 정).

3. 巾 (④) ①아래 하 ②동녘 동 ③맏 형 ④수건 건

[설명] ◎下(아래 하), 東(동녘 동), 兄(맏 형).

4. 自 (④) ①눈 목 ②내 천 ③흰 백 ④스스로 자

[설명] ◎目(눈 목), 川(내 천), 白(흰 백).

5. 先 (②) ①아홉 구 ②먼저 선 ③날 출 ④흙 토

[설명] ◎九(아홉 구), 出(날 출), 土(흙 토).

6. 林 (②) ①끝 말 ②수풀 림 ③나무 목 ④푸를 청

[설명] ◎末(끝 말), 木(나무 목), 青(푸를 청).

7. 心 (②) ①힘 력 ②마음 심 ③귀 이 ④물 수

[설명] ◎力(힘 력), 耳(귀 이), 水(물 수).

8. 姓 (①) ①성씨 성 ②안 내 ③강 강 ④오른 우

[설명] ◎内(안 내), 江(강 강), 右(오른 우).

9. 百 (③) ①남녘 남 ②서녘 서 ③일백 백 ④열 십

[설명] ◎南(남녘 남), 西(서녘 서), 十(열 십).

10. 不 (④) ①하늘 천 ②장인 공 ③일천 천 ④아니 불

[설명] ◎天(하늘 천), 工(장인 공), 千(일천 천).

※ 훈음에 맞는 한자를 고르시오.

11. 근본 본 (②) ①二 ②本 ③士 ④上

[설명] ◎二(두 이), 士(선비 사), 上(위 상).

12. 마디 촌 (②) ①三 ②寸 ③小 ④耳

[설명] ◎三(석 삼), 小(작을 소), 耳(귀 이).

13. 바깥 외 (③) ①母 ②兄 ③外 ④父

[설명] ◎母(어머니 모), 兄(맏 형), 父(아버지 부).

14. 지아비 부 (④) ①一 ②手 ③主 ④夫

[설명] ◎一(한 일), 手(손 수), 主(주인 주).

15. 저녁 석 (②) ①名 ②夕 ③足 ④口

[설명] ◎名(이름 명), 足(발 족), 口(입 구).

16. 몸 기 (③) ①月 ②土 ③己 ④入

[설명] ◎月(달 월), 土(흙 토), 入(들 입).

17. 임금 왕 (②) ①四 ②王 ③石 ④江

[설명] ◎四(넉 사), 石(돌 석), 江(강 강).

18. 양 양 (①) ①羊 ②女 ③山 ④地

[설명] ◎女(여자 녀), 山(메/뫼 산), 地(땅 지).

19. 말 마 (④) ①魚 ②生 ③七 ④馬

[설명] ◎魚(물고기 어), 生(날 생), 七(일곱 칠).

20. 왼 좌 (②) ①六 ②左 ③八 ④五

[설명] ◎六(여섯 륙), 八(여덟 팔), 五(다섯 오).

※ 물음에 알맞은 답을 고르시오.

21. "여러 개의 구슬을 끈으로 꿴 모양"으로 '구슬'이라는 뜻을 나타내는 한자는? (③)

①川 ②男 ③玉 ④七

[설명] ◎玉(구슬 옥).

22. "<u>休</u>日에 외가에 다녀왔다"에서 밑줄 친 '休'의 뜻과 음으로 알맞은 것은? (④)

①행복 휴 ②그칠 휴 ③말 휴 ④쉴 휴

[설명] ◎休(휴·후): 쉬다, 휴식하다, 사직하다, 그만두다, 그치다, 멈추다, 중지하다, 말다, 금지하다, 아름답다, 훌륭하다, 기리다, 찬미하다, 편안하다, 용서하다, 달래다, 너그럽다, 관대하다, 이별하다, 검소하다, 겨를, 휴가, 행복, 기쁨, (나무)그늘, 어조사 (휴) / 따뜻하게 하다, 탄식하다 (후). ◎休日(휴일): 일요일이나 공휴일 따위의 일을 하지 아니하고 쉬는 날.

23. "독립운동가 <u>金</u>九"에서 밑줄 친 '金'의 뜻과 음으로 알맞은 것은? (③)

①쇠 금 ②돌 금 ③성 김 ④무기 금

[설명] ◎金(금·김): 쇠, 금, 돈, 화폐, 금나라, 누른빛, 귀하다 (금) / 성(姓)의 하나 (김). ◎金九(김구): 독립운동가·정치가(1876~1949). 자는 연상(蓮上). 호는 백범(白凡)·연하(蓮下). 본명은 창수(昌洙). 동학 농민운동을 지휘하다가 일본군에 쫓겨 만주로 피신하여 의병단에 가입하였고, 3·1 운동 후 중국 상하이(上海)의 임시 정부 조직에 참여하였다.

24. 한자의 총획이 바르지 <u>않은</u> 것은? (①)

①向-총5획 ②車-총7획 ③犬-총4획 ④火-총4획

[설명] ◎向(향할 향): 口(입 구, 3획)부수의 3획, 총6획.

모|범|답|안 1회

25. '央'의 유의자(비슷한 뜻의 한자)는? (②)
①一 ②中 ③土 ④水
[설명] ◎央(가운데 앙) = 中(가운데 중).
26. '南'의 반의자(상대 또는 반대되는 뜻의 한자)는? (①)
①北 ②弟 ③西 ④右
[설명] ◎南(남녘 남) ↔ 北(북녘 북).

※ 어휘의 독음이 바른 것을 고르시오.

27. 內衣 (②) ①내복 ②내의 ③내사 ④내과
[설명] ◎內衣(내의): 겉옷의 안쪽에 몸에 직접 닿게 입는 옷.
28. 地位 (④) ①지역 ②위치 ③지리 ④지위
[설명] ◎地位(지위): 개인의 사회적 신분에 따르는 위치나 자리.
29. 車主 (③) ①동주 ②거왕 ③차주 ④차왕
[설명] ◎車主(차주): 차의 주인.
30. 少女 (①) ①소녀 ②소년 ③자녀 ④소자
[설명] ◎少女(소녀): 아직 완전히 성숙하지 아니한 어린 여자아이.
31. 牛足 (④) ①오수 ②우수 ③오족 ④우족
[설명] ◎牛足(우족): 잡아서 각을 뜬 소의 발.

※ 어휘의 뜻으로 알맞은 것을 고르시오.

32. 名士 (④)
①힘이 센 사람 ②재산이 많은 사람
③책을 많이 읽은 사람
④세상에 널리 알려진 사람
[설명] ◎名士(명사).
33. 下山 (④)
①산에 오름 ②조상의 무덤이 있는 산
③하던 일을 중도에서 그만둠
④산에서 내려오거나 내려감
[설명] ◎下山(하산).
34. 中古 (③)
①중학생과 고등학생 ②새로 나온 제품
③이미 사용하였거나 오래됨
④옛 중국
[설명] ◎中古(중고).

※ 다음 면에 계속

※ 낱말을 한자로 바르게 쓴 것을 고르시오.

35. 생식: 익히지 아니하고 날로 먹음. (④)
①食生 ②食口 ③生口 ④生食
36. 이목: 귀와 눈을 아울러 이르는 말. (④)
①二木 ②耳木 ③二目 ④耳目
37. 동문: 같은 학교에서 수학하였거나 같은 스승에게서 배운 사람. (③)
①同文 ②東門 ③同門 ④東文
38. 출세: 사회적으로 높은 지위에 오르거나 유명하게 됨. (①)
①出世 ②世出 ③出弟 ④右出

※ 밑줄 친 어휘의 알맞은 독음을 고르시오.

39. 모든 <u>人力</u>을 총동원했다. (③)
①일력 ②입력 ③인력 ④인심
[설명] ◎人力(인력): 사람의 힘.
40. 시간은 이미 <u>子正</u>을(를) 넘었다. (①)
①자정 ②정자 ③심야 ④야밤
[설명] ◎子正(자정): 자시(子時)의 한가운데. 밤 열두 시를 이른다.
41. 소식을 듣고 <u>四方</u>에서 사람들이 몰려들었다. (③)
①동네 ②사모 ③사방 ④팔방
[설명] ◎四方(사방): 동, 서, 남, 북 네 방위를 통틀어 이르는 말.
42. 꾸준히 하다 보니 실력이 많이 <u>向上</u>되었다. (②)
①상향 ②향상 ③방향 ④향방
[설명] ◎向上(향상): 실력, 수준, 기술 따위가 나아짐. 또는 나아지게 함.
43. <u>青魚</u>은(는) 훈제를 하면 붉은색으로 변한다. (②)
①청마 ②청어 ③어청 ④청양
[설명] ◎青魚(청어): 『동물』 청어과의 바닷물고기. 몸의 길이는 35cm 정도이고 늘씬하고 옆으로 납작하며, 등은 짙은 청색이고 옆구리와 배는 은빛을 띤 백색이다. 한국 동해, 미국 북부, 일본 등지의 근해에 분포한다.
44. <u>年末</u>을(를) 앞두고 거리엔 자선냄비가 등장했다. (④)
①연초 ②연내 ③연하 ④연말
[설명] ◎年末(연말): 한 해의 마지막 무렵.

※ 밑줄 친 부분을 한자로 바르게 쓴 것을 고르시오.

우리나라에서는 예로부터 『45)천자문』이 한자를 배우는 46)입문서로 널리 사용되어 왔다.

45. 천자문 (③)
①天子文 ②天字文 ③千字文 ④千字門
[설명] ◎千字文(천자문): 『책명』 중국 양나라 주흥사(周興嗣)가 지은 책. 사언(四言) 고시(古詩) 250구로 모두 1,000자(字)로 되어 있으며, 자연 현상으로부터 인륜 도덕에 이르는 지식 용어를 수록하였고, 한문 학습의 입문서로 널리 쓰였다.

46. 입문 (③)
①川文 ②入文 ③入門 ④弟門
[설명] ◎入門(입문): 무엇을 배우는 길에 처음 들어섬.

※ 물음에 알맞은 답을 고르시오.

47. '石工'의 유의어(비슷한 뜻의 어휘)는? (②)
①工人 ②石手 ③大石 ④木手
[설명] ◎石工(석공)·石手(석수): 돌을 다루어 물건을 만드는 사람.

48. '小食'의 반의어(상대 또는 반대되는 뜻의 어휘)는? (③)
①火食 ②少食 ③大食 ④一食
[설명] ◎小食(소식): 음식을 적게 먹음. ↔ ◎大食(대식): 음식을 많이 먹음.

49. "青天白日"의 뜻으로 알맞은 것은? (③)
①마른하늘에 날벼락
②이름난 산과 큰 내
③하늘이 맑게 갠 대낮
④우중충 흐린 하늘
[설명] ◎青天白日(청천백일): 「1」 하늘이 맑게 갠 대낮. 「2」 맑은 하늘에 뜬 해. 「3」 혐의나 원죄가 풀리어 무죄가 됨.

50. 평소의 행동으로 바르지 못한 것은? (②)
①맡은 일에 항상 최선을 다한다.
②간식을 많이 먹고 밥은 한끼만 먹는다.
③어린 동생이 울면 따뜻하게 달래준다.
④부모님께서 말씀하시면 공손히 듣고 대답한다.

♣ 수고하셨습니다.

[제0-4호 서식]

제□□회 ○한자급수자격검정시험 ○경시대회 답안지 〔앞면〕01

사단법인 대한민국한자교육연구회 / KTA 대한검정회 Korea Test Association

수 험 번 호 ※ 정확하게 기재하고 해당란에 ▮처럼 칠할 것.

한자급수시험 등급표기란	한문경시대회 부문표기란
6	A
준5	B
5	C
준4	D
4	E
준3	F
3	G
준2	
2	

주민번호 앞6자리 (생년월일) ※ 예 : 2001. 11. 22 ⇨ 01 11 22

성 별: 남 / 여

※ 참고사항

▶시험준비물을 제외한 모든 물품은 가방에 넣어 지정된 장소에 보관할 것.

▶시험기간 및 합격기준

등급	시험시간	합격기준
6급~준3급	14:00~14:40(40분)	70점이상
3급~2급	14:00~15:00(60분)	

▶합격자발표 : 시험 4주후 발표
-홈페이지 및 ARS(060-700-2130)

▶자격증 교부방법
-방문접수자는 접수처에서 교부
-인터넷접수자는 개별발송

※ 주 의 사 항

이 답안지는 한자급수자격시험 및 전국한문실력경시대회 겸용입니다.

1. 답안지가 구겨지거나 더럽혀지지 않도록 할 것. 모든 □안의 기록은 첫칸부터 한 자씩 붙여 쓸것.

2. 답안지의 모든기재사항은 검정색 볼펜을 사용하여 기재하고 해당번호에 한개의 답에만 ▮처럼 칠할 것.

3. 수험번호와 생년월일을 정확하게 기재하여 주십시오.

4.※ 표시가 있는 란은 절대 기입하지 말 것.

5. 기재오류로 인한 책임은 모두 응시자 여러분에게 있습니다.

※ 시험종료 후 시험지 및 답안지를 반드시 제출하십시오.

성 명 (한글) ※ 모든 □안의 기록은 첫 칸부터 한 자씩 붙여 쓰시오.

객 관 식 답 안 란

번호	답	번호	답	번호	답	번호	답
1	① ② ③ ④	14	① ② ③ ④	27	① ② ③ ④	40	① ② ③ ④
2	① ② ③ ④	15	① ② ③ ④	28	① ② ③ ④	41	① ② ③ ④
3	① ② ③ ④	16	① ② ③ ④	29	① ② ③ ④	42	① ② ③ ④
4	① ② ③ ④	17	① ② ③ ④	30	① ② ③ ④	43	① ② ③ ④
5	① ② ③ ④	18	① ② ③ ④	31	① ② ③ ④	44	① ② ③ ④
6	① ② ③ ④	19	① ② ③ ④	32	① ② ③ ④	45	① ② ③ ④
7	① ② ③ ④	20	① ② ③ ④	33	① ② ③ ④	46	① ② ③ ④
8	① ② ③ ④	21	① ② ③ ④	34	① ② ③ ④	47	① ② ③ ④
9	① ② ③ ④	22	① ② ③ ④	35	① ② ③ ④	48	① ② ③ ④
10	① ② ③ ④	23	① ② ③ ④	36	① ② ③ ④	49	① ② ③ ④
11	① ② ③ ④	24	① ② ③ ④	37	① ② ③ ④	50	① ② ③ ④
12	① ② ③ ④	25	① ② ③ ④	38	① ② ③ ④		
13	① ② ③ ④	26	① ② ③ ④	39	① ② ③ ④		

※ 주관식 답안란은 뒷면에 있습니다.

감독확인	정	
	부	

[제0-4호 서식]

제□□회 ○한자급수자격검정시험 ○경시대회 답안지 〔앞면〕 0 1

사단법인 대한민국한자교육연구회 / KTA 대한검정회 Korea Test Association

수 험 번 호 ※ 정확하게 기재하고 해당란에 ⬮처럼 칠할 것.

한자급수시험 등급표기란	한문경시대회 부문표기란										
		0	0	0	0		0	0	0	0	0
6	A	1	1	1	1		1	1	1	1	1
준5	B	2	2	2	2	—	2	2	2	2	2
5	C	3	3	3	3		3	3	3	3	3
준4	D	4	4	4	4		4	4	4	4	4
4	E	5	5	5	5		5	5	5	5	5
준3	F	6	6	6	6		6	6	6	6	6
3	G	7	7	7	7		7	7	7	7	7
준2		8	8	8	8		8	8	8	8	8
2		9	9	9	9		9	9	9	9	9

주민번호 앞6자리 (생년월일) ※ 예 : 2001. 11. 22 ⇨ 01 11 22

						성 별
0	0	0	0	0	0	
1	1	1	1	1	1	남
2	2		2	2	2	여
3	3		3	3	3	
4	4		4		4	
5	5		5		5	
6	6		6		6	
7	7		7		7	
8	8		8		8	
9	9		9		9	

※ 참고사항

▶시험준비물을 제외한 모든 물품은 가방에 넣어 지정된 장소에 보관할 것.

▶시험기간 및 합격기준

등급	시험시간	합격기준
6급~준3급	14:00~14:40(40분)	70점이상
3급~2급	14:00~15:00(60분)	

▶합격자발표 : 시험 4주후 발표
-홈페이지 및 ARS(060-700-2130)

▶자격증 교부방법
-방문접수자는 접수처에서 교부
-인터넷접수자는 개별발송

※ 주 의 사 항

이 답안지는 한자급수자격시험 및 전국한문실력경시대회 겸용입니다.

1. 답안지가 구겨지거나 더럽혀지지 않도록 할 것. 모든 □안의 기록은 첫칸부터 한 자씩 붙여 쓸것.

2. 답안지의 모든기재사항은 검정색 볼펜을 사용하여 기재하고 해당번호에 한개의 답에만 ⬮처럼 칠할 것.

3. 수험번호와 생년월일을 정확하게 기재하여 주십시오.

4.※ 표시가 있는 란은 절대 기입하지 말 것.

5. 기재오류로 인한 책임은 모두 응시자 여러분에게 있습니다.

※ 시험종료 후 시험지 및 답안지를 반드시 제출하십시오.

성 명 (한글) □□□□□ ※ 모든 □안의 기록은 첫 칸부터 한 자씩 붙여 쓰시오.

객 관 식 답 안 란

번호	답	번호	답	번호	답	번호	답
1	① ② ③ ④	14	① ② ③ ④	27	① ② ③ ④	40	① ② ③ ④
2	① ② ③ ④	15	① ② ③ ④	28	① ② ③ ④	41	① ② ③ ④
3	① ② ③ ④	16	① ② ③ ④	29	① ② ③ ④	42	① ② ③ ④
4	① ② ③ ④	17	① ② ③ ④	30	① ② ③ ④	43	① ② ③ ④
5	① ② ③ ④	18	① ② ③ ④	31	① ② ③ ④	44	① ② ③ ④
6	① ② ③ ④	19	① ② ③ ④	32	① ② ③ ④	45	① ② ③ ④
7	① ② ③ ④	20	① ② ③ ④	33	① ② ③ ④	46	① ② ③ ④
8	① ② ③ ④	21	① ② ③ ④	34	① ② ③ ④	47	① ② ③ ④
9	① ② ③ ④	22	① ② ③ ④	35	① ② ③ ④	48	① ② ③ ④
10	① ② ③ ④	23	① ② ③ ④	36	① ② ③ ④	49	① ② ③ ④
11	① ② ③ ④	24	① ② ③ ④	37	① ② ③ ④	50	① ② ③ ④
12	① ② ③ ④	25	① ② ③ ④	38	① ② ③ ④	※ 주관식 답안란은 뒷면에 있습니다.	
13	① ② ③ ④	26	① ② ③ ④	39	① ② ③ ④		

감독확인	정	
	부